# 支付平台架构

## 业务、规划、设计与实现

曹兵强 著

电子工业出版社
Publishing House of Electronics Industry
北京·BEIJING

## 内 容 简 介

本书讲解支付平台架构相关的业务、规划、设计与实现，涵盖了第三方支付平台搭建所涉及的方方面面，包含支付收银台产品、融合支付产品、支付前端、交易引擎、支付系统、渠道管理与路由、账户与账务系统、风控系统等，对第三方支付平台搭建过程中可能涉及的行业监管与标准、系统基础架构、业务流程、技术和组件选型给出思路和指引。

全书总计 6 章。第 1 章讲解收银台的发展历史及其在历史进程中的具体表现形式，以及人们目前广泛使用的具体支付产品和表现形式；第 2、3 章从业务和技术的角度讲解整个收银台产品（从收银台 SDK 到收银台后端）的业务流程、技术选型和技术实现；第 4 章讲解第三方支付平台渠道管理和路由相关的内容，并从支付渠道的角度讲解中国银联、中国网联的业务和报文结构、支付机构备付金机制，以实例形式讲解如何接入中国银联的支付渠道；第 5 章讲解第三方支付平台的账户与账务系统，详细讲解第三方支付平台的记账、对账和核算等业务流程及技术实现；第 6 章讲解为整个支付平台提供安全保障的技术手段、实现场景和风控系统。

无论是对于想自建第三方支付平台的企事业单位、第三支付从业人员、传统金融从业人员，还是对于互联网支付金融行业的产品经理、技术经理、软件工程师、测试工程师等，本书都具有参考和借鉴价值。

未经许可，不得以任何方式复制或抄袭本书之部分或全部内容。

版权所有，侵权必究。

**图书在版编目（CIP）数据**

支付平台架构：业务、规划、设计与实现 / 曹兵强著. —北京：电子工业出版社，2020.9
ISBN 978-7-121-39440-9

Ⅰ. ①支… Ⅱ. ①曹… Ⅲ. ①电子商务－电子支付－程序设计 Ⅳ. ①F713.361.3②TP393.092

中国版本图书馆 CIP 数据核字(2020)第 156523 号

责任编辑：张国霞
印　　刷：北京盛通数码印刷有限公司
装　　订：北京盛通数码印刷有限公司
出版发行：电子工业出版社
　　　　　北京市海淀区万寿路 173 信箱　　邮编 100036
开　　本：787×980　　1/16　　印张：15.75　　字数：310 千字
版　　次：2020 年 9 月第 1 版
印　　次：2024 年 4 月第 8 次印刷
定　　价：89.00 元

凡所购买电子工业出版社图书有缺损问题，请向购买书店调换。若书店售缺，请与本社发行部联系，联系及邮购电话：（010）88254888，88258888。

质量投诉请发邮件至 zlts@phei.com.cn，盗版侵权举报请发邮件至 dbqq@phei.com.cn。
本书咨询联系方式：010-51260888-819，faq@phei.com.cn。

# 前言

近年来，第三方支付业务的资金规模不断扩大，支付业务量稳步增长，"第三方支付"及"移动支付"已成为年度搜索热词，支付平台作为互联网产品及其在商业化过程中信息流和资金流的支撑，也成为国外内各大互联网公司必建的基础平台之一。

这是一本讲解支付平台架构相关的业务、规划、设计与实现的工具书，对企业在第三方支付平台搭建过程中可能涉及的行业监管与标准、系统基础架构、业务流程、技术和组件选型给出思路和指引。

全书总计 6 章，涵盖了第三方支付平台搭建所涉及的方方面面，包含支付收银台产品、融合支付产品、支付前端、交易引擎、支付系统、渠道管理与路由、账户与账务系统、风控系统等。

第 1 章讲解收银台的发展历史及其在历史进程中的具体表现形式，以及人们目前广泛使用的具体支付产品和表现形式，引导读者对第三方支付平台入口"收银台"有一个感性的认识，并建立线下支付产品的概念。

第 2、3 章从业务和技术的角度讲解整个收银台产品（从收银台 SDK 到收银台后端）的业务流程、技术选型和技术实现。

第 4 章讲解第三方支付平台渠道管理和路由相关的内容，并从支付渠道的角度讲解中国银联、中国网联的业务和报文结构、支付机构备付金机制，以实例形式讲解如何接入中国银联的支付渠道。

第 5 章讲解第三方支付平台的账户与账务系统，详细讲解第三方支付平台的记账、对账和核算等业务流程及技术实现。

第 6 章讲解为整个支付平台提供安全保障的技术手段、实现场景和风控系统。

无论是对于想自建第三方支付平台的企事业单位、第三支付从业人员、传统金融从业人员，还是对于互联网支付金融行业的产品经理、技术经理、软件工程师、测试工程师及其他想了解支付行业的读者，本书都具有参考和借鉴价值。

# 目录

# 第1章

# 收银台业务

当前，支付不仅是一种金融工具，还是一种大众生活服务，需要更便捷地触达终端用户，这在移动互联网时代显得尤为重要。

支付是怎样触达终端用户的呢？第三方支付机构和商业银行依赖的是其自身的收银台产品。随着移动互联网的发展，人们可以随时随地使用移动端应用进行线上线下商品交易及各种商贸活动，其中就离不开收银台。

什么是收银台？收银台也叫作付款处，是用户交易、付款的地方，也是购物流程（商贸流程）中的最后一个环节，成功完成此环节就标志着交易成功和物权变更，否则交易失败，物权维持原样。例如：一个新用户使用网银付款的各个流程（如输入卡号、绑定银行卡、输入密码、选择免登方式、选择支付优惠方案、确认付款、收到支付信息和下一次支付优惠提示）就是在收银台子系统中完成的。

在传统行业如零售行业中，收银台可对标传统商铺中前台位置的收银柜台实体，其参与收银的角色一方是用户，另一方是商户收银职员（或虚拟职位）。在移动互联网时代，收银台对标具有在线或离线结算能力的商业产品App、电子商务网站、离线收款二维码、钱包应用或社交应用收付码等。

从收银台历史发展历程来看，收银台经历过现金收银台、POS 机收银台、Web 收银台和移动收银台、线下二维码收银台等。当前，各种类型、各个时期的收银台并存，例如：商店一般会标配现金收银台、POS 机收银台、扫码枪收银台、信用卡（银行卡）收银台、第三方线下收银台（美团）等，为用户提供全方位、全渠道、快捷的付款体验。

# 1.1 现金收银台

现金收银台从古至今都有，也叫作柜台交易（钱柜或收银前台）。旧时钱柜的收银员被称为掌柜（指收钱、管钱的人）；现代零售业依据公司和业务的规模来设立收银员、会计出纳职位，小零售商则自己负责收银事宜。

我们经常去饭店吃饭或去超市买东西，对以下流程应该很熟悉：

（1）挑选好商品或服务；

（2）拿着账单或物品到收银台；

（3）收银员承办账单收款事宜，顾客选择现金交易方式。

之后，现金收银台的收银流程就正式开始了。

现金收银台的收银流程一般如图 1-1 所示。

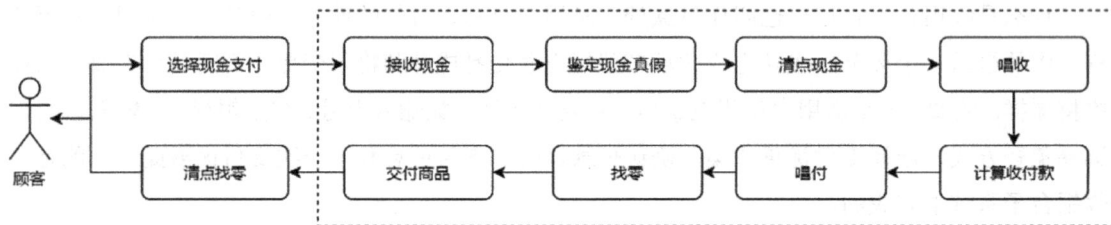

图 1-1

现金收银台的主要收银流程如下所述。

（1）接收现金：收银员接收用户支付的现金。

（2）鉴定现金真假：收银员通过手（触摸钞票防伪点）、眼睛或验钞机辨别用户支付现金的真假。

（3）清点现金：使用人工或机器清点现金的种类、金额和数量。

（4）唱收：收款时要说明收取的金额，公示现金的数量，避免双方在此过程中出错而引发纠纷。这在柜台交易中是一个标准动作。

（5）计算收付款：根据用户支付现金的数量和金额，确认收付时是否需要找零。

（6）唱付、找零：如果需要找零，则需要唱付找零的数量，说明支出的金额，避免出错并公示交易过程，其中也有更深层次的意义"离柜概不负责"。

注意：唱收和唱付的标准用语一般是"目前一共多少钱，收您多少钱，账单多少钱，找您多少钱，请点收是否正确"。

在现金收银台的收付过程中，顾客要先取出现金，收银员再计算账单、验钞并找零，最后核对账单和货单。在这个过程中，交易时间被无形拉长，效率较低，收银员还冒着收假币、残币的风险，需要认真数钱和清点。

在现实场景下，收银员在收到假币、残币及清点不正确时通常需要为其错误行为埋单，这是不成文的行规，给收银员带来了经济和心理压力。许多大商场或超市为了提升收银的效率和正确率，会组织业务培训来提升收银员检验假币、清点金额及核对账单等的专业能力，也配备了验钞机、计算器来协助完成收银事宜。

传统现金收银台的支付流程烦琐而且时间较长，业务繁忙时，在收银台前通常会有长长的等待付款的队伍。在这种情况下，POS 机收银台出现了。

## 1.2　POS 机收银台

POS 机（Point Of Sales）收银台是一种配备了商品条码、OCR 码阅读器及收银模块的物理终端设备，具备现金和非现金收银功能，主要用于对商品交易结算提供商品识别、数据服务和收银功能，并进行账单结算。目前传统零售行业和超市仍然大量采用 POS 机收银台，例如大中型超市、商场及连锁店等。

POS 机收银台的基本原理是先将商品资料和价格信息创建于计算机文件、数据库或网络端中，收银台的光学读取设备在读取商品上的条码后（或由键盘直接输入条形码代号），通过网络拉取订单中的商品数据信息并显示商品及价格信息（单品价格、所属类目、折扣数据等），快速将账单金额及找零信息提供给收银员，这样可大大加快收银速度并提高正确率。在该交易过程中，每笔商品的销售明细（总价、单品售价、部门、销售时段、销售客层）都被自动记录下来，再由网络传回中心服务器，经由中心服务器计算处理后即可生成各种销售统计信息，并将这些信息作为经营分析、决策管理及结算账务的数据基础依据。

在收银过程中，POS 机收银台中的收银模块（中国银联、商业银行或第三方支付机构的 POS 机）通过读卡器读取银行卡或支付二维码上的信息，由收银员输入消费总金额，持卡人输入个人识别信息（即密码），收银模块会把这些数据信息通过中国银联发送到银行卡发卡机构的支付系统，完成联机资金交易，给出支付成功与否的信息并打印相应的支付存根票据。这实现了信用卡、借记卡、第三方提货卡等的联机消费，免除了现金收银中的唱收、验钞、清点、唱付等流程，减少了手工查询黑名单、风险识别和排队压单等繁杂劳动，有效提升了交易的效率、安全性和准确性。

如图 1-2 所示是商场、超市常见的 POS 机收银台。

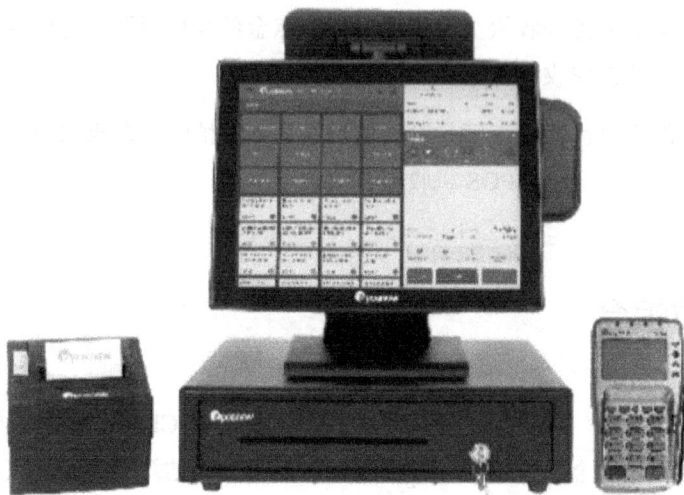

图 1-2

在 POS 机收银台生产厂商中有 IBM、NRC 这样的巨头，其中，国内厂商有新大陆、实达等。

到 20 世纪 60 年代后期，随着电子技术的飞速发展，日本率先研制成功电子收银台（ECR）。电子收银台的发明具有划时代的意义，其技术性能和商业功能远远超过原来的机构式现金收银台，具有智能化、网络化、多功能等特点，是在商业销售上进行劳务管理、财务管理、商品管理的有效工具和手段。我们称之为第二代收银台。

到 20 世纪 80 年代中期，功能强劲的商业专用终端系统成为第三代 POS 机收银台。与 ECR 相比，第三代 POS 机收银台即时入账，具有很强的网上实时交易处理能力。POS 机生产厂商将电脑硬件和软件集成在一起，形成了一个智能型的、可独立工作的，也可在网络环境下工作的商业支付工作站。

现在，POS 机收银台演进出基于移动网络的手持式、智能移动、移动虚拟 POS 机收银台，形成集磁条收款、IC 卡收款、NFC 及二维码收款等多种收款功能于一体的智能移动设备，例如京东快递员、顺丰快递员收发快递时所用到的基于移动网络的手持式 POS 机收银台。

如图 1-3 所示是一台非接触式的 POS 机收银台。

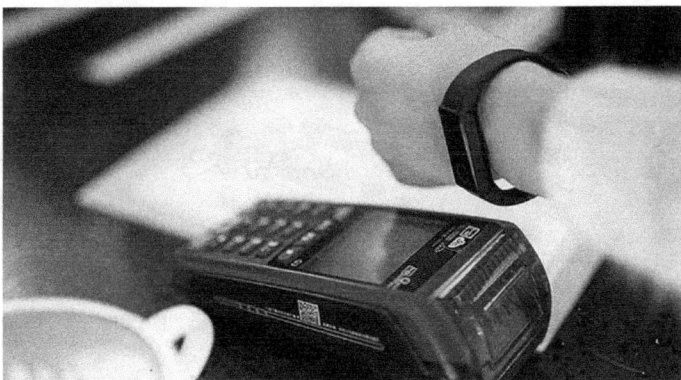

图 1-3

# 1.3　Web 收银台

在现金收银台和 POS 机收银台之后，随着 PC 时代的来临，Web 收银台应运而生。Web 收银台也叫作网银支付、PC 收银台、网页支付，与现金支付和 POS 机收银台支付相比，其交易场景有了很大改变：从商店、商场、卖场到个人用户的家里，交易地域不再受到限制。另外，交易双方的角色也发生了改变：之前现金收银台和 POS 机收银台需要收银员协助完成支付，现在，用户在收银台中自主完成支付，支付变得更加便捷。

随着电子商务的发展，Web 收银台在 PC 时代发展得非常迅猛，在移动互联网时代仍有广泛的用户。Web 收银台在 PC 时代的早期代表是各家商业银行和金融机构的网页收银台，中后期的代表是第三方支付机构（支付宝、微信、融合支付）的 Web 收银台。例如：早期接入淘宝的 Web 收银台就是中国工商银行提供的支付网关（Payment Gateway，支付方式为中国工商银行网银支付，以下简称工银支付)，该网关属于商业银行金融网络系统和 Internet 之间的一种 Web 接口，在淘宝接入其接口之后，淘宝用户在购物、结算时选择工银支付方式，会被引导到中国工商银行收银台页面，后续的账户验证和付款操作都在收银台中完成。

目前几乎所有支付公司都有该类型的支付产品，Web 收银台依然流行。中国铁路服务中心（12306 网站）的 Web 融合收银台页面就提供了多种支付方式，例如网银类（如工、农、中、建、招等商业银行的 Web 收银台）和二维码类（如支付宝、微信支付等第三方支付机构的扫码式 Web 收银台)，如图 1-4 所示。

图 1-4

如果用户选择了招商银行支付方式，12306 网站就将引导用户到招商银行的 Web 收银台支付页面，如图 1-5 所示。

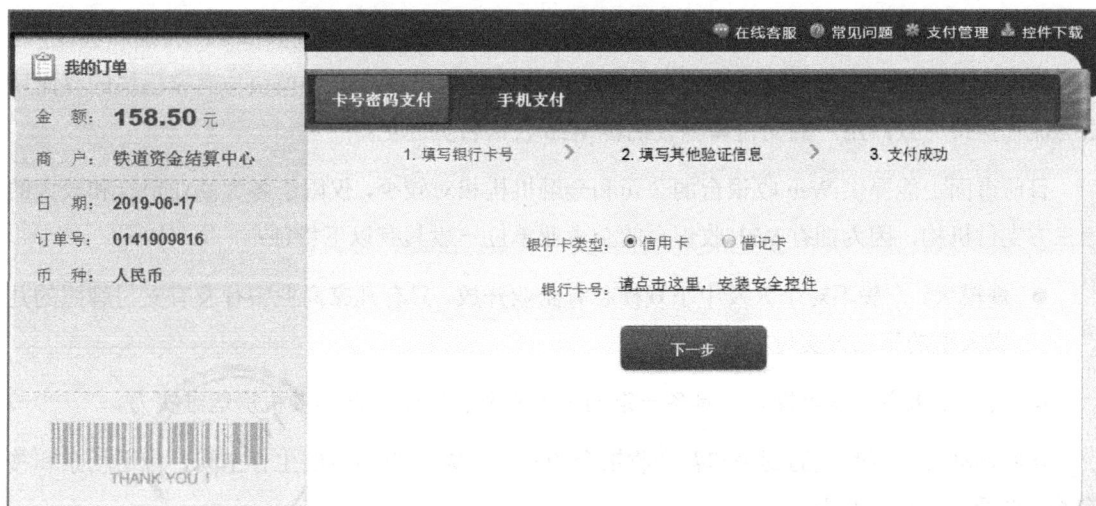

图 1-5

用户在招商银行网银支付页面输入账户和密码等信息之前，将被浏览器提示安装安全控件。

安全控件是根据 IE、Chrome 浏览器上的扩展源代码加工、开发的本地安全代理，通常用于支付机构安全收集用户的账号信息，防止该账号信息被黑客窃取。目前国内众多商业银行的 Web 收银台仅支持 IE 浏览器。

在安装安全控件之后，用户就可以输入银行卡账号和密码了，最后单击"确认支付"按钮，将账号信息传送到 Web 支付网关进行验证和支付。

第三方支付机构的 Web 收银台则同时支持账号登录支付和二维码支付两种方式。

除了以上跳转 Web 收银台的方式，还有一种 Web 收银台的 API 跳转接口，这种接口不会提供任何用户界面。

在电子商贸交易过程中，商户最担心用户反悔和流失，付费之前的任何一个步骤都容易使用户跳出和反悔交易。为了尽可能避免用户跳出或反悔交易，商户都希望能快速付款和促成交易，所以缩短支付流程、优化支付体验变得非常重要。基于此需求，商业银行、第三方支付公司也提供了 Web 收银台 API，在用户需要支付时，商户网站直接告诉第三方支付公司用户需要使用哪家银行进行付款，第三方支付公司在受理订单信息之后，迅速通过支付后端 API 将订单数据传送到商业银行（中国网联）的 Web 收银台 API，完成用户的付款动作，从而减少支付过程中的用户流失。

以上这种 Web 收银台 API 仅保留了基本的用户订单信息与付款金额参数的传递和验证，这样，在整个过程中第三方支付公司自己的收银台界面不再出现，支付模块与商家模块的界面风格与流程保持一致，用户的支付体验较跳转 Web 收银台页面更好一些。

目前市面上能提供 Web 收银台的公司和金融机构相对较少，仅限于各大商业银行和较大的第三方支付机构，因为拥有 Web 收银台的企事业单位一般具有以下特征：

- 规模大，一般不对个人及中小规模私有企业开放，只有几家商业银行及有支付牌照的几家大型的第三方支付机构有资质。

- 技术要求高、兼容性差，具备一定的技术研发、安全运营和多机房运维实力。

随着移动互联网时代的到来和融合收银台的发展，Web 收银台的生存空间、应用场景和覆盖场景也受到了极大冲击。

## 1.4　融合收银台

随着移动互联网时代的到来，用户通过智能手机、平板电脑、可穿戴设备、掌上电脑等移动设备的应用程序就可以选择不同的支付方式来购买特定的服务或商品，在交易完成之后资金即时到账。这种直接面向用户的支付总入口就是融合收银台，它使用户购买或享受服务更便捷，一般适用于 Android、iOS、Windows Phone 系统的无线设备（包括手机与平板电脑）。如果没有融合支付，则商户将面临支付收单入口多、资质审核繁多、账单分散、收款困难等难题。

用户可以选择喜欢和适合自己的支付方式，支付系统会根据大数据为用户推荐最优、最常用的支付渠道。移动收银台通常会融合多种支付方式，例如：支付宝、微信支付、财付通、短信代收费（上行、下行模式）、银行卡、信用卡、WAP 支付、二维码、代金券、虚拟货币、充值卡等，与之前的收银台相比，支付方式更加丰富和全面。

融合收银台中的支付方式按照接触方式可以分为远端支付和近端支付。

远端支付指不需要将任意介质靠近收银感应器就可以完成的支付流程。例如：在网络上刷银行卡、电子优惠券、支付宝、微信 Web 收银台等进行的支付就被称为远端支付。在远端支付中一般需要事先输入卡号、用户账户及密码等验证信息，然后在支付过程中扣款。对于许多用户来说，这是十分麻烦和容易出错的。

近端支付指需要使用卡片靠近数据读取设备来完成的支付流程，适用于近距离无线通信和射频识别。例如：NFC 手机支付就是近端支付。

与远端支付相比，近端支付目前多用于地铁、公交、商店，其中大部分支付属于小额支付。

下面介绍融合收银台中常见的支付方式。

## 1.4.1　短信代收费

短信代收费，也叫作"短代计费"，是短信时代的一种主流收费方式，具有离线、易操作及快速等特点，目前也是单机游戏或离线应用仍然广泛采用的一种支付方式。其运作方式是通过用户的手机向运营商发送扣费短信，其费用由运营商从手机话费中扣除，运营商再与服务提供商（Service Provider，SP）之间进行账务的清结算和利润分配。

服务提供商通常指在移动短信网内运营其他增值业务的公司或企业，他们建立与运营商的移动网络相连的服务平台，为拥有移动手机的用户提供一系列增值信息服务，例如游戏、WAP、手机铃声下载、定位、寻呼台等。

在这个过程中，服务提供商（通常是有一定资质和规模的企事业单位或公司）必须申请到运营商的短信计费代码。服务提供商将自己申请到的短信计费代码和增值服务包装成 SDK 或 WAP 页面，分享计费代码给其他不具有运营商短信平台资质（或下游）的内容提供商、公司和个人开发人员，然后对这部分收入进行二次分成。

短信代收费可分为如下两种方式。

（1）短信上行（Mobile Originated，MO）：指用户用自己的手机发送短信给通信服务提供商（运营商），这时运营商采用的是双向网关，同时支持短信的上行与下行，如图 1-6 所示。

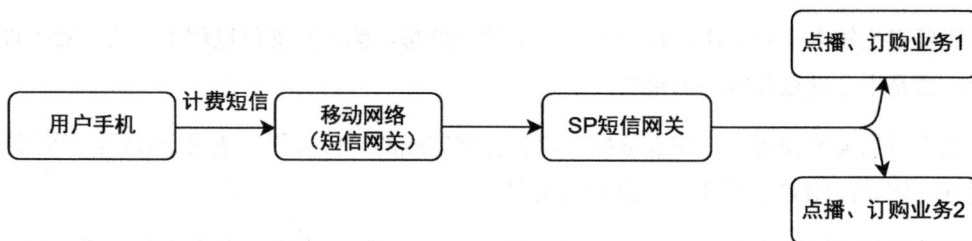

图 1-6

（2）短信下行（Mobile Terminated，MT）：指用户收到商户短信平台发送的短信。短信也可能是商户服务经由第三方短信平台或运营商通过单向短信网关或双向短信网关发送的。下行的短信通常是免费的，如图 1-7 所示。商业银行下发的短信支付验证码就是一种常见的短信下行支付例子。

注意：目前下行的短信验证码可以有效验证用户的身份，确定是否为本人、本设备，是一种低成本、有效且通用的用户身份验证方式。

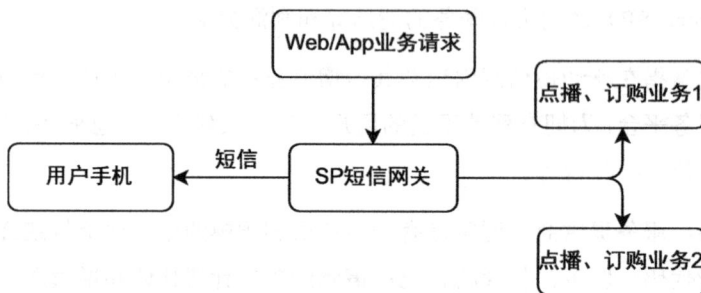

图 1-7

短信代收费的用户和账户验证机制并不完善，扣款方式隐蔽、迅速，导致用户的账户容易被恶意收费、暗扣，利益极易受到损害。最终，大量用户将商户或第三方短信运营平台投诉至各大运营商，导致大量的平台或商户短信网关被运营商惩治。所以，当年流行的短信代支付平台断崖式消失，国内目前仅剩几家大企业有这样的支付方式。但是，短信代收费由于具有离线和方便的特性，在一些国家仍然流行。

## 1.4.2　充值卡

充值卡是在 PC 时代兴起的一种无线支付方式，也叫作用户储值卡。用户通过拨打充值卡发行中心的服务电话或访问充值服务的 Web 页面，在电话或网页中输入充值卡信息（通常是充值卡号码、密码），对自己的虚拟账户进行充值操作。

充值卡一般主要由卡号、密码和有效日期等信息组成，最初的物理形态是超市出售的各种纸质或 PVC 卡片，后面为了节省成本和保护环境，演变为由无介质（虚拟账号）的数据组成。

充值卡的特点如下。

（1）便捷：在有效期内使用时输入卡号和密码即可，通常线下网点较多，不需要进行身份验证和实名登记。

（2）安全：通常一次性使用，并且不记名使用。

（3）小额：面额一般较小（10～1000 元），通常用于手机充值及购买数字、虚拟类商品，或者用于购买大型超市的商品。

充值卡制造商一般是运营商、第三方支付机构、城市的公共交通中心和游戏公司，他们使用纸质、PVC 材料作为充值卡介质，在用户充值成功之后，原充值账号和密码失效，用户可以使用充值账户内的金额购买所需的商品、内容或服务。

注意：为了节省资源、保护环境，虚拟充值卡只有网络上对应的充值账号、密码、使用有效期等信息，不需要使用纸质或 PVC 材料。

充值卡通常分为如下几种。

（1）手机充值卡：又叫作话费充值卡，是通信运营商为了方便人们为手机充值话费而发行的卡片。人们可以通过拨打服务中心电话或发送充值短信到短信服务中心进行充值操作，在充值完毕之后话费账户的金额会相应地增加。

（2）游戏充值卡：又叫作游戏点卡或充值点卡，是为了方便游戏玩家在游戏内购买虚拟商品而发行的纸质充值卡或虚拟充值卡。游戏充值卡内的金额一般不会很多，从 10～100 元不等。在某些特殊的节日里还会有打折优惠（例如充 100 送 50）。在正常情况下实际购买金额与卡内金额相等，卡片用完即废。国内大型的游戏公司如腾讯、网易、盛大、金山等都发行自己的游戏充值卡，一张游戏充值卡通常在同企业的多款游戏中通用。

（3）通用充值卡：又叫作便民一卡通，用于便利超市消费、搭乘公共交通时刷卡付款。这种卡通常非一次性卡片，可以永久循环充值使用，充值金额由用户自行决定。在一般情况下，通用充值卡可以当作零钱包使用，即买即用，具有很强的便携性。

（4）预付费充值卡：又叫作会员卡。在激烈的市场营销竞争中，商家会努力招揽和留住老用户，以充值卡优惠费用与高支出的商品价格相抵来吸引用户，其中不乏大型商场和购物中心，也有小规模的理发店、美容店和咖啡店等。这种卡一般不记名、不挂失，没有密码且具有一定的使用期限，即充即用。

使用充值卡充值的主要流程如图 1-8 所示。

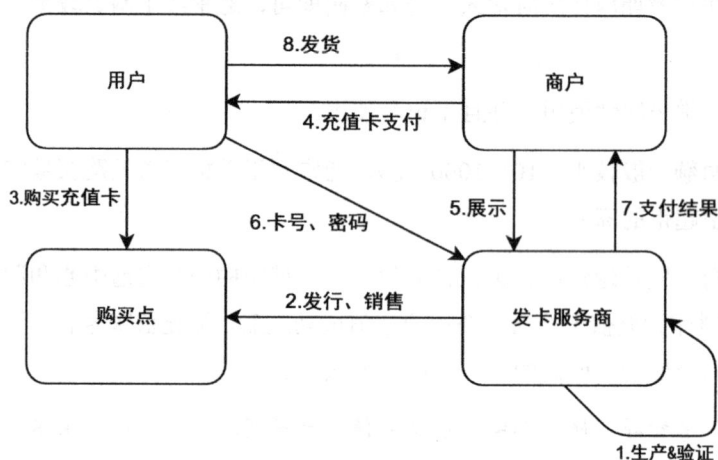

图 1-8

## 1.4.3　银行卡

银行卡按金额服务可以分为借记卡、信用卡和储值卡。

（1）借记卡（Debit Card）：指的是一种没有透支功能的银行卡，需要先存款后取现或消费。它是一种常见的银行卡，具有现金存取、柜台或在线转账、结算、刷卡购物等功能，可以通过银行柜台、ATM 转账和提款，账户内的资金按活期存款计息，不具备透支功能。

（2）信用卡：又分为贷记卡（Credit Card）和准贷记卡（已很少见到和使用了）。信用卡具有先消费后还款的特性。一般的信用卡在借记卡的基础上，具有一定的消费信用额度透支功能。我们一般不鼓励使用信用卡进行取现或现金存储，因为有些信用卡的取现不免息，并且从取现当天起至清偿日，需要按一定的日利率计息，还需要按月计收复利，并收取取现手续费。

注意：准贷记卡（Semi Credit Card）指持卡人须先按发卡行要求缴存一定金额的备用金，如果备用金账户的余额不足以支付，则可在规定的信用额度内透支。

（3）储蓄卡：是商业银行发行的一种金融交易卡，属于借记卡的一种。它的功能基本与借记卡相同，最大的不同在定期储蓄和计息方式方面。储蓄卡有约定存期、每月固定存款、零存整取、到期一次性支取本息等储蓄方式。

以上类型的银行卡都支持线上、线下支付。银行卡收费通常指取现以外的银行收单业务，主要分为线下支付和网银支付。

（1）线下支付：指不通过网上银行支付，直接支付。例如：线下的 POS 机收银台、电话银行支付、ETC[1]支付及近端支付等。

（2）网银支付：又叫作网上银行支付，是一种即时到账的交易方式，也是国内电子商务企业提供在线交易服务不可或缺的功能之一。目前网银支付最大的集成商是中国银联，其他商业银行也有自己的网银支付网关。

这里主要讲解网银支付。网银支付的前提是持卡人事先开通银行卡网银支付功能，在支付时在网银 Web 页面输入银行卡信息，验证支付密码、电子密码器信息或用户预留在银行的手机号码收到的下行短信验证码等。

网银支付发展到今天，已具备高稳定、易用、安全、可靠等特点。

根据年度支付体系的运行总体情况报告，在银行卡支付方式中用户使用频率最多的是信用卡。信用卡是一种可透支并提供资金流的银行卡产品，用户在需要钱时可以直接使用信用卡，之后在信用卡的还款期内再进行还款操作。这在一定期间内是不需要重新收费的，银行卡及其账户仅供用户个人使用。信用卡银行根据用户的信用给予其一定数额的资金，如果没有现金存款，用户也可以先消费再偿还。

信用卡的主要作用是消费或兑现，但还款必须准时，否则在中国人民银行征信中心会有逾

---

1  ETC：电子不停车收费系统（Electronic Toll Collection），通常用于高速公路或桥梁通行的自动收费。

期或借贷不良等信用记录。信用卡的申请流程如图 1-9 所示。

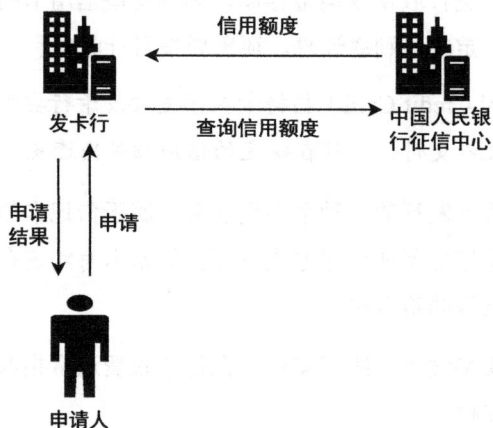

图 1-9

信用（银行）卡的消费流程如图 1-10 所示。

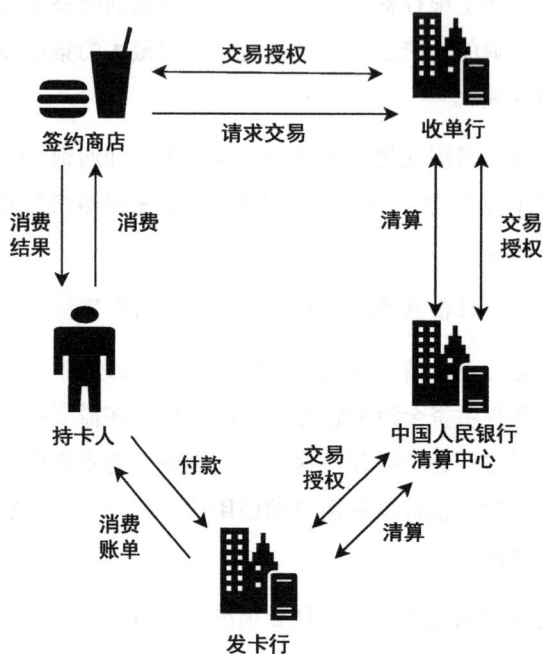

图 1-10

在支付宝、微信支付等快捷支付工具的冲击下，为了更便捷地促成交易，大部分商业银行推出了小额支付业务，它是一种全新的支付模式，即便不开通网上银行和申请信用卡，也可以完成网上和线下支付，该业务可通过多个渠道（银行柜台、网上银行等）开通。同时，用户可以根据自身的支付喜好使用注册的手机号码接收下行验证码（在进行小额支付时，将动态口令以短信形式发送到手机上）或电子密码器的动态口令作为身份验证方式。

为了确保账户资金安全，用户还可以在银行 App 或网上账户中设定在小额支付限额范围内自主设置个性化的单笔、日累计和支付总限额等限制条件。

（1）单笔限额指一次交易不能超过的金额。

（2）日累计限额指一个自然天内累计交易不能超过的金额。

（3）支付总限额指用户开通的银行卡网上支付账户在一定周期内（自然月）的总支付限额。

## 1.4.4　WAP 支付

WAP 支付也叫手机网页支付，是继银行卡支付和 Web 网页支付后早期移动支付的一种雏形，采用的技术类似于 Web 网页支付，区别在于 WAP 支付的体验更贴近手机体验，而 Web 支付的用户体验更贴近 PC 浏览器体验。

WAP 支付允许用户使用其移动终端（一般指手机）访问移动数据网络，加载 WAP 收银台页面，然后对所消费的商品或服务进行支付。目前随着各种移动支付工具的兴起，WAP 支付并没有衰落，仍然是对用户没有安装移动支付钱包 App 的支付方式的补充，可以不依赖任何 App，只要有移动网络和手机浏览器即可完成支付流程。

中国银联的 WAP 登录页面如图 1-11 所示。

WAP 支付通常会验证用户注册的手机号码、账户、密码及电子动态口令，在网关验证完毕之后将展示支付方式选择页面，如图 1-12 所示。

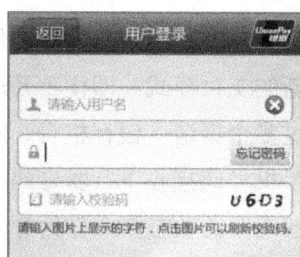

图 1-11

图 1-12

在用户选择和支付确认之后将展示支付结果信息页面，如图 1-13 所示。

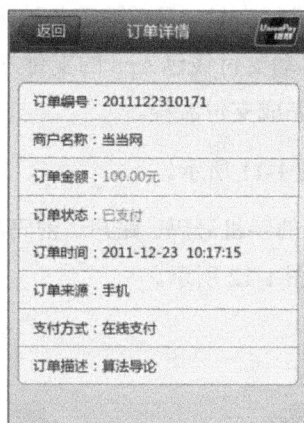

图 1-13

## 1.4.5　支付宝

支付宝是支付宝（中国）网络技术有限公司推出的一套支付解决方案，终端用户经常使用的是支付宝收银台、二维码收银台和支付宝钱包。

支付宝钱包是支付宝与钱包融为一体的移动支付解决方案，除了具备通用的钱包功能，还内置了理财产品余额宝、金融产品花呗及借呗，还有信用卡还款、转账、充话费、生活缴费、电子证件、芝麻信用评级等综合服务。

支付宝收银台属于专用支付，不包含其他支付类型，接入方式包含电脑网站收银台（PC）、移动页面收银台（WAP）、移动应用收银台（SDK）及当面付收银台（线下二维码），下面会重点介绍这几种接入方式。

电脑网站收银台（Web 收银台）主要针对 PC 用户和 To B 企业用户，用户（这里主要指 Web 网站用户）在商品提供商的 PC 网站或大型购物网站（淘宝、天猫等电子商务网站）消费之后，消费界面会自动跳转到支付宝 PC 网站（Web 网页页面）收银台，完成用户的校验和付款，交易资金被直接打入商家的支付宝账户并实时到账，流程如图 1-14 所示。

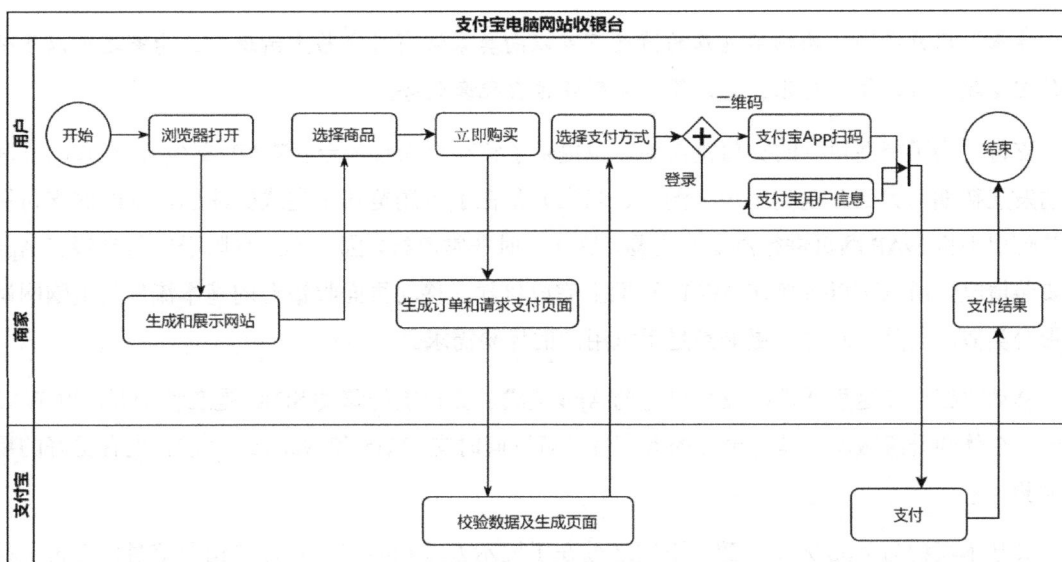

图 1-14

其基本流程如下。

（1）买家在商家自建的网站选择要购买的商品，单击"立即购买"按钮。

（2）商家将收集到的商品信息生成订单信息，提交给支付宝的服务端。

（3）支付宝的服务端在收到支付请求之后，对订单数据及商家信息、密钥等进行验证，如果验证不通过，就直接回调支付失败，商家站点展示支付失败页面。

（4）如果验证通过，浏览器就会跳转到支付宝页面，支付宝页面将出现两种支付方式（屏幕二维码收款、登录账户付款）。

（5）如果选择二维码收款，则用户可以使用支付宝钱包 App 的"扫一扫"功能进行付款。

（6）如果选择登录账户付款，则用户输入自己的支付宝账号和密码，然后付款。

（7）在支付宝验证数据且付款成功之后，支付宝的服务端会将支付结果等数据回调给商家的服务端。

（8）商家完成支付结果核对，然后进行支付结果的页面展示，这个流程结束。

对于接入 Web 收银台的商户来说，用户交易款项可即时到账。

注意：用户在淘宝购物不满意的情况下可以向卖家协商对交易申请退款，卖家还可以享受支付宝退款、清结算、对账、查询等一系列收银台配套服务。

支付宝为了提高自身的支付覆盖率，也提供了移动页面收银台（WAP 支付）。在移动互联网的发展初期，大部分电商用户（淘宝、当当）是在手机浏览器里完成交易的，这时的支付场景是使用手机 WAP 网页进行浏览和交易，这在当时非常流行，因为不用受限于支付宝钱包 App 的安装情况，所以可以直接在 WAP 页面上完成付款。移动页面收银台的基本流程与电脑网站收银台类似，只是展示形式更能满足手机用户的体验需求。

移动收银台在这里通常指商家自身的 App 集成了支付宝的移动 SDK，是在移动互联网 WAP 上的一个体验升级版本，具有更好的兼容性（可以同时支持 H5 和 Native 方式），也有更好的用户体验。

其基本流程与 App 方式一致，不同之处在于展示方式和异步通知订单结果信息。支付宝移动 SDK 的支付流程时序图如图 1-15 所示。

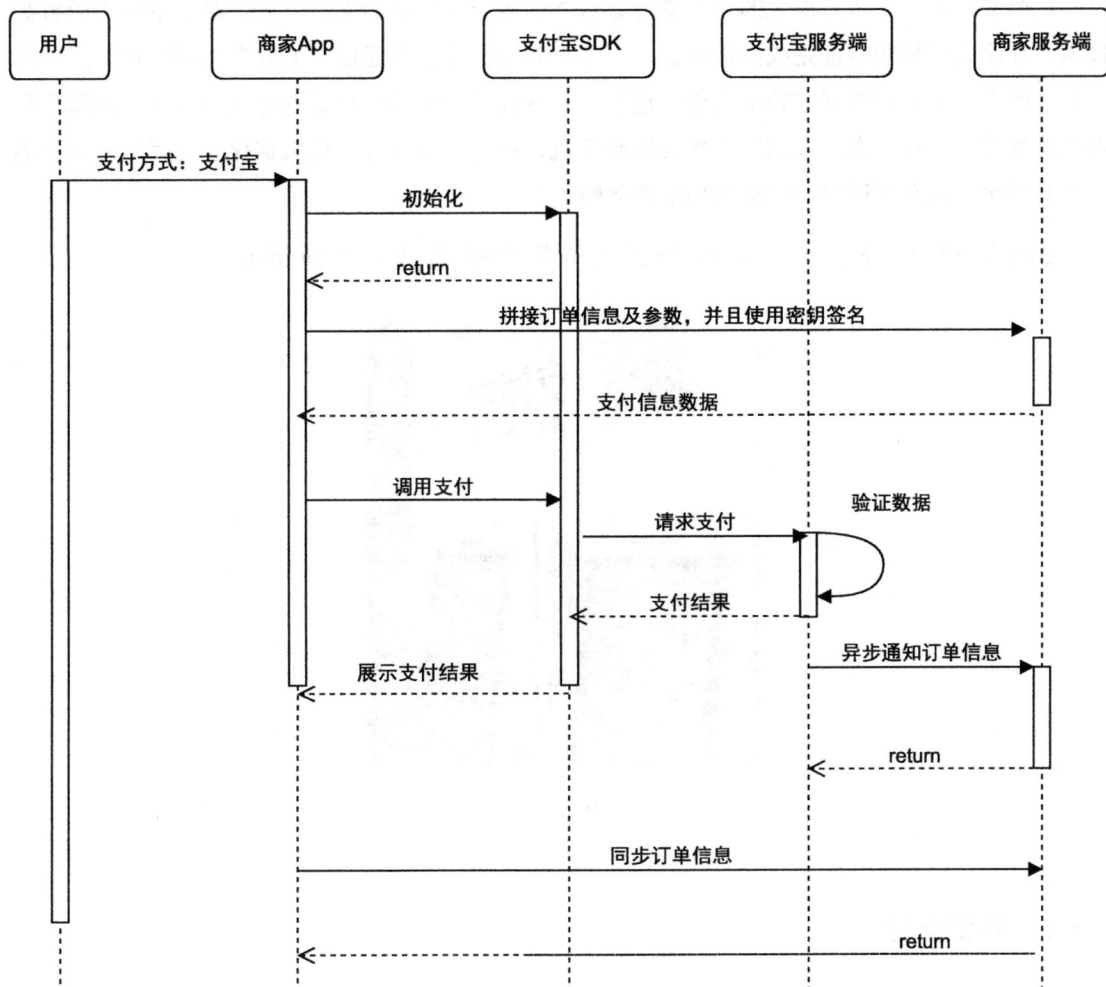

图 1-15

　　当面付收银台指用户和商家面对面地对非现金业务进行支付，包含转账、红包及二维码支付。这里讲的当面付指支付宝推出的一种收款码支付方式，可以帮助商家迅速使用支付宝支付服务，没有任何技术门槛，适用于全行业，所有行业、商户、用户之间都可使用，大大提升了商家收款效率。

　　在支付钱包 App 里面也有当面付相关的收款功能，还支持离线支付，不过一般都会有相应的限额。

刷脸支付是除支付宝提供的以上支付方式外的另一种创新的支付方式，基于活体人脸检测技术，利用人的相貌特征完成身份认证。在支付验证的过程中通过"刷脸"取得面部数据，然后对比线上面部特征数据来验证身份，这种方式取代了传统的用户通过键盘或屏幕输入账户和密码的方式，这样一来，人们不再需要携带手机、银行卡或钱包，极大优化了支付流程并提高了交易效率，提升了用户的日常购物消费体验。

2018 年 12 月，支付宝推出刷脸支付硬件设备"蜻蜓"，如图 1-16 所示。

图 1-16

## 1.4.6 微信支付

微信支付是腾讯的支付业务品牌，与支付宝支付的方式基本相同。与支付宝支付不同的是，微信支付是基于移动社交软件发展而来的一个支付功能，是基于人与人之间的社交关系链发展起来的支付产品，目前支持二维码、WAP、PC 页面、红包、当面付、游戏支付 SDK 及微信小程序等方式，覆盖线上公众号、线下消费、购物、出行、娱乐、虚拟充值等多个支付场景。

微信支付的底层技术解决方案是财付通，财付通也给 QQ 钱包提供了安全的底层技术支持。微信支付和 QQ 钱包只是财付通支付系统的一种收银台的表现，财付通才是一个完整的支付系统。

与支付宝的支付应用场景相比，微信支付乃至财付通的支付场景还比较单薄，主要原因是支付宝已经围绕着人们的日常生活构建了十分丰富的生活支付场景，从日常开销类如水、电、煤气、手机充值等，再到高速费、火车票、商旅文化等，以及余额宝、借呗、花呗等金融产品，支付宝的支付应用场景可谓无处不在。

不过近年来，微信支付也一直在补齐自己的支付应用场景。例如：金融理财产品腾讯理财通、微粒贷、微信接入广东政务系统参与政务和日常生活的代收、缴费业务，同时支持高速 ETC 及过路费缴费。

腾讯微众银行也与阿里网商银行一样，是国内最早的一批互联网银行，提供线上投资、理财、贷款等互联网金融服务。

由于微信支付相关的支付业务流程与支付宝相似，所以本书在此就不一一讲解了。

## 1.4.7　代金券

代金券，顾名思义是用来代替现金的，一般是商家为某种商业活动提供的一种优惠活动，在支付过程中能抵扣相应比例的现金。通过发放和使用代金券，能增加用户复购商品的次数，以及推动用户量的增长。

一般来讲，代金券指商家印制的纸质印刷卡片，在移动互联网时代对应的是会员/账号体系内的电子代金券。目前在 BAT 互联网大厂的商业产品中就有很多这种代金券和立减业务，例如：微信支付代金券业务是基于微信支付平台的。为了协助商户方便地实现代金券的营销优惠措施，针对部分有开发能力的商户，微信支付通过对接微信开放平台服务端 API 来实现运营代金券的功能。

微信平台的代金券业务相关流程如图 1-17 所示。

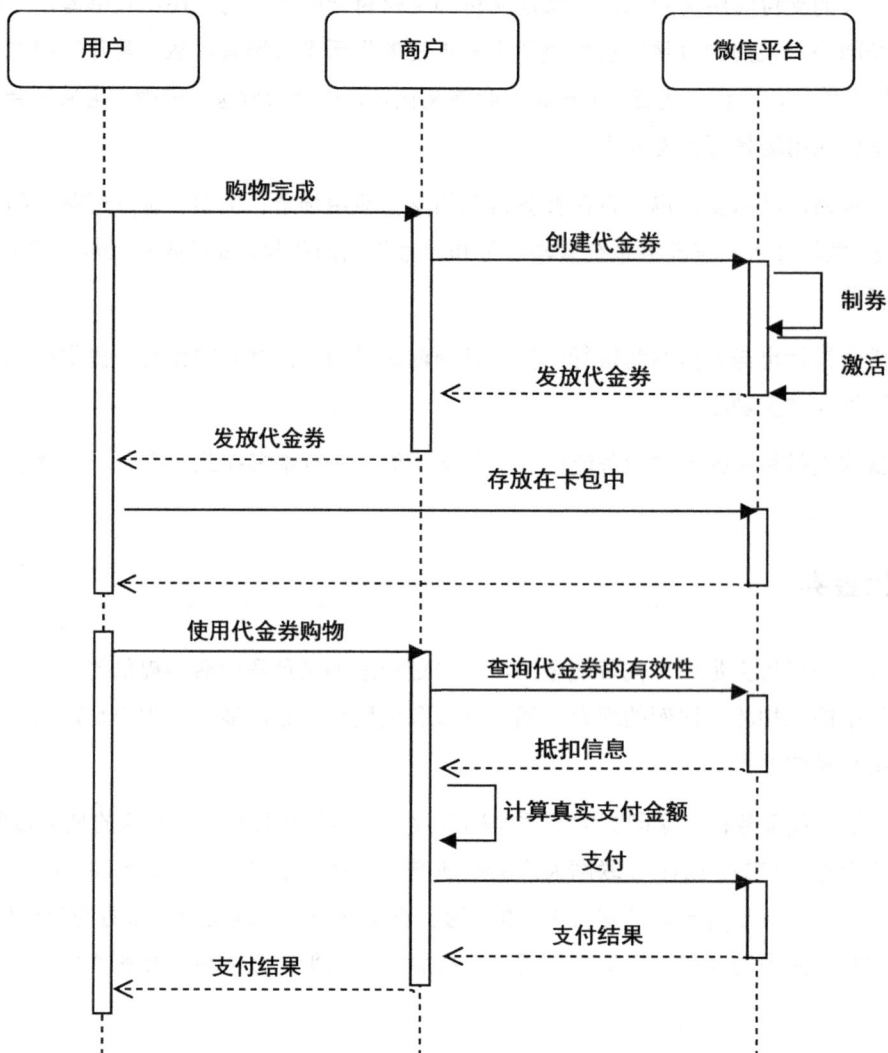

图 1-17

　　在用户从商户应用中完成购物后，商家会对用户发放代金券（分为全场券和单品券，全场券可以对商户所有的商品减价，单品券只能对指定的商品减价）。代金券是由微信平台制作的，其中包含券名、使用范围、抵扣金额、有效期、使用门槛（例如：订单总金额需要超过多少）

及付款方式。在代金券完成之后，用户通过购物、扫码、推送及其他方式获得此券，将其存储在用户的卡包或商户的账户系统中。

用户在下一次购物时可以选择使用代金券进行抵扣，这时，微信支付负责代金券的验证，由商户系统计算真实金额之后再发起支付操作，完成之后展示支付结果。

# 第 2 章

# 收银台系统

收银台是整个支付生态系统中最贴近终端用户的一端，本章讲解收银台在技术实施过程中的基础框架、最佳技术选型和技术实现。

需要提醒大家的是，为了细化收银台技术的实现流程，便于读者理解内容和实战，在本章中会有较多的代码片段、流程图及专业词汇讲解。

## 2.1  收银台 SDK

收银台 SDK（Software Development Kit，软件开发工具包）也叫作支付 SDK，指由商业银行、第三方支付机构及支付集成商等提供的具有收银台功能集合的软件工具包。对于开发者来讲，收银台 SDK 解决了以下问题。

（1）解决了接入渠道资质的问题。如果想接入银行卡支付方式，则由于国内商业银行众多，在接入时需要与一家家的商业银行或金融机构谈判。没有一定业务体量的个体商户一般还需要一定的入门基础资料，例如：工商经营执照、具有 ICP 备案的官方网站和服务端、关于一定经营情况的流水数据等。如果是接入中国银联的话，则在此基础上需要公司有 15 人以上的技术和客服团队，并要求有 2 年以上的支付行业服务经验及业务安全控制能力。所以，单独接入这些渠道的第一关卡都很难通过，但对于这些资质问题，第三方支付机构或融合支付集成商都帮商户解决了。

（2）解决了渠道费用的问题。如果单独接入中国银联或者银行渠道，则没有一定业务体量的企业或商户拿到的渠道使用费、服务费和手续费率将没有折扣。当然，这也是可以理解的，毕竟中国银联和银行建设、维护渠道是需要一定成本的，小规模的商户或企业与大型企业的接入流程和手续是一样的。通常渠道方会给大型企业或大用户量的集成商较低的接入费率，这样其接入第三方支付机构或融合支付会在成本上面占较大的优势。

（3）解决了渠道接入和运维的问题。针对一家家的商业银行或金融机构渠道进行接入，需要商户或企业具备一定的技术研发和运维能力，并且每一家渠道的技术接口是不一样的，要将它们融合在一起并流畅地提供服务，具有相当的技术难度，这就需要有一定技术架构设计经验的架构师来构建渠道管理系统和支付交易引擎。并且上线之后，渠道的开闭（渠道方维护时间）、稳定性监控及路由都需要专门的运营、运维人员负责。而集成第三方支付机构或融合支付集成商的支付 SDK 之后不需要解决以上问题，只需接入支付方式、测试及对账结算，大大缩短了商业产品的上线周期。

收银台 SDK 按业务类型可以分成两种：专用收银台 SDK 和融合支付 SDK，下面会进行一一讲解。

## 2.1.1　专用收银台 SDK

专用支付一般指大型第三方支付机构（支付宝、财付通等）和商业银行（工、农、中、建）推出的专用品牌金融和支付服务，一般具有独立的支付生态产品和资源管理能力。例如：在支付宝的金融服务产品里面就不会包含微信支付或其他第三方支付产品。

专用收银台一般是由具有一定实力的支付和金融机构提供的，具有一定的支付生态和技术能力，能独立运作自身的支付渠道，包含支付流程中的资金流、信息流管理和运营。

专用收银台 SDK 是第三方支付机构支付系统的前端表现形态，不会包含其他金融机构的支付方式，例如：支付宝 SDK 就属于专用收银台 SDK，仅仅提供支付宝支付相关的服务产品，不包含微信支付、银行卡账号支付和短信支付等其他支付方式。

## 2.1.2　融合收银台 SDK

融合支付，在行业内也叫作第四方支付、聚合支付，指从事支付业务的第三方支付机构、系统集成商、民营银行、信托银行、其他非银机构或清算组织利用自身的技术与服务集成能力，将支付收单、支付营销相关的支付服务整合到一起，为商户和个人提供与第三方支付同等能力的相关支付服务。

融合支付主要用于解决商户和个人开发者申请支付渠道资质和手续的问题，减少商户因各种支付渠道接入、维护支付、结算服务时的成本支出，提高支付结算系统的运行效率。当然，也会在利润分成中收取一定的增值服务费用。国内大型融合支付服务提供商有翼支付、易宝支付、联动优势等。

融合支付的服务项目较专用支付的服务项目会多很多，包含且不限于账户管理服务、虚拟货币服务、跨境收款服务、支付渠道管理服务、资金到账与管理服务、汇兑服务、充值服务、接入指引服务、数据安全管理服务、数据分析服务、用户画像服务、账务（差错）处理服务、用户服务和其他增值服务等。

融合支付的国内支付渠道包含支付宝、微信、QQ、银行卡、充值卡、各家运营商的短信支付、代金券及游戏厂商虚拟币等；融合支付的国外支付渠道包含 PayPal、Google 钱包、Paytm、711 等。近年来支付宝、微信也积极启动了国际化进程，为全球提供支付业务和金融服务。

融合收银台 SDK 是融合支付的一种前端表现形式，是提供收银台功能的软件开发工具包，与专用收银台 SDK 的主要区别在于它提供了对多种专用支付方式的选择和支付渠道路由。

融合收银台 SDK 的核心价值就是提供资质、接入便利和使用便利。

接入便利指融合支付更加贴近游戏、开发者和应用，使集成商快速接入支付功能，快速实现产品商业化。

- 贴近游戏指提供基于某种游戏引擎（Unity 3D、Cocos2d-x）的支付 SDK。

- 贴近开发者指有各种各样的编程语言支持。例如：支持 Android 系统的 Java、Kotlin；支持 Unity 3D 游戏引擎的 C#、JavaScript；支持 Cocos2d-x 游戏引擎的 C++、C 等，为移动应用、游戏开发者集成支付功能提供了接入便利。

- 贴近应用指提供基于操作系统平台的原生支持。例如：Android 系统的 AAR 包、iOS 系统的 Framework 包等。

使用便利指更加贴近用户。融合支付 SDK 提供了多种支付方式，让用户使用任何支付方式都能成功支付。

所以，与专用收银台相比，融合收银台更为常见和便捷，因为它覆盖了市面上的大部分支付方式，不会限制用户使用某种特定的支付方式，为用户提供了更多的支付选择，也大大提升了用户支付的成功率和效率。

## 2.2　收银台的对外接入形式

融合收银台的对外接入形式也有多种，市面上最多的是 SDK 接入、服务端 API 接入、Web/WAP 页面接入。

- SDK 接入主要用于主流移动手机的 Android 和 iOS 两大操作系统，将支付的功能和服务打包成软件开发工具包，方便其他应用和游戏集成。
- 服务端 API 接入主要用于 PC 收银台和 WAP 收银台，主要特点是基于服务端，收银台界面可以根据商户的应用灵活定制、适配等。
- Web/WAP 页面接入指提供带第三方支付服务界面的 HTML 界面，可以通过技术手段嵌入商户的网页页面和手机网站，例如支付宝的 H5 支付页面、各家商业银行的 Web 页面和中国银联的 Web 页面。

以移动开发为例，许多移动应用开发者或者游戏开发者在商业化产品研发过程中，都会直接或间接地接入第三方的各种 SDK、API，其功能涵盖消息推送、分享、日志、数据采集、广告、账号、支付等。

## 2.3　SDK 架构概述

在讲解 SDK 的具体实现之前，这里先讲解融合收银台 SDK 架构的设计特点和架构框图，便于读者理解在 SDK 内部有哪些功能模块，以及上下结构如何分层。

## 2.3.1 SDK 架构的设计特点

在收银台 SDK 架构的设计上，除了要考虑软件架构设计的通用性（高可用性和高稳定性），还要考虑互联网金融业务的特殊性，比如高兼容性、高安全性、高扩展性等。

### 1. 高兼容性

以 Android 移动应用研发为例，Android 系统版本众多（业内也叫作碎片化严重），还有很多是各手机硬件厂商自己定制和修改的系统固件版本（例如华为的 EMUI 和小米的 MIUI 固件），并且市场上这些版本的存量运行幅度很广，这样一来，Android 系统版本的碎片化情况越来越严重。所以，我们在做收银台 SDK 架构设计时应该充分考虑移动终端系统运行的实际环境和兼容性。

在兼容性方面应该充分考虑硬件设备的兼容性和软件的兼容性。

（1）硬件设备的兼容性。因为不同的手机硬件设备生产厂商会生产不同尺寸和不同电子设备元器件的手机，所以在设计 SDK 时要兼容不同类型的设备（例如：平板设备为横屏，一般用 HD 版本来命名）。Google Play（谷歌应用商店）对 Android 应用上架的要求很高，对硬件设备兼容性检测的要求也很高，必须通过 Google 的兼容性测试（Compatibility Test Suite，CTS）才可以上架。所以在设计 SDK 时应充分考虑硬件设备的兼容性，例如不同传感器及硬件加速功能的兼容性等，以满足在不同设备上使用的需求和用户体验。

（2）软件的兼容性。在 Android 版本碎片化的情况下，软件开发人员应考虑对不同 API 的调用能否成功，确保应用在不同的系统版本上均能正常运行。例如：为了使 SDK 在所有系统版本上都显示并正常使用，SDK 应该容忍一些系统功能 API 的变化，并提供适应不同屏幕尺寸的灵活用户界面。

### 2. 高安全性

由于收银台 SDK 处于支付的最前端，负责资金流和信息流的输入/输出和商户的发货流程，所以为了保障资金流和信息流的安全和商户的利益，需要确保收银台 SDK 的高度安全。与支付系统的其他子系统相比，收银台 SDK 的安全性变得非常重要。

在收银台 SDK 中封装了一些复杂的逻辑实现及网络请求，负责与支付后端 API 进行网络数据通信，例如支付（预）下单请求及支付结果响应。由于网络请求的通用性和广泛性（一个

SDK 会被多款应用或网络接入，影响面会扩大），一旦出现了安全漏洞、数据包篡改、伪造并被黑客利用，则影响范围之广、危害之大是不言而喻的。

在安全性设计方面应该着重考虑鉴权、授权两个方面，并且需要对数据安全加密。例如：不能使用明文传输业务数据，不能使用 HTTP 传输第三方数据，要使用安全、权威的数字证书及动态化密码。

> 案例：在使用 HTTP 从支付后端服务器请求和接收响应数据时，攻击者可以通过中间人攻击、劫持 HTTP 数据包，伪造支付后端服务器下发正常的支付数据，引导商户应用正常发货，造成商户的资金损失；攻击者也可以通过 DNS 劫持来利用漏洞，在 DNS 劫持、攻击的过程中，攻击者可以修改服务器的 DNS 记录，把访问者重定向到攻击者自己的支付服务器，形成虚假的支付数据。

根据上述例子，在设计架构的过程中应该考虑引入非对称加解密方案来保障数据的安全性，同时引入 HTTPS 组件对抗中间人的攻击，并引入 HTTPDNS 组件解决 DNS 的劫持问题。

### 3. 高扩展性

高扩展性也是收银台 SDK 的一个重要特点，因为支付方式和渠道会经常变动，比如增加新渠道、上线、下线、关闭支付渠道，所以需要在设计收银台 SDK 之初就充分理解支付流程和业务，在充分理解后才能对支付渠道的模型和接口能力进行抽象，预留相应功能的扩展点；并在技术设计上借鉴 OSGI（Open Service Gateway Initiative，开放服务网关协议）和 OO（Object Oriented，面向对象）设计扩展点模式。

在设计收银台 SDK 时要用面向对象的思想来看待世界，将公用的系统需求（安全加密、数据存储、日志记录、权限验证等）进行抽象和封装，形成统一的、便于扩展的接口，以便在每个外部的业务对象中进行调用。使用面向对象思想构建出来的软件既能使整体架构稳固，也能对公共功能进行封装，提供各模块的接口调用，这就好比适配层被封装起来，将接口进行暴露，以应对各种业务和多变的接口需求。

做好高扩展性设计之后，在有新需求或需求变动时，收银台 SDK 软件开发人员都能够基于之前的版本进行快速开发、迭代和响应。

## 2.3.2 用户端 SDK 架构

这里根据市面上部分支付公司的收银台用户端产品，总结出通用的用户端 SDK 架构，如图 2-1 所示。

| 初始化接口 | 支付接口 | 查询接口 | 退出接口 | 营销接口 | 接口层 |

| 初始化业务 | 反初始化业务 | 支付业务 | 查询业务 | 业务组件层 |

| 插件加载及升级 | 定时任务 | API管理 | H5组件 | 消息中心 | 基础组件层 |
| 网络库 | 线程库 | 安全传输 | 消息通信 | |
| 日志组件 | 动态组件 | 数据库 | 端安全组件 | |

| Android | iOS | 平台适配层 |

图 2-1

市面上的收银台 SDK 几乎都采用了动态加载技术，其好处是具备了灵活性和动态性，在不需要某项功能时，可以不加载相关功能插件，进而减少整个应用的内存和 CPU、网络等资源消耗，还可以通过动态加载实现功能模块的热插拔和功能升级，即在不发布新用户端版本（用户端发布版本的周期一般较长）的情况下更新某些功能模块。

如图 2-1 所示的用户端 SDK 架构主要分 4 层，如下所述。

● 第 1 层是接口层，包括商户应用或游戏开发者接入支付 SDK 的接口和回调函数（支付订单数据）。

- 第 2 层是业务组件层，为了实现业务的动态更新功能，所有业务都被定义为一个插件，包括收银台的核心业务支付插件和充值插件，其物理表现形式为 Dex[1]文件，同时包含其他业务插件。

- 第 3 层是基础组件层，主要支撑上层业务的日志、线程、下载、定时任务、WebView[2]、插件服务等基础中间件和设施。

- 第 4 层是平台适配层，目前主流的移动操作系统为 Android 和 iOS。

## 2.4　技术选型

在设计完用户端的收银台 SDK 架构之后，在构建支付系统之前，不可忽视的是技术选型，这也是所有技术在实施前的一个非常重要的课题。

热爱技术的软件架构师或软件工程师在技术选型阶段倾向于使用新技术，但支付系统有自身的特性，例如高可靠性、高稳定性、高扩展性及高安全性，在后端方面还有容灾容错、高并发及高性能等技术选型要求。这些特性在一定程度上限制了技术选型的架构、方法、过程、软件成熟度及工具等各个方面，在技术选型过程中一定要秉持简单易用、成熟、避免过度设计的原则。

对于支付产品的技术选型，要注意以下几点。

（1）选择成熟度较高的框架或技术。技术也是有生命周期的，一项技术从最早被提出到因技术陈旧而退出历史舞台，会经历许多阶段。该技术最初一般由技术爱好者或解决某一固定域问题的团队研发而成，初期通常不很成熟，也不很稳定，甚至会有一定的局限性。之后，这些技术爱好者或团队将代码提交到 GitHub 仓库或扩展、改进它，会有最早一批的代码使用者，该技术将经过早期验证进入早期大众阶段；在真正的使用期，人们会在 GitHub、StackOverflow、CSDN 等上提出很多的问题，软件将逐步走向成熟，成熟的一个重要标志是经过大量用户验证

---

1　Dex 文件：是可以直接在 Android Dalvik 虚拟机中加载、运行的文件。
2　WebView：是 Android 提供的一个网页浏览组件，其内部实现是采用渲染引擎（WebKit）来展示 View 的内容，可实现网页前进后退、网页放大缩小、搜索等功能。

后的商用化。随着时间的推移，新的技术又会出现，旧的技术因为维护性、性能或解决问题域等问题渐渐退出历史舞台。

（2）立足于现有需求来选型。一般来讲，技术选型必须立足、服务于现有的业务需求，并且在不同的时期有不同的选型方案。处于初创期的公司或业务，其技术选型的特点是快速、灵活及易验证，但支付业务必须是稳定的、高可用的。无论在什么发展阶段，其基准都是可靠、可用和成熟、稳定，所以做支付产品的初创公司也需要注意二者之间的平衡。

（3）简单即美，纯粹即美。新技术层出不穷，有些技术或架构不仅概念多，而且依赖多，还有的应用包比较大，就像一个全家桶。引入这样的技术框架是很容易的，但后期维护因为关联方太多，容易找不到头绪，既有学习成本，又有维护成本，扩展性也会成为问题。这就需要一些简单、纯粹的框架或技术来支持，简单代表软件的复杂度不高，纯粹代表依赖方不多，功能较为集中。尤其是支付这种产品，高可用会限制我们的维护成本，并要求线上恢复快速。

提示：一些大型、成熟的互联网公司如阿里巴巴、腾讯、Google、eBay 等，虽然资源丰富、技术能力雄厚，但对核心技术栈和技术选型同样有严格把控，并且久经业务和流量考验。如果在技术选型中没有思路，则参考大厂的做法也是一个不错的方向，当然也要结合实际情况。所以说没有最好的技术，只有最适合的技术。

## 2.5　收银台 SDK 接口设计实战

收银台 SDK 不只是一个开发工具，也不只有一个程序，而是一系列编程接口、接入文档、接入示例、开发辅助工具的集合。

完整的 SDK 应该包括如下内容。

（1）接口文件和库文件：是接入主体，包含核心逻辑与对外接口。

（2）帮助文档：也叫作开发者接入指南，帮助开发者了解和快速接入。

（3）开发示例：应用 Demo 程序或服务器 Demo 程序，甚至提供各种开发语言版本的 Demo，例如 Java、C#、Objective-C。

（4）辅助工具：辅助应用开发或测试人员正确接入。

## 2.5.1　接口设计原则

针对前面讲到的关于 SDK 接口的设计一般会有相应的设计原则，这也是终端和服务端通用的接口设计原则。

（1）单一职责原则（Single Responsibility Principle，SRP）：由 Robert C. Martin 最先提出，核心概念是"一个类应该只有一个改变的理由"。单一功能原则是一个接口设计原则，它指出每一个模块或类应当拥有的一个单一的责任功能，而责任应被完全封装在类或模块中。其所有服务都应与其责任严格一致，相互之间没有依赖。简单来说，就是需要建立单一、纯粹的接口，不要建立功能庞大、代码臃肿的接口。

（2）里氏代换原则（Liskov Substitution Principle，LSP）：是面向对象设计的基本原则之一，同样适用于 SDK 的接口设计。在里氏代换原则描述中，在任何基类可以出现的地方，子类都一定可以出现。里氏代换原则是继承和复用（父类、基类概念）的基石，只有当衍生类可以替换基类且软件单位的功能不受到影响时，基类[1]才能真正被复用。而衍生类[2]能够在基类的基础上增加新的行为。同时，里氏代换原则是对"开-闭"原则的一种补充，实现"开-闭"原则的关键步骤和前提是抽象化，而父类与子类的继承关系就是抽象化的具体实现，所以里氏代换原则是对抽象化的具体步骤规范。例如：在 Client 类中调用其他类时一定要使用其基类或接口，如果不能使用，则说明这个类或接口的设计已经违背了里氏代换原则。

简单地说，可以按照如下所述理解里氏原则。

- 子类必须完整、完全地实现基类的方法、属性（字段）。当然：子类是基类的一个延续，可以有自己特有的属性、方法，即使在相同的方法内也可以表现为不同的数据和业务流程实现。

- 在覆写、实现父类的方法、接口时，其方法可以更优。例如：可以增加相应的输入参数。

---

1　基类：也叫作父类，在面向对象设计中，被定义为包含所有实体共同属性的 class 类型。
2　衍生类：也叫作子类，在面向对象设计中，被定义为包含实体自有属性和基类公共属性的 class 类型。

● 覆写（Override）、实现父类的方法，返回的结果可以缩小。

（3）接口隔离原则（Interface Segregation Principle，ISP）：指接口功能尽量内聚、小。接口功能只服务于一个子模块或业务流程，对没有关联性的内容都需要剔除。每个接口都应代表一个功能，而不是某个功能的一个步骤，否则会存在分布式事务污染的问题。

## 2.5.2　收银台 SDK 接口设计

收银台 SDK 是第三方支付机构或融合支付厂商向商户的支付功能开发者提供的 Android、iOS、Windows 平台专业开发辅助工具包，商户开发者在产品中添加收银台 SDK 并调用其接口后即可直接使用收银台的各种功能。

融合支付 SDK 则是将市面上常用的支付方式都整合到一个 SDK 中，这样商户和开发者无须再和各家支付公司逐一签订合同，就可以通过接口在应用程序中集成和调用功能齐全的收银台。

依据以上接口设计原则，收银台 SDK 一般将功能收敛到以下 4 个接口中。

### 1. 初始化支付接口

在商户的商业化产品应用中，收银台 SDK 一般需要商户开发人员在应用启动或支付页面拉起的地方，进行初始化支付 SDK（包含鉴权用户端或设备信息），扫描当前 App 环境是否安全，并且在初始化过程中准备好支付环节的资源、参数配置和界面展示内容，通常只需要初始化一次。在 Android 环境中，一般建议在 Application 的 onCreate 方法里面调用。

以 Android SDK 为例：

```java
public void init(Context context,
                 Intent payInitData,
                 PaySdkListener callback);
```

其参数情况如表 2-1 所示。

表 2-1

| 字　　段 | 类　　型 | 说　　明 |
|---|---|---|
| Context | Context | Android 的上下文对象 |
| data | Intent | 初始化需要的参数信息 |
| callback | PaySdkListener | 初始化情况回调函数 |

对其中的参数介绍如下。

（1）Context 是 Android 系统的上下文抽象类，通过类的结构可以看到：Activity、Service、Application 都是 Context 的子类。以上这些子类的实例对象都可以作为初始化函数的入参，一般推荐使用 Application 实例作为参数进行传入。

（2）data 通常是支付 SDK 初始化需要的参数数据，一般包含如下内容。

● 应用标识：指应用的唯一标识，在第三方支付机构申请完成之后，由第三方支付机构提供应用标识参数。

● 横竖屏类型：用于展示收银台页面的显示风格。

● 其他参数：第三方支付机构定义的渠道标识、应用密钥等相关参数。例如：游戏的渠道标识，用于后期支付分润、数据打标及门店标识等。

注意：Intent 主要用于 Android 应用各项组件之间的通信，负责描述应用中的一次启动动作及动作涉及的相关数据；同时有另外一种功能，可以根据在 Intent 中描述的内容找到对应的对象，并将 Intent 中的其他数据传递给被调用的组件。

（3）回调函数。在调用了初始化函数之后，收银台 SDK 初始化的结果就会被异步回调给商户应用，其基本原型如下：

```
public abstract class PaySdkListener {
    void onStateChanged(String state,Bundle data){};
}
```

回调中的 State（状态）数据一般包含以下三种状态。

● 初始化中：初始化进度开始，通常用于回调给应用界面，展示正在初始化的加载界面或动画。

● 初始化失败：初始化失败，一般涉及配置参数失败、服务器校验失败、风控、网络及其他问题。

● 初始化成功：初始化顺利完成。

注意：Bundle 数据包含在状态过程中携带的附加数据，为 Bundle 数据结构类型，该类型的数据为 Key-Value 结构，可以类比 Java 中的 Map 结构，通常用于在 Activity、Service、BroadCast Receiver、Content Provider 这 Android 四大组件之间传递数据。

在初始化回调接口中，Bundle 实例可携带的数据包含：初始化中状态回调里携带的进度百分比数据（加载 Web 支付页面的 30% 进度）；失败回调里携带的初始化错误码和错误信息等。

### 2. 支付接口

支付接口主要用于用户下单并支付的场景中，通常会拉起支付界面：

```
public void buy(Activity activity,
                Bundle data,
                PaySdkListener payCallback)
```

其参数情况如表 2-2 所示。

表 2-2

| 字 段 | 类 型 | 说 明 |
| --- | --- | --- |
| activity | Activity | Android 的上下文对象，为 Activity 类型，用于承载、显示支付容器的窗口和操作界面 |
| data | Intent | 支付需要的参数信息，使用 Intent 类型可便于扩展参数 |
| callback | PaySdkListener | 关于支付结果的回调函数 |

对其中的参数介绍如下。

（1）activity：Activity 类型，是 Android 系统的界面组件类，用于承载 View 对象容器和展示一个移动界面。这个参数一般是负责拉起支付界面的 Activity 类型，例如电子商务网站的订单详情页面。

（2）data：Intent 类型，通常是支付需要的参数数据，一般包含如下内容。

● 商户订单编号：是商户系统生成的订单编号，与支付系统中的交易单号一一对应。支付系统一般要求商户系统生成订单号时符合并发条件且不重复，兼顾安全性（不容易从订单号中看出运营规则）。一般推荐使用"时间戳+随机码（5）+流水号"的规则生成商户的订单号，这是一个必须上传的参数。

● 商品编号：是商户在第三方支付系统中登记的商品编号，在某些支付 SDK 中不需要传入这个参数。

- 商品名称：用于显示支付确认界面的商品名称，一般也被登记在第三方支付系统中，通常用于订单数据校验。

- 商品价格：支付的金额，一般以"分"为单位，但部分系统以"元"为单位，支持有两位小数。

- 商品描述：支付确认界面的商品描述内容。

- 订单超时：订单的绝对超时，通常以服务器同步的时间为基准。

- 扩展参数：为动态数据，通常为支付回流数据，这样可以在订单状态返回时将该数据返回到本地。

- 渠道标识：用于后期支付分成及数据打标，由第三方支付机构进行分配。

在调用了支付函数之后会展示支付界面，用户确认支付信息之后，这些数据将被传送给支付服务器处理，在处理完成后支付结果就会被异步回调给商户应用。

（3）回调函数，其基本原型与初始化回调基本一致，仅数据的内容不一样，代码如下：

```
public abstract class CallBackListener {
    void onStateChanged(String state,Bundle data){};
}
```

支付状态（State）包含如下内容。

- 支付进行中：此状态表示用户正在支付，通常用于回调支付进度。例如：支付进行了30%。

- 支付失败：支付失败，一般涉及支付过程中支付参数不正确、访问校验失败、风控等支付错误。

- 支付成功：支付顺利完成。

支付接口中的 Bundle 数据包含以上支付状态所携带的相关数据，这个数据与初始化接口同样为 Key-Value 结构，但数据的内容不一样。

（1）如果是支付进行中状态，则在 Bundle 中包含支付进度数据，将支付进度展示给商户应用或用户。

（2）如果是支付成功状态，则在 Bundle 中包含以下数据。

● 交易订单号：支付交易引擎系统中的交易流水编号，与商户交易订单号一一对应。

● 支付类型：采用的支付类型。

● 交易金额：支付的金额。

● 订单数据验签：是之前商户申请时预置在平台上的公钥，采用商户公钥将返回的信息数据签名，进行发货前的数据验证，避免数据被篡改。

● 扩展信息：数据回流信息，通常是商户采用支付接口带上去的数据原本（商品编号、商品价格、验证数据、描述等）。

（3）如果是支付失败状态，则在 Bundle 中包含以下数据。

● 支付错误码：支付系统对支付失败过程中错误原因的编码，例如支付宝系统的公共错误码和 SPI 错误码等。

● 错误描述：错误码对应的支付错误信息描述，一般是 UTF-8 编码，用于展示给商户开发者或进行用户提示。

### 3. 支付结果查询接口

在调用了支付接口之后，对于未返回的支付结果订单，支付 SDK 一般会提供支付结果查询接口给商户开发者，用于查询当前支付进度和结果：

```
public void query(Context context,
                  String trade_no,
                  PaySdkListener queryCallback)
```

其参数情况如表 2-3 所示。

表 2-3

| 字　段 | 类　型 | 说　明 |
| --- | --- | --- |
| Context | Context | Android 的上下文对象，这个接口与支付接口不一样，不需要展示相关界面，可以在支付后端进行查询，所以不一定需要是 Activity 类型，可以是支付后端的 Service 类型和 Application 类型 |
| trade_no | String | 商户订单编号，支付系统的订单编号与商户订单编号一一对应 |
| callback | PaySdkListener | 关于查询接口返回情况的回调函数 |

这个接口通常用于查询某个支付订单的结果和状态，这些数据会通过回调函数的形式异步返回给应用。回调函数与支付接口的形式一致，详见支付回调函数的描述。

查询订单的结果状态会有所变化。

● 未付款：交易单已创建，并且订单未付款。

● 支付中：付款中。

● 支付成功：付款已成功。

● 支付结束：此交易已完成，不支持退款等操作。

#### 4. 退出接口

退出接口主要用于关闭支付并且清理支付资源。以下接口用于退出 SDK，调用该接口之后 SDK 不可使用（不能再调用支付接口）。

```
public void exitSDK() ;
```

应用退出时推荐调用该接口，若不调用该接口，则部分支付数据无法在本地持久化，例如支付记录数据等。

该接口一般为同步接口，会在此接口中进行内存清理与本地数据持久化。

## 2.6　SDK 基础——动态加载实战

本节讲解支付 SDK 中的一些内部技术实现。

动态加载技术在 2014 年左右是一个非常热门的话题，其主要痛点和引爆点在于解决了 Google 设计的 Android 方法数超过一个 Dex 最大方法数 65535 上限的问题。在 iOS 里面不能采用动态加载方案，这里只针对 Android 系统。

支付 SDK 除了使用动态加载技术来解决上述问题，还使用动态加载技术实现了如下内容：

● 将业务功能模块和接口解耦，使各层次的模块和接口的职能、功能更纯粹，专注于业务和单一功能；

- 当线上版本出现重大问题时，将新版本回滚到稳定版本，或者使用已修复问题的版本覆盖旧版本；
- 在产品经理提出新功能优化迭代时进行 AB 测试，经过 AB 测试期之后，针对不再需要的旧版本，可以直接动态加载，将功能升级到最新版本。

动态加载技术采用了 XXClassLoader 类的功能，在 Android 中常用的是 PathClassLoader 和 DexClassLoader，它们都继承自 BaseDexClassLoader。

如图 2-2 所示是它们之间的继承关系图。

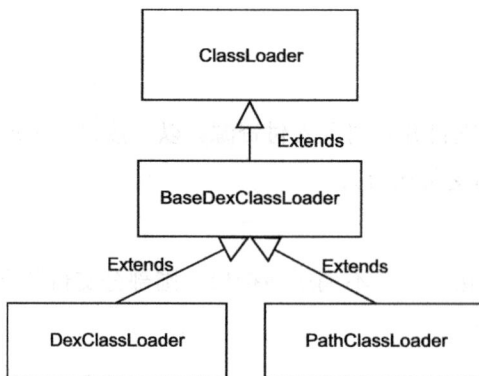

图 2-2

DexClassLoader 和 PathClassLoader 的继承路径一致，如图 2-3 所示。

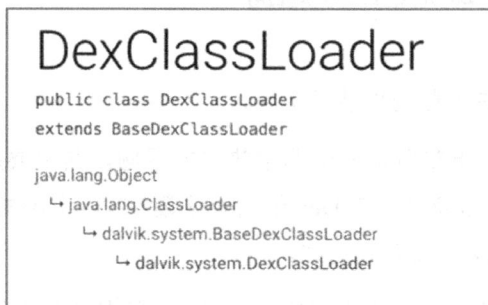

图 2-3

二者看起来非常像，用法却并不相同。

先看一下 DexclassLoader 动态加载类的构造方法：

```
/**
 * 一个可以从包含 Dex 文件体中加载 classes 类的类加载器，能够加载未安装的 JAR、APK、Dex 文件
 * @param dexPath dex：文件路径列表，对多个路径使用冒号分隔
 * @param odexOutput：经过优化的 Dex 文件（odex）输出目录
 * @param libPath：动态库路径，一般在 libs 下面，类似于 classpath
 * @param parent：保留 Java 中 ClassLoader 的委托机制，父类加载器优先加载 classes 类，为
由上而下的加载机制，防止重复加载类字节码
 */
public DexClassLoader (String dexPath, String odexOutput, String libPath,
ClassLoader parent);

public PathClassLoader (String path, String libPath, ClassLoader parent)
```

由于 PathClassLoader 只能加载已安装应用 APK 包的 Dex 文件，所以它应该在 Android Dalvik 虚拟机上。PathClassLoader 在 ART 虚拟机上可以加载未安装 APK 包的 Dex 文件，但 DexClassLoader 支持加载 APK、Dex 和 JAR 文件的内容，同时支持从 SD 卡动态加载插件，所以 PathClassLoader 才是我们真正需要的功能。

首先，定义一个插件的支付接口：

```
public interface IPaySdk {
public boolean init(Context context , Bundle bundle , PaySdkListener  listener);

Public Boolean pay(Activity activity , Bundle bundle , PaySdkListener listener);
}
```

有读者会问为什么这里需要拆分为初始化和支付两个接口。这就需要考虑到支付的特殊性。支付在应用内是一种冲动性购买行为，如果不能提供快捷、流畅的支付体验，支付成功率就会受到影响。初始化就是将准备工作（例如 App 鉴权、配置参数拉取等）提前做好，支付接口直接做支付动作，这样就会十分快速和流畅。

以上支付接口的回调函数接口的示例代码如下：

```
Public interface PaySdkListener {

    /**
    *
    * 成功回调
    * @param bundle：支付成功之后在回调中带的数据
    */
    public void onSuccessful(Bundle bundle);
```

```
    /**
    * 失败回调
    * @param bundle：支付失败之后在回调中带的错误数据
    */
    Public void onFailure(Bundle bundle);
}
```

然后，编写插件工程接口实现。下面以初始化函数为例，说明在插件实体中初始化业务的一些实现：

```
public class PayPluginImpl implements IPaySdk {

    @Override
    Public Boolean init(Context context, Bundle bundle, PaySdkListener listener)
{
        if (listener == null) {
        throw new  IllegalArgumentException("回调参数为空!");
        }

        if (context == null) {
                Bundle fail = new Bundle();
                fail.putInt(PARAMETER_KEY_CODE, ERR_PARAMETER_EMPTY);
                fail.putInt(PARAMETER_KEY_MESSAGE,"初始化失败:context为空!");
                listener.onFailure(fail);
                return false;
        }

        /**
         * 解析参数
         */
        parseParameter(bundle);
        /**
         * 初始化全局数据
         */
        initApplication(context);

        /**
         * 初始化安全上下文
         */
        defaultSecurityContext.init(context, bundle, listener);
        /**
         * 本地存储初始化
         */
        LocalStorage.init(context, bundle, listener);

        /**
         * 远程可信鉴权
```

```
    */
    AuthAlgorithm.initAysnc(context, bundle, listener);

    //参数解析及回调商户应用
    ......
    Return false;
    }
}
```

接着，将工程打包成 JAR 文件并且使用 Dx 命令将其打包成 Dex 文件。我们将插件工程文件打包成 JAR 文件，然后把 JAR 文件放到 SDK 目录 build-tools 的 25.0.3 目录下，在这个目录下可以看到 dx.bat 文件，然后用下面的命令将 JAR 文件转为 Dex 文件：

```
dx --dex --output=xx.dex xx.jar
```

最后，将 Dex 文件放在 Assets 目录下，加载并调用参数。示例代码如下：

```
//加载插件并初始化
//第 1 个参数：是 Assets 下 Dex 文件的完整路径
//第 2 个参数：是 Dex 文件解压缩后存放的目录，Odex 是优化后的路径
//第 3 个参数：是 C、C++依赖的本地库文件目录，可以为 null
//第 4 个参数：是上一级类加载器
DexClassLoader dexClassLoader =new DexClassLoader(dexPath,
dexOutputDir.getAbsolutePath(), null ,getClassLoader());

Class libProvierClz =null;
try {
    libProvierClz = dexClassLoader.loadClass("插件入口类的完整包路径");
    //创建 IPaySdk 实例
    IPaySdk paySdk = (IPaySdk) libProvierClazz.newInstance();
    if (paySdk != null) {
        paySdk.init(context, bundle, listener);
    }
} catch (Exception ex) {
    ex.printStackTrace();
}
```

使用以上代码就可以完成对一整个支付插件的定义、实现与加载工作。

我们也可以选择使用其他动态加载开源框架或插件，并根据自己的业务和技术需求进行技术选型。

（1）DroidPlugin：是 360 手机助手在 Android 系统上实现的一种全新的动态加载和插件机制，可以在无须安装、修改的情况下运行动态下发的 APK 文件，对改进大型移动应用 App 的架构及实现多团队共同协作开发有一定好处。

（2）Atlas：是一个伴随着手机淘宝的不断发展而衍生的运行于 Android 系统之上的容器化框架，也叫作动态组件化（Dynamic Bundle）框架，主要提供了对解耦化、组件化、动态性的支持，覆盖了工程编码期、APK 运行期及后续运维期的各种问题。

（3）Virtual APK：是滴滴于 2017 年 6 月 3 日开源的框架，功能完备，支持 Android 的四大组件，有良好的兼容性且入侵性较低，很适合作为动态加载耦合的插件方案。

以上插件选型基本上支持 Android 的四大组件，有良好的兼容性，能良好地适配华为、小米、魅族、vivo 等手机，对未知机型有较好的自适应适配方案，也有良好的成熟度，我们可以根据自己的喜好对其进行选择和应用。

随着 Android 发行版本的升级，Google 推出了自己的动态化加载方案 Android App Bundle 和原生支持的 SplitAPK 机制，用于减少 Android 应用程序的安装容量。

现在，Android App Bundle 已更新版本，附加了语言安装 API，同时简化了即时应用程序 App Bundle 的发布程序，也为 Google Play 应用程序签章提供了新的选项。除此之外，开发者可以按需卸载应用程序不需要使用的模块，进一步减少对内部存储空间的占用。

注意：近年来，对于要上架 Google Play 的应用，如果内部采用了动态加载技术，则随着 Google 对动态加载技术政策的收紧，可能面临不能上架的风险，所以推荐使用 Google 自身的动态架构和加载技术，这样比较稳妥。

## 2.7　SDK 血管——网络传输实战

本节主要介绍收银台 SDK 在网络层的一些开源组件选型与封装，以及开源组件相关网络特性的使用方法。

虽然很多公司和团队都有自己的网络库，但使用开源网络库的不在少数，其基本出发点都是基于自身的业务来封装一些好用的模块、类或方法。关于收银台 SDK 的网络选型除了要关注应用常用的网络通信功能，还要关注安全数据通信需求。

## 2.7.1 网络通信协议选型

我们选择的网络通信一般都基于 HTTPS，当然，也有基于 WebSockets 和安全 TCP、UDP 协议的，部分不敏感的信息和官网可以采用 HTTP，主要根据公司采用的技术栈、业务和性能的需求来定。

目前通用的收银台 SDK 大体上基于 HTTPS 就可以满足需求了。HTTPS 是从 HTTP 发展而来的，下面首先介绍一下 HTTP。

根据 HTTP 的标准，对网络数据可以使用多种请求方法。

● 在 HTTP 1.0 中定义了 3 种请求方法，即 GET、HEAD 和 POST 方法。

● 在 HTTP 1.1 中新增了 5 种请求方法，即 PUT、DELETE、CONNECT、OPTIONS 和 TRACE 方法。

对这些方法的描述如表 2-4 所示。

表 2-4

| 方　　法 | 描　　述 |
|---|---|
| GET | 请求指定的页面信息，并返回实体主体。<br>支付开放平台网站和下载包通常采用这种请求方法 |
| HEAD | 类似于 GET 请求，只不过在返回的响应中没有具体的内容，用于获取报头<br>在支付通知接口调用失败之后测试商户服务器是否可用 |
| POST | 向指定的资源提交数据，请求服务器处理（例如提交表单或者上传文件），数据被包含在请求体中。<br>POST 请求可能会导致新资源的建立和（或）已有资源的修改，是支付接口中最常用的请求方法。<br>例如：收银台 API 采用此方法传输数据 |
| PUT | 将用户端向服务器传送的数据取代指定文档的内容 |
| DELETE | 请求服务器删除指定的页面 |
| CONNECT | 将服务器作为代理，让服务器代替浏览器访问其他网页，之后将第三方商户服务器的数据返回给浏览器，起到代理服务器的作用 |
| OPTIONS | 允许用户端查看服务器的性能 |
| TRACE | 回显[1]服务器收到的请求，主要于测试或诊断。<br>收银台采用此方法重新测试可用性 |

---

1　回显：显示正在执行的批处理命令及执行结果。

我们一般了解 GET 和 POST 方法即可，其他方法极少被用到。

GET 方法在请求数据时使用，POST 方法一般在传送数据时使用（例如：增、删、改等服务器操作）。

GET 请求示例如图 2-4 所示，我们可以在浏览器的地址栏里输入 "http://www.uc.cn" 的 URL 地址。

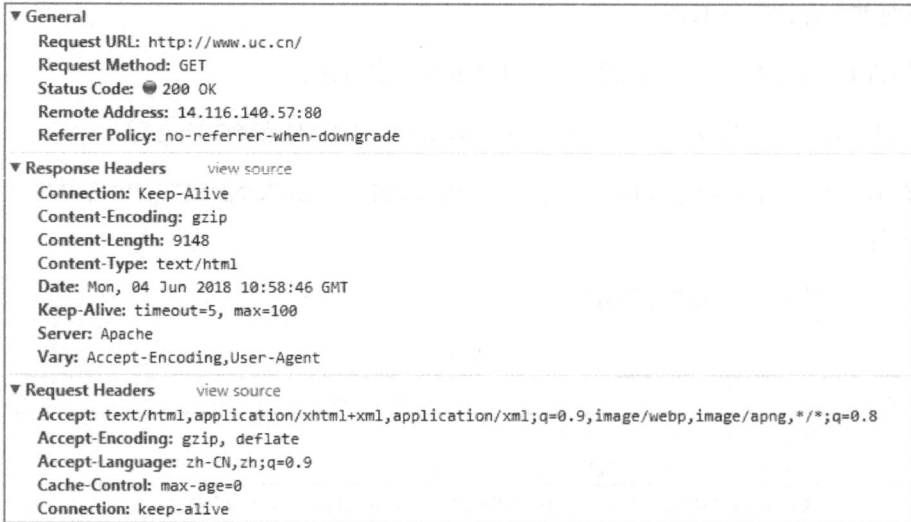

```
▼ General
   Request URL: http://www.uc.cn/
   Request Method: GET
   Status Code: ● 200 OK
   Remote Address: 14.116.140.57:80
   Referrer Policy: no-referrer-when-downgrade
▼ Response Headers      view source
   Connection: Keep-Alive
   Content-Encoding: gzip
   Content-Length: 9148
   Content-Type: text/html
   Date: Mon, 04 Jun 2018 10:58:46 GMT
   Keep-Alive: timeout=5, max=100
   Server: Apache
   Vary: Accept-Encoding,User-Agent
▼ Request Headers      view source
   Accept: text/html,application/xhtml+xml,application/xml;q=0.9,image/webp,image/apng,*/*;q=0.8
   Accept-Encoding: gzip, deflate
   Accept-Language: zh-CN,zh;q=0.9
   Cache-Control: max-age=0
   Connection: keep-alive
```

图 2-4

POST 请求示例如图 2-5 所示，我们一般会用到 PostMan 插件[1]。

这里一般使用 JSON 格式的数据作为 POST 请求体和响应体，例如：图 2-5 中的示例数据就采用了 JSON 格式。数据 ID 是请求的唯一编号，用来跟进、定位请求与响应，一般采用 UUID；也可以使用分类加时间戳作为唯一 ID，Client 节点一般为请求的设备信息。

---

1  PostMan 插件：一款功能强大的网页调试与发送网页 HTTP 请求的 Google Chrome 浏览器插件，可以从 Google Chrome 的应用商店中找到。

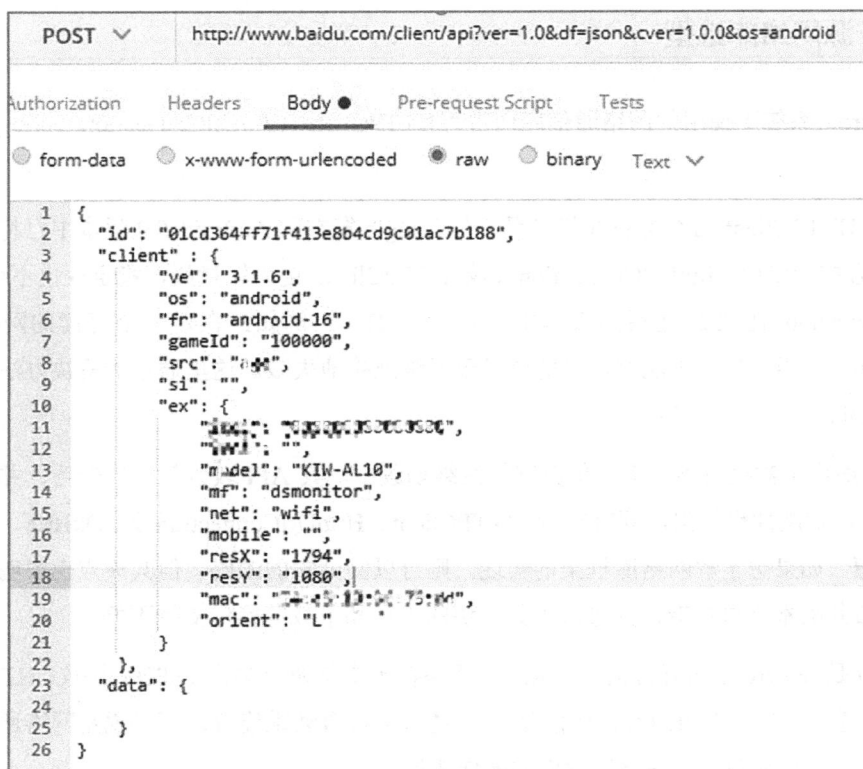

图 2-5

响应体一般可被设计如下：

```
{
    "id":"01cd364ff71f413e8b4cd9c01ac7b188",
    "state":0,
    "msg":"操作成功",
    "data":{
        "ve":"v1.0",
        "content":"需要移动的功能"
    }
}
```

这里，id 为服务端处理好支付流程之后将结果回传到用户端请求时的唯一编号；state 为服务端的处理状态码，通常是 SDK 与服务端协商的状态数值；msg 为服务端处理之后返回的结果，data 为服务端发送给用户端的数据内容体。

## 2.7.2　开源网络库选型

在 Android 系统下使用的网络通信库通常有 HTTPClient、HttpUrlConnection、Volley 和 OkHttp 等。

其中，HTTPClient 已不再被推荐使用，在 Google 发布的 Android 6.0 版本中已将其删除，Google 官方推荐使用 HttpUrlConnection（较 HTTPClient 更为轻量级，稳定性也不错）。不过 HttpUrlConnection 在 2.2 之后的版本中也有一些 Bug，例如：在对一个可读的网络输入流（InputStream）调用 close 方法时，可能会导致网络连接池失效。这里通常的解决办法是直接禁用网络连接池。

Volley 适用于数据量不大但通信频繁的网络场景中，其 API 较为简单、轻巧，并且该框架的封装度高，扩展性也很强，同时支持 HTTPClient、HttpUrlConnection 及 OkHttp。Volley 由 Google 开源，如果想了解网络库框架的实现，则可以阅读它的源码。但其缺点也很明显：目前 Google 宣布其版本不再更新，并且对大数据块的上传和下载等操作支持不好。

OkHttp 是 Square 公司开源的一个项目，优势在于支持协议丰富（SPDY 协议、HTTP 2.0）、性能更高（基于 NIO 和 OKIO）、连接复用[1]、请求失败自动重连等，可以说是网络通信库中的佼佼者，基本上也是 HTTP 网络通信库的最佳选择。

下面简单介绍 OkHttp 在 SDK 环境中的一些使用步骤和注意事项。

首先，创建 OkHttpClient 对象，官方文档要求最好使用单例模式，在后面对 OkHttp 进行封装时会提到。

以下提供两种方法创建 OkHttpClient 对象。

方法一，直接创建一个实例：

```
OkHttpClient mOkHttpClient = new OkHttpClient();
```

方法二，使用 Builder 构建一个实例：

```
OkHttpClient.Builder okbuilder = new OkHttpClient.Builder();
//设置超时
```

----

1　连接复用：也叫作多路复用，即实现了 TCP 的长连接，在一个 TCP 通道中可以连续处理多个 HTTP 请求响应。

```
okbuilder.connectTimeout(15,TimeUnit.SECONDS);
okbuilder.readTimeout(20,TimeUnit.SECONDS);
okbuilder.writeTimeout(20,TimeUnit.SECONDS);
//是否开启错误重连
okbuilder.retryOnConnectionFailure(true);
mOkHttpClient = okbuilder.build();
```

超时控制参数总计 3 个，默认值都是 10 秒，如下所述。

一般推荐在使用 OkHttp 之前立即对该连接进行超时控制参数设置。

● ConnectTimeout：连接超时。

● ReadTimeout：读数据超时。

● WriteTimeout：写数据超时。

如果将 ConnectionTimeout 设置为 1 秒，则在服务端的网络负载过高时，会导致用户端请求等待连接的时间非常长；如果没有设置（默认为 10 秒），则在图片获取场景下服务响应非常缓慢时也需要等待 10 秒，会导致服务的响应非常慢，响应时间（RT）过长，使新进入服务器的客户端请求无法被处理，系统的每秒查询率（QPS）下降得非常明显。所以我们宁愿快速地让服务端将错误信息返回给客户端，让它们下次发起请求。

总之，我们要结合实际的业务场景来设置读、写数据超时，例如：将支付 REST API 默认设置为 3 秒超时，这个值会低于一般网络服务器通常情况下的超时设置。这里设置了 2 秒的读、写数据超时。

另外，对于每秒查询率很高的系统一定要设置好超时，宁愿立即返回给客户端错误，也不要为了保持连接而导致服务端超时过久，这也是"服务为先"的设计理念。

对于 OkHttp 组件的 POST 请求，需要通过 FormEncodingBuilder 创建 RequestBody 对象（JSON 数据使用 RequestBody 并将其指定为 JSON 的 MediaType），并指定需要请求（POST）传进去的参数。

对于 GET 请求则需要关注 QueryString，它是一个 key-value Map 集合：

```
//以 POST 方式提交的数据
FormBody formBody = new FormBody.Builder()
    .add("productName", "支付架构")
    .add("price", "50")
    .add("orderId", "orderId201906130226655")
    .build();
```

```
    //MediaType，设置在 Content-Type 标头中包含的 JSON 类型的值
    RequestBody requestBody = FormBody.create(MediaType.parse("application/json;
charset=utf-8"), json);
```

创建 Request 对象，此实例为请求服务器对象，需要指定请求的 URL 参数。

在使用 POST 请求时需要指定 RequestBody 对象，对 GET 请求则不需要填写 RequestBody
对象：

```
Request request = new Request.Builder()
        .url("http://192.168.0.168:8080/createOrder")//请求的
url.post(requestBody)
        .build();
```

在调用 OkHttpClient 对象的 newCall 方法时，把需要的 Request 对象传进去，执行 execute
或者 enqueue 方法之后，会返回一个 Response 对象：

```
Response forceCacheResponse = client.newCall(request).execute();
if (forceCacheResponse.code() != 200) {
    //资源已缓存，将它显示出来
} else {
//资源未缓存
}
```

需要注意的是，OkHttp 库的 execute 方法是同步方法，enqueue 方法是异步方法，请根据实
际情况选择使用。如果网络本身就在非主线程中，则可以根据业务的上下文采用同步方法；如
果网络本身在主线程中，则一定要采用异步方法，否则在 Logcat 里面会出现主线程报错的信息。

SDK 在处理网络请求之后，会将数据回调给 CallBack 函数的 onResponse 方法，这样商户
开发者就可以继续处理返回的相关支付结果数据。onResponse 的回调参数是 response，在一般
情况下，如果希望获取返回的字符串，则可以通过 response.body().string()获取；如果希望获取
返回的二进制字节数组，则可以直接调用 response.body().bytes()获取，但需要关注是否有字符
编码的问题。

如果在对账文件下载场景下调用 response.body().byteStream()就可以获取服务器返回的文件
流数据，则可以通过 I/O 方式写文件。

至此，一个利用 OkHttp 库提交数据到支付服务端的完整示例就演示完毕了，获取数据类似，
唯一的区别是没有 RequestBody 对象。

注意：这个 onResponse 方法执行的线程并不是 UI 线程。如果需要操作界面，则需要先将

数据提交到界面主线程中再进行操作，类似于 runOnUiThread 方法或 new Handler(Looper.getMainLooper()).post(...)方法。

## 2.7.3　GZIP 压缩技术

除了网络请求，我们还需要使用启用 GZIP 编码来改进 SDK 的网络通信性能。使用 GZIP 可以有效压缩数据的占用传输大小，进而缩短网络传输的时间，加快网络传输速度。为此，在 HTTPS 中可以将 Accept-Encoding、Content-Encoding 的 HTTPS 头改为 GZIP 数值（在代码中用 "gzip"），再将提交或响应的数据使用 GZIP 算法压缩或解压缩。

在使用 OkHTTP 库技术的场景下，则需要用到 OkHTTP 的拦截器进行 GZIP 压缩和解压缩，代码如下：

```
Public class GzipRequestInterceptor implements Interceptor {

Public static final CONTENT_ENCODING= "Content-Encoding";

@Override
Public Response intercept(Chain chain) throws IOException{
Request request = chain.request();
if(null==  request.body()||null!= request.header(CONTENT_ENCODING)) {
    return chain.proceed(request);
}

Request compressedRequest = request.newBuilder()
            .header("Content-Encoding", "gzip")
            .method(request.method(), gzip(request.body()))
            .build();
returnchain.proceed(compressedRequest);
}

Private RequestBody gzip(final RequestBody body) {
return new RequestBody() {
@Override
public MediaType contentType() {
return body.contentType();
}

@Override
public long contentLength() {
return -1; //数据大小不正确
```

```
     }

   @Override
   public void writeTo(BufferedSink sink)throws IOException{
      BufferedSink gzipSink = Okio.buffer(new GzipSink(sink));
      body.writeTo(gzipSink);
      gzipSink.close();
      }
   };
}
}

...
OkHttpClient httpClient =new OkHttpClient.Builder()
.addInterceptor(new GzipRequestInterceptor())
```

## 2.7.4　登录态保持

我们经常会面对支付账号的登录场景或第三方 OAuth[1] 验证场景，在这类场景下就要求访问服务器地址时带上 Cookie 信息，否则账号登录会失效，或者提示重新登录。

OkHttp 使用 CookieJar 类管理 Cookie，代码如下：

```
//初始化 Cookie 管理器
CookieJar cookieJar = new CookieJar() {

   private final Map<String, List<Cookie>>cookiesMap = new HashMap<String,
List<Cookie>>();
   @Override
   public void saveFromResponse(HttpUrl url, List<Cookie> lstCookie) {

   //移除相同的 Cookie
   String host = url.host();
   List<Cookie> cookiesList = cookiesMap.get(host);
      if (cookiesList != null){
         cookiesMap.remove(host);
      }
      //再将 host 数据重新添加到集合列表中
      cookiesMap.put(host, lstCookie);
   }
```

---

1　OAuth：开放授权，是一个开放标准，允许第三方应用访问用户存储在某一网站上的私密信息。

```
@Override
public List<Cookie>loadForRequest(HttpUrl url) {
    List<Cookie> cookiesList = cookiesMap.get(url.host());
    return cookiesList != null ? cookiesList :new ArrayList<Cookie>();
}
}

…使用
OkHttpClient mOkHttpClient=new OkHttpClient.Builder().cookieJar(cookieJar);
```

## 2.7.5　安全数据通信

HTTP 是超文本传输协议，对信息采用的是明文传输，非常不安全，并且是无状态连接，容易泄露信息和被篡改。

HTTPS 是由 "SSL/TLS + HTTP" 构建的可进行加密传输、身份认证的网络协议，比 HTTP 更加安全。HTTP 和 HTTPS 使用的是完全不同的连接方式，使用的端口也不一样，前者采用的是 80 端口，后者采用的是 443 端口。

在以下示例代码中使用了 "HTTPS+安全证书" 与服务器进行通信。这个证书源于 CA[1] 认证的网站站点，一般需要收取一定的费用。

注意：如果 CA 证书被放在用户端，则需要关注其有效期，所以在这种场景下更需要动态加载和动态更新功能。

以下是 HTTPS 在 OkHttp 组件上的源码示例：

```
X509TrustManager trustManager = null;
SSLSocketFactory sslSocketFactory = null;
InputStream inputStream = null;
try {
//获取服务端存储在 Assets 目录下的证书文件
inputStream = context.getAssets().open("x509.pk8");
try {
//以流方式读入证书
trustManager = loadTrustManagerForCertificates(inputStream);
SSLContext sslContext = SSLContext.getInstance("TLS");
```

----

1　CA：证书授权中心，是一个第三方机构，负责检查证书持有者身份的合法性，并签发认证证书，以防认证证书被伪造或篡改。

```
sslContext.init(null, new TrustManager[]{trustManager}, null);
sslSocketFactory = sslContext.getSocketFactory();

} catch (GeneralSecurityException e) {
    e.printStackTrace();
}

client = new OkHttpClient.Builder()
        .sslSocketFactory(sslSocketFactory, trustManager)
        .build();
} catch (IOException e) {
    e.printStackTrace();
}


}

private X509TrustManager loadTrustManagerForCertificates(InputStream in)
throws GeneralSecurityException {
    CertificateFactory certificateFactory =
CertificateFactory.getInstance("X.509");
    Collection<? extends Certificate> certificates =
certificateFactory.generateCertificates(in);
    if (certificates.isEmpty()) {
        throw new IllegalArgumentException("expected non-empty set of trusted
certificates");
    }

    //将证书设为密钥存储区
    char[] password = "password".toCharArray();
    //任何密码都可以
    KeyStore keyStore = newEmptyKeyStore(password);
    int index = 0;
    for (Certificate certificate : certificates) {
        String certificateAlias = Integer.toString(index++);
        keyStore.setCertificateEntry(certificateAlias, certificate);
    }

    //使用 KeyManagerFactory 构建 X509 信任管理器
    KeyManagerFactory keyManagerFactory = KeyManagerFactory.getInstance(
    KeyManagerFactory.getDefaultAlgorithm());
    keyManagerFactory.init(keyStore, password);
    TrustManagerFactory trustManagerFactory = TrustManagerFactory.getInstance(
    TrustManagerFactory.getDefaultAlgorithm());
    trustManagerFactory.init(keyStore);
    TrustManager[] trustManagers = trustManagerFactory.getTrustManagers();
    if (trustManagers.length != 1 || !(trustManagers[0] instanceof X509TrustManager))
```

```
{
    throw new IllegalStateException("Unexpected default trust managers:"
    + Arrays.toString(trustManagers));
    }
    return (X509TrustManager) trustManagers[0];
    }
```

# 2.8　SDK 通信——消息通信实战

提到消息通信，大家的第一反应是可以通过 EventBus、OTTO 等开源框架实现它，这对于大应用和多页面场景应该是比较恰当的技术造型。但是在 SDK 场景下，选择大型开源库不论是否真正合适，必然会太"重量级"。比如有的应用对包的大小有限制，就不能采用 EventBus、OTTO 等这样的开源组件，并且不同版本的 Android 系统也存在兼容性问题。

这时 Android 系统自带的原生通信方案 LocalBroadcastManager、LocalSocketServer、Handler 等就派上用场了，因为它们足够小巧、安全（但 BroadcastReceiver 存在些安全性问题，使用不当时外部也可以接收到内部相关的广播信息和数据），同时运行效率不错。我们可以通过本地广播、本地套接字的方式在进程的内部组件之间传递消息。其实监听方并不关心消息数据是从什么地方发来的，调用方只负责发送消息数据就可以了。

消息通信流程抽象出来类似图 2-6 所示。

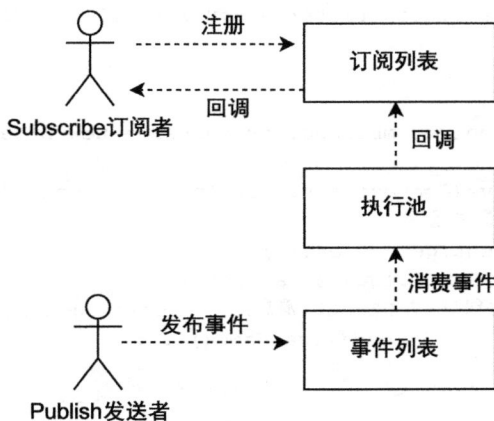

图 2-6

首先，订阅者会订阅自己关注的事件或消息（简称 Event），消息发送者投递 Event 消息到事件（消息）队列，执行池会在每一个周期都从事件队列中获取一个事件进行处理（执行池可根据业务确定是否需要），并将处理结果抛给监听的订阅列表，订阅列表会将消息或事务传递给订阅者。

下面以 LocalBroadcastManager、LocalSocketServer 为例来讲解 SDK 内部的消息通信机制和实现。

## 2.8.1　LocalBroadcastManager

LocalBroadcastManager 被称为本地广播通知管理器，用于当前进程内的消息通信，优先使用其进行注册和发送，比 BroadcastReceiver 安全性更好，同时有更高的运行效率。

实现消息通信时有以下步骤。

（1）获取 LocalBroadcastManager 对象的单例：

```
LocalBroadcastManager broadcastManager =
LocalBroadcastManager.getInstance(this) ;
```

（2）定义订阅者的 Intent 过滤器和消息接收者：

```
/**
 * 创建一个订阅者的 Intent 过滤器，按照优先关系进行查找：action->data->category
 */
private IntentFilter mIntentFilter = new IntentFilter(Publisher.PAY_RESULT);
/**
 * 创建一个事件接收者
 */
private BroadcastReceiver mBroadcastReceiver = new BroadcastReceiver() {
@Override
public void onReceive(Context context, Intent intent) {
//在这里接收事件，注意是主线程
String action = intent.getAction() ;
if ( Publisher.PAY_RESULT.equals( action )){
        Log.d( "收到[PAY_RESULT]消息: " + intent.getStringExtra( "data" )  , "
当前线程: " + Thread.currentThread().getName() ) ;
    }
  }
};
```

（3）注册广播接收器：

```
/**
 * 注册广播接收者和过滤器
 */
localBroadcastManager.registerReceiver(mBroadcastReceiver, mIntentFilter);
```

至此，消息订阅者的代码实现已经完成了，我们需要做的就是在 **mBroadcastReceiver** 里面处理更多的消息事件及相关的业务流程。

不过在 Activity 的生命周期里面一般还会有以下常见做法，主要是为了节省资源，避免忘记取消消息订阅者所导致的内存泄漏：

```
@Override
protected void onResume() {
    super.onResume();
    LocalBroadcastManager.getInstance(this).
registerReceiver(mBroadcastReceiver, mIntentFilter);
    }

@Override
protected void onPause() {
    super.onPause();
    LocalBroadcastManager.getInstance(this).
unregisterReceiver(mBroadcastReceiver);
    }
```

消息发送者可以直接使用以下代码发送消息的内容和附加数据：

```
Intent intent = new Intent( Publisher.PAY_RESULT );
intent.putExtra( "data" , "携带扩展数据" );
localBroadcastManager.sendBroadcast( intent );
```

这样的代码看起来可能没有设计感，但如果结合 IntentService 进行消息和数据的封装（在所有 intent 都被处理完后，系统会自动关闭这个服务），就可以完成一个整体的消息通信框架，其代码如下：

```
import android.app.IntentService;
import android.content.Intent;
import android.support.v4.content.LocalBroadcastManager;

/**
 * 将消息发送和封装在 IntentService 里
 *
 * 在使用时直接调用
 *
```

```
* Intent i = new Intent("cn.sdk.xdata.Publisher");
* Bundle bundle = new Bundle();
* bundle.putString("data", "扩展数据");
* i.putExtras(bundle);
* startService(i);
*
*/
public class Publisher extends IntentService {

public static final String PAY_RESULT = "pay_result";

private final Intent mIntent = new Intent(PAY_RESULT);

public Publisher() {
super(Publisher.class.getSimpleName());
}

@Override
protected void onHandleIntent(Intent intent) {
/**
        * 获取扩展数据，可以将其放在消息里
        * String data = intent.getExtras().getString("data");
        */
        LocalBroadcastManager.getInstance(this).sendBroadcast(mIntent);
}
}
```

注意：在发送本地消息时务必使用 LocalBroadcastManager.getInstance().sendBroadcast(intent)，否则将接收不到广播，而传统的发送广播的方法是 context.sendBroadcast(intent)。

## 2.8.2　LocalSocketServer

LocalSocketServer 同样可以实现在同一个进程（含多进程间）中，以及多个线程之间或者多个 Activity 之间传递数据，可以与原生及其他语言进行通信。

使用 LocalSocketServer 实现消息通信的流程如下。

（1）创建 LocalSocketServer 对象，需要处理 IOException 异常，通常会有 Bind 端口冲突等异常发生：

```
/**
* 创建 LocalSocketServer 对象
* @return
```

```
*/
private boolean createServerSocket() {
try {
    server = new LocalServerSocket("cn.paysdk.ipc.local");
    returntrue;
} catch (BindException be) {
    LogUtil.w(TAG , "Binding error, " + be.getMessage());
} catch (IOException ex) {
    LogUtil.w(TAG , "Create error, " + ex.getMessage() );
}
return false;
}
```

（2）创建一个线程，用于接收连接过来的用户端 Socket，其函数默认阻塞线程，直到有一个请求连接进来，并建立好连接：

```
while (!stopThread) {
    if (null == server){
        Log.d(TAG, "The LocalServerSocket is NULL !!!");
        stopThread = true;
        break;
    }

    try {
        Log.d(TAG, "LocalServerSocket begins to accept()");
        receiver = server.accept();
    } catch (IOException e) {
        Log.d(TAG, "LocalServerSocket accept() failed !!!");
        e.printStackTrace();
        continue;
    }
}
```

（3）获取请求连接 Socket 的输入流，并读取数据指令：

```
Log.d(TAG, "The client connect to LocalServerSocket");

while (receiver != null) {

try {
    bytesRead = input.read(buffer, posOffset,
    (bufferSize - totalBytesRead));
} catch (IOException e) {
    Log.d(TAG, "There is an exception when reading socket");
    e.printStackTrace();
break;
}
```

```
    if (bytesRead >= 0) {
    Log.d(TAG, "Receive data from socket, bytesRead = "
        + bytesRead);
        posOffset += bytesRead;
        totalBytesRead += bytesRead;
    }

    if (totalBytesRead == bufferSize) {
    Log.d(TAG, "The buffer is full !!!");
        String str = newString(buffer);
        Log.d(TAG, "The context of buffer is : " + str);

        bytesRead = 0;
        totalBytesRead = 0;
        posOffset = 0;
    }

        }
    Log.d(TAG, "The client socket is NULL !!!");
    }
```

（4）在读取数据之后，不要忘记将其关闭：

```
    if (receiver != null){
        try {
            receiver.close();
        } catch (IOException e) {
        e.printStackTrace();
        }
    }
    if (server != null){
        try {
            server.close();
        } catch (IOException e) {
        e.printStackTrace();
        }
    }
}
```

（5）在通信过程中需要中止指令的运行时，可以使用以下代码：

```
publicvoid setStopThread(){
stopThread = true;
    Thread.currentThread().interrupt();
}
```

对于 Client 端就相对简单了，这里使用一个 NDK（C 语言）代码来实现用户端的连接代码：

```
JNIEXPORTvoidJNICALL Java_cn_paysdk_ipc_local_ClientThread_clientSocketNative
```

```
        (JNIEnv *env, jobject object){

LOGD("In clientSocketNative() : Begin");
        stopThread = 1;

int sk, result;
int count = 1;
int err;

char *buffer = malloc(8);

int i;
for(i = 0; i<8; i++){
buffer[i] = (i+1);
    }

struct sockaddr_un addr = {
AF_UNIX, "cn.paysdk.ipc.local"
            };

    LOGD("In clientSocketNative() : Before creating socket");
    sk = socket(PF_LOCAL, SOCK_STREAM, 0);

if (sk <0) {
err = errno;


LOGD("In clientSocketNative() : Before connecting to Java LocalSocketServer");
if (connect(sk, (struct sockaddr *) &addr, sizeof(addr)) <0) {
err = errno;
    LOGD("%s: connect() failed: %s (%d)\n",__FUNCTION__, strerror(err), err);
    close(sk);
errno = err;
return;
    }

LOGD("In clientSocketNative() : Connecting to Java LocalSocketServer succeed");

while(!stopThread){
    result = write(sk, buffer, 8);
    LOGD("In clientSocketNative() : Total write = %d", result);
        count++;
    if(4 == count){
    sleep(1);
        count = 0;
        }
            }
```

```
    LOGD("In clientSocketNative() : End");
 }
```

## 2.9    SDK 持久化——数据库实战

目前在 Android 的收银台 SDK 和应用的开发过程中，主要使用数据库 SQLite，该数据库属于文件数据库，使用起来比较简便。

本节重点讲解使用 SQLite 时存在的一些异常、修复方法及推荐做法。

SQLite 的使用流程如下。

（1）创建数据库，包含创建 SQLite 对象和表，在升级时可以先 Drop 表再创建，也可以执行 alter table 等 SQL 语句：

```
/**
 * 创建时传入上下文、数据库名称、版本等数据
 */
SQLiteOpenHelper dbHelper = new SQLiteOpenHelper(context, databaseName, null,
dbVer) {
    @Override
    public void onCreate(SQLiteDatabase db) {
        //执行创建表的 SQL 语句
        db.execSQL(String.format(CREATE_TABLE_SQL, mTableName));
    }

    @Override
    public void onUpgrade(SQLiteDatabase db, int oldVersion, int newVersion) {
        db.execSQL("DROP TABLE IF EXISTS " + mTableName);
        //数据库升级
        db.execSQL(String.format(MODIFY_TABLE_SQL, mTableName));
    }
};
//获取可写数据对象
mDatabase = dbHelper.getWritableDatabase();
```

（2）数据操作包含 insert、update、delete 等，可以使用 ContentValues 方法和 execSql 方法进行操作。

使用 ContentValues 方法的示例如下：

```
try{
    ContentValues cvs = new ContentValues();
    cvs.put(COLUMN_NAME_DATA, info.data);
    cvs.put(COLUMN_NAME_PRIORITY, info.priority);
    cvs.put(COLUMN_NAME_CREATE_TIME, info.createTime);
    cvs.put(COLUMN_NAME_CITY, info.city);
    cvs.put(COLUMN_NAME_REMARK, info.remark);
long result = mDatabase.insert(mTableName, null, cvs);
return  result;
} catch (Exception e) {
//处理异常
}
```

使用 execSql 方法的示例如下：

```
//插入数据的 SQL 语句
String sql="insert into city(data,priority,createtime,city,remark)
values('GZ','1','2019-07-04 11:34:54', 'GuangZhou','广州')";

//执行 SQL 语句
db.execSQL(sql);
```

## 2.9.1　游标的使用

Cursor（游标）是 SQLite 数据库查询返回的行数集合，是一个游标接口，提供了遍历查询结果的方法，例如移动指针方法 move、获得列值方法 getString 等。代码如下：

```
SQLiteDatabase db = null;
Cursor cursor = null;
try {
    //获取可读数据库对象
    db = getReadDB();
    //查询数据库字段
    cursor = qb.query(db, COLUMNS, where, null, null, null, null);
    //循环游标
    while (cursor.moveToNext()) {
        //取数据
    tmpInfo.setCity(cursor.getString(cursor.getColumnIndex(Column.CITY)));

        accountList.add(tmpInfo);
    }
} catch (Exception e) {

} finally {
```

```
    if (cursor != null) {
cursor.close();
    cursor = null;
    }
}
```

## 2.9.2　事务的使用

Transaction（事务）是一个数据执行工作单元，是以逻辑顺序完成的代码序列或工作序列，具备 ACID（Atomicity、Consistency、Isolation、Durability，原子性、一致性、隔离性、持久性）特性。

下面重点讲解一些异常处理方法。

（1）在业务中有多线程操作写入数据到数据库中时，需要使用事务，以免出现数据同步问题，无论是多条一起变更还是一条变更（大量数据插入除外，大量数据循环插入容易出现 notransaction is active 异常）。

伪代码如下：

```
beginTransaction();
for execSql->Sql
    setTransactionSuccessful();
    endTransaction(); //放在 finally 语句中
```

（2）为了保证性能及不出错，我们一般会习惯性地打开和操作数据库，而不会显式地关闭数据库。笔者曾因为没关闭数据库，导致应用退出前的最后一条数据无法落盘。

ContentProvider 在数据库操作时会有回调通知，以方便使用方更新，伪代码如下：

```
count = db.delete(FrameStats.TABLE_NAME, selection, selectionArgs);
getContext().getContentResolver().notifyChange(Stats.CONTENT_URI, null);
```

（3）我们在执行 SQL 语句时，应尽量使用 SQLiteDatabase 类的 insert、update、delete 方法，既不要使用 execSQL 方法，也不要直接执行字符串作为 SQL 语句，以免有 SQL 注入的风险。例如在 where 条件中加入"and 1=1"语句：

```
String sql = String.format("UPDATE %s SET data=%s WHERE id=%s", stat, data, "1
and 1=1");
    db.execSQL(sql);
```

（4）SQLite 是一个文件，所有数据都在一个数据库文件中，支持数据库级并发及线程安全，允许多个读事务同时运行，在同一时刻最多只有一个写事务，避免读/写冲突。

SQLite 的所有锁实现都是基于文件锁的，在事务开启时上锁，上锁和释放锁同样遵循文件锁协议，在事务提交或回滚时（以及 close）才释放锁。

## 2.9.3　最佳实践

常见的异常和解决方案如下。

（1）游标内存泄漏异常：

```
Cursor windowallocation of  2048 kb failed
```

解决方案：在使用数据库时忘记释放游标导致内存泄漏，请在使用完毕之后手动关闭 Cursor（cursor.close），一般推荐将其放在 finally 语句中。

（2）多线程写数据库时，有些线程在修改数据，有些线程在删除数据，容易导致如下异常：

```
SqliteDiskIOException:diskI/O error
```

解决方案：在多线程场景下写数据库，做好同步或者单独给出一个写数据库的线程，其他线程需要在写数据时发消息给这个写线程。

（3）在打开连接的数据库时，因为 Meta 表不存在，所以容易出现如下异常：

```
No such table android_metadata
```

解决方案：在 Open 数据库的函数中加入 SQLiteDatabase.NO_LOCALIZED_COLLATORS，同时应该在 OnDestory 函数中关闭数据库。代码如下：

```
SQLiteDatabase.openDatabase(stPathToDB, null,
SQLiteDatabase.NO_LOCALIZED_COLLATORS | SQLiteDatabase.OPEN_READONLY);
```

（4）在应用或 SDK 使用 WebView 组件时，通常容易出现如下问题，因为网页数据缓存也是依赖数据库进行保存的，所以在内部存储中可以看到 webview.db 和 webviewdb.db 文件：

```
WebViewDatabase$1.run(WebViewDatabase.java:1000)异常
```

解决方案：清空缓存数据库，或者采用合适的缓存策略。例如：先判断是否有网络，如果有，则采用 Load_default 模式；如果没有，则采用 Load_cache_else_network 模式。代码如下：

```
setting.setCacheMode(WebSettings.LOAD_NO_CACHE);
deleteDatabase("WebView.db");和deleteDatabase("WebViewCache.db");
webView.clearHistory();
webView.clearFormData();
getCacheDir().delete();
```

（5）频繁操作数据库容易导致如下异常，通常是打开、关闭、重复等动作：

```
Attempt to re-open an already-closed object.
```

解决方案：在当前的业务流程中一直打开数据库，不关闭，在退出的地方再统一对数据库进行关闭。

（6）在不同的线程中创建多个连接时，会出现如下异常：

```
Database is locked.
```

解决方案：将数据库操作类做成一个单例，并且使用同步的关键字。

## 2.10　SDK 性能调优——多线程实战

在收银台 SDK 中会用到很多线程相关的内容，例如网络线程、异步通知线程、本地 I/O 线程，并且定时任务也有可能是一个线程。采用多线程实质上是对 CPU 和系统性能的一种压榨，同时实现了对用户体验的追求。

我们从启动一个应用开始，就离不开线程。

例如：使用 DDMS[1]工具调试某一个应用时，可以发现启动了多个线程，如图 2-7 所示。

---

1　DDMS：Dalvik Debug Monitor Service，是 Android 操作系统开发工具包中的 Dalvik 虚拟机调试监控服务。

| | | | | | | |
|---|---|---|---|---|---|---|
| 1 | | 12514 | Native | 10071 | 1404 | main |
| *2 | | 12518 | VmWait | 4 | 38 | GC |
| *3 | | 12519 | VmWait | 0 | 0 | Signal Catcher |
| *4 | | 12520 | Runnable | 80 | 258 | JDWP |
| *5 | | 12521 | VmWait | 141 | 112 | Compiler |
| *6 | | 12539 | Wait | 10 | 1 | ReferenceQueueDaemon |
| *7 | | 12540 | Wait | 61 | 9 | FinalizerDaemon |
| *8 | | 12541 | Wait | 0 | 0 | FinalizerWatchdogDaemon |
| 9 | | 12542 | Native | 2 | 6 | Binder_1 |
| 10 | | 12543 | Native | 6 | 1 | Binder_2 |
| 11 | | 12551 | Wait | 6 | 7 | pool-1-thread-1 |
| 12 | | 12567 | Wait | 6 | 0 | pool-2-thread-1 |
| 13 | | 12568 | Native | 3 | 3 | WifiManager |
| 14 | | 12588 | Native | 11 | 14 | WxThreadHandler |
| 15 | | 12590 | Wait | 81 | 16 | http-thread |
| 16 | | 12595 | Wait | 30 | 9 | http-thread |

图 2-7

根据图 2-7，这里可大致将线程分为如下几类。

- 系统线程。

- 工作线程。

- 线程池。

## 2.10.1　系统线程

（1）main 线程：即主线程，为 main 入口函数所在的线程，也叫作 UI 线程。系统在启动一个应用时，会把主线程命名为 main。在 Android 里，主线程负责界面的绘制和将事件分发到各个 View 或其他组件。在主线程里不宜做耗时的操作，例如：进行文件操作、网络通信等时，需要特别小心，不允许在主线程里面完成，若操作不当，则容易导致界面卡顿，即 ANR（Application Not Responding），所以需要将耗时操作放在其他工作线程中。最简单的方法是使用 Android 框架里面的 AsyncTask 类，它会帮助我们启动新的工作线程，在完成任务之后将返回的结果反馈到主线程界面。

（2）GC（GC 线程）：也叫作回收线程，是在 Dalvik 虚拟机启动的过程中创建的，它要执行的函数是 gcDaemonThread（GC 守护线程）。Dalvik 虚拟机同时支持非并行和并行两种 GC 方案，GC 回收的过程非常复杂，将处理不再被引用对象的回收工作。其功能主要包含标记进程内有哪些对象不再被引用，并在恰当的时间回收堆上的内存，避免应用程序长时间停顿，进而提升内存运行效率。

（3）Signal Catcher（捕获 Linux 信号）：负责接收和处理 Linux Kernel 发送的各种信号，例如：SIGNAL_QUIT、SIGNAL_USR1 等就被该线程接收。在崩溃或异常退出时，CPU 通过异常中断的方式发出信号，Signal Catcher 线程捕获到信号后将触发异常处理流程。在 Native 崩溃堆栈里面都会包含"signal 11 (Address not mapped to object) at address 0x0"错误信息。

（4）JDWP（Java Debug Wire Protocol，与 Android DDMS 相关）：是 Dalvik VM 的一个线程，使用 LocalSocket 组件建立在 ADB 或者 TCP 基础上，与 DDMS 工具或 debugger 程序进行数据通信。

（5）Compiler。Dalvik JIT 编译线程的名称后面标识有 daemon，它是个守护线程，负责字节码与机器码之间的编译、运行和优化工作。

（6）ReferenceQueueDaemon：为堆管理相关功能的守护线程，负责守护引用队列。我们知道，在创建引用对象时，可以将其关联为一个对象队列，当被引用的对象不再被需要并被 GC 回收时，被引用的对象就会被加入其创建时关联的对象队列中。这个加入队列的操作就是由这个线程完成的。这样，应用程序就可以知道已回收哪些被引用对象了。

（7）FinalizerDaemon（执行 finalize 的守护线程）：为执行析构工作的守护线程。重写了成员函数 finalize()的对象在被 GC 决定回收时，并没有马上被回收，而是被放到一个队列中，等待 FinalizerDaemon 守护线程调用它们的成员函数 finalize()，然后被回收。

（8）FinalizerWatchdogDaemon：为析构监护守护线程，用来监控 FinalizerDaemon 线程的执行情况。一旦监测到那些重新定义了成员函数 finalize()的对象在执行成员函数 finalize()时超出一定时间，就会退出虚拟机。

（9）Binder_1（Binder 线程）：为当前进程的线程池中处理 IPC（Inter Process Communication，进程间通信或者跨进程通信）Binder 请求的线程。

（10）WifiManager（系统 WiFi 管理线程）：负责启动和关闭 WiFi 设备相关的 wpa_supplicant（Android 系统自带的应用，负责连接、配置 WiFi 网络）程序，包含把命令下发给 wpa_supplicant 及更新 WiFi 的状态。

（11）CookieSyncManager（Webview cookie 相关线程）：负责 WebView 组件中的 Cookie 管理和同步工作。

## 2.10.2　工作线程

在 Android 系统中，AsyncTask（AsyncTask 线程）一般用于使工作线程和 UI 线程配合完成任务。当然，我们也可以创建一个自己的工作线程（Thread），在 SDK 应用场景下将其用于后端网络请求或文件处理后的界面更新和响应工作。下面重点介绍其使用方法及需要注意的地方。

我们在业务开发过程中往往先把复杂、耗时的业务逻辑（I/O）操作、网络请求封装在一些 doXXX 方法中，然后启动一个工作线程去调用 doXXX 方法。在做完函数里面的工作之后，需要将结果显示在 UI 界面上，这时就可以考虑使用 AsyncTask 线程：

```
private static JobAsyncTask<Result> extends AsyncTask<Object, Integer, Result> {

private ICallback<Result> mUICallback = null;
public JobAsyncTask(ICallback<Result> uiCallback){

    mUICallback = uiCallback;
}

@Override
protected Result doInBackground(Object... params){
    //这里是业务逻辑的耗时操作
    return result;
}

    @Override
protected void onPreExecute(){
    super.onPreExecute();
    //这里是更新用户界面的操作
    mUiCallback.onPreExecute();
  }
}
```

这只是一个简单的代码示例，以上代码还可以使用一些接口将业务与用户界面进行解耦，并配合 AsyncTask.THREAD_POOL_EXECUTOR 达到很好的效果，不过在 Android 3.0 版本以上才可以使用这种线程池模式。

AsyncTask 虽然使用起来简便，但也有很多陷阱，如下所述。

（1）存在对象被回收或引用失效的问题。与界面相关的组件肯定有 Activity 和 Fragment 等，这些组件是有生命周期的，如果在异步工作还没做完时界面已被关闭，工作线程持有的界面组件就会出现内存泄漏问题，所以在 Activity/Fragment 的 onDestory()中需要停止 AsyncTask，否则会产生如下几个问题。

- AsyncTask 的实现类往往是 Activity 或 Fragment 的内部成员类，其隐性地保留了指向用户界面 UI 的相关引用。因此在 Activity 或 Fragment 被销毁后，若 AsyncTask 仍然在后端运行，则会阻碍 UI 对象的内存回收，直至 AsyncTask 执行完毕或中止。解决办法是用 static 的 inner class 修饰 AsyncTask，在成员变量中持有 Activity 或 Fragment 的 weakreference[1]。

- 在执行到 onPostExecute 方法时，更新界面已经没有意义了，而且在 onPostExecute 方法中如果不做有效性检查，直接访问属于原 Activity 或 Fragment 的窗口控件，则会造成访问异常，进而导致崩溃。如果处理不好该问题，则在自建的线程中也会出现相同的问题。所以要特别留意工作线程与界面线程之间的协同处理。

（2）cancel 可能无法真正中止。我们一般在 Activity 生命周期 onDestory 回调时把未执行完的线程中止或取消，AsyncTask 的 cancel()在正常情况下是可以被中止的，但存在一种异常：如果用户转动屏幕导致 Activity 被重新创建，则直接取消 AsyncTask 会导致部分工作白做。

从源码可知，取消函数 cancel(boolean)做的事情如下。

- 将 AsyncTask.mCancelled 设置为 true。

- 调用 FutureTask.cancel()，最终会调用 Thread.interrupt()。

如果在 AsyncTask 的 doInBackGround()中未对 isCancelled 和 interrupted 做检查并主动退出，则后端任务不会真正中止执行，所以需要在 doInBackground 函数中检查到这两个标志位才能实现真正的线程终止。

### 2.10.3　线程池

http-thread 网络线程池就是我们常用的 HTTP 网络请求线程池。

提到网络线程池，我们一般会联想到 ThreadPoolExecutor 和 Executors。如果需要用到线程

---

1　weakreference：弱引用，若一个对象仅仅被弱引用指向，而没有任何其他强引用指向，就容易被系统回收。

池，则不推荐通过 Executors 创建，而是通过 ThreadPoolExecutor 创建，这样可以在写数据时更明确线程池的运行规则，规避资源耗尽的风险。

Executors 返回的线程池对象的弊端如下。

● FixedThreadPool 或 SingleThreadPool：允许的请求队列长度为 Integer.MAX_VALUE，可能会堆积大量的请求，从而导致 OOM。

● CachedThreadPool 或 ScheduledThreadPool：允许创建的线程数量为 Integer.MAX_VALUE，可能会创建大量的线程，从而导致 OOM。

依据设备 CPU 内核数据创建线程池的代码如下：

```
Int NUMBER_OF_CORES = Runtime.getRuntime().availableProcessors();
intKEEP_ALIVE_TIME = 1;
TimeUnitKEEP_ALIVE_TIME_UNIT = TimeUnit.SECONDS;

BlockingQueue<Runnable> taskQueue = new LinkedBlockingQueue<Runnable>(10);

ExecutorService executorService = new ThreadPoolExecutor(NUMBER_OF_CORES,
NUMBER_OF_CORES*2,
KEEP_ALIVE_TIME,
KEEP_ALIVE_TIME_UNIT,
taskQueue,
new BackgroundThreadFactory(),
new DefaultRejectedExecutionHandler());
```

以上就完成了 SDK 内线程技术的选型和实践。

# 第 3 章
# 支付后端技术实战

支付后端也叫作支付云端，指的是部署在私有云或公有云主机上的支付后端服务应用和数据存储单元，是支付前端的有力支撑，为支付收银台、客户端、SDK 和前端系统提供业务服务、数据存储管理、数据验证、安全传输、账户管理和安全验证、资金和渠道管理、消息推送和分发、支付业务流程、风控等相关服务。

本章主要讲解支付收银台后端系统的相关业务流程、技术选型和技术实现，最后以一个商户的角色来接入支付后端服务 API。

## 3.1　业务架构

支付平台实际上是一个非常复杂的软件系统，在构建支付平台前，需要对其业务架构进行梳理，以降低支付平台的复杂度。

如图 3-1 所示是支付平台的一种常见的业务架构，由产品层、核心业务层、数据支撑层、技术支撑层组成。

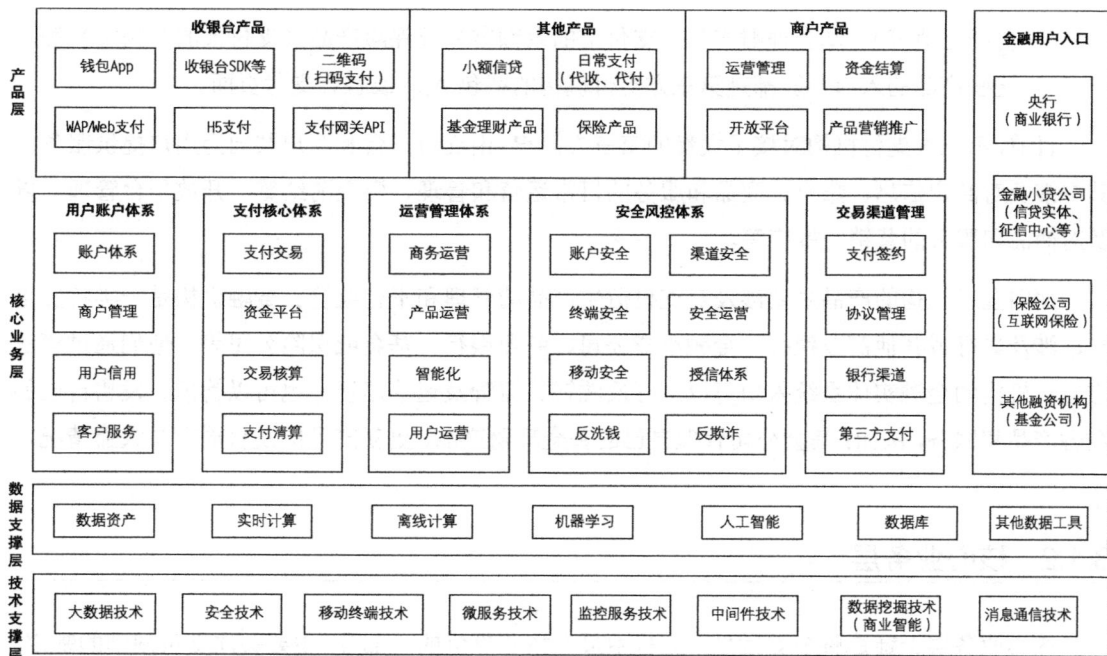

图 3-1

## 3.1.1 产品层

产品层主要面向线上和线下用户，其中的用户包含 C 端用户、商户、金融机构等。

面向 C 端用户的产品有收银台产品及其他产品。其中，收银台产品对于第三方支付平台来说最为重要。

- 收银台产品涵盖了线上、线下各收银台业务的表现形式，其中：线上收银台业务的表现形式包含快捷支付、钱包 App、支付网关等；线下收银台业务的表现形式包含 POS 机刷卡支付、各家金融机构推出的闪付卡支付等；线上、线下相结合的收银台业务的表现形式包含二维码（线上动态二维码及线下收钱码）支付及银行卡线上支付（信用卡、EPOS 和借记卡支付），以及线下支付（银行卡、二维码、POS 机收单）等。

- 其他产品主要指支付业务涉及的衍生产品，例如面向普通消费者的小额信贷产品（支付宝的花呗、借呗）、日常生活中的代收代付产品（支付宝、微信中的水电费代收和 ETC

自动充值等）、基金理财产品（支付宝的余额宝）及保险产品（支付宝的互相宝）等。这些产品的入口一般都是第三方支付机构的钱包 App 或融合支付页面。

目前，第三方支付机构对接了大量的第三方商户，由支付平台和商户共同为用户提供服务，其中涉及对商户信息、账户、商品和服务的日常运营和管理、资金清结算、开放平台管理，以及对商品和服务的营销、推广等。

面向金融机构的产品主要涉及对支付衍生产品的管理和平台监管。金融机构是一类特殊用户，涉及央行或其他商业银行、金融小贷公司、商业银行、基金或保险公司等，他们通过第三方支付机构的金融实体系统入口可以进行反洗钱、监管及运营巡视，也可以管理、发售自己的金融产品和服务，例如：基金公司管理自己的基金理财产品，更新产品的发售周期与收益情况。

## 3.1.2　核心业务层

核心业务层无疑是整个支付平台架构中最有核心价值的一部分，主要关注支付规则的制定、支付业务流程的实现及支付业务需求有关的产品设计，为产品层提供支付业务支撑。核心业务体系按业务范围来划分，可以分为用户账户体系、支付核心体系、安全风控体系、渠道管理体系及运营管理体系。

（1）用户账户体系：账户对于支付和金融机构来说，是一项最基础、最重要的服务，有了账户才有资金和数据的归属。所以，每个支付平台都有自己的用户、账户、账务体系，用于记录各个用户、商户、机构的基础信息、账户（务）信息、虚拟资金数据、个人信用评分等。注意：这里说的资金实际上只是虚拟账户的资金记录信息，并非实际的资金，实际的资金被存放在第三方支付平台在央行开立的备付金账户上面。与用户相关的信用数据等可能来源于第三方权威评级机构，例如中国人民银行征信中心的信用数据接口。

（2）支付核心体系：负责整个支付交易业务流程的实现，推动整个支付交易过程中用户端与支付平台之间的双向资金与信息流动，同时负责交易后的账务核对、核算及资金管理和划拨。

（3）运营管理体系：负责支付平台的日常运营管理，例如商户开户、资料录入与审核、用户额度管理、营销活动管理及报表等。

（4）安全风控体系：负责整个支付平台的安全保障，例如移动端收银台的终端安全、用户资金的账户安全、各个银行渠道数据通信的渠道安全、用户信用支付金额的额度授权授信，以及反洗钱和反欺诈等。

（5）渠道管理体系：负责银行、基金、小贷、第三方等支付和金融机构的交易渠道管理，例如金融机构交易通道与支付核心（交易引擎）之间的 API 管理、可用性监测、渠道切换、协议转换与报文管理等。

## 3.1.3　数据支撑层

在支付平台中，数据为根基，资金处理为辅助，所有基础服务和基础设施的工作都是围绕着支付相关数据展开的，其中涉及的数据和工具有数据资产、实时计算平台、离线计算平台、机器学习和人工智能，以及数据库。

（1）数据资产：在支付平台中，用户及商户的账户资料、交易数据、支付习惯数据等都是有价值的数据资产，数据资产是支付平台最重要的一部分。

（2）实时、离线计算平台：主要应用于支付平台中的智能化营销、风控、运营等子系统中，为支付平台提供海量、精准、实时、多维度的数据服务，从而加速支付业务的发展。

（3）机器学习和人工智能：主要应用于风控子系统中，以适应用户支付环境多样化下的风险识别，并广泛应用于用户消费习惯画像、智能营销、产品推荐及渠道路由等方面。

（4）数据库：是支付平台的基础技术之一。针对海量的数据怎样进行数据的收集、组织和安全存储，都是数据库技术要解决的问题。例如：在支付订单并发量比较大的时候，需要实现横向扩展，这时应该采用中心数据库还是分布式数据库？还是基于单库表和索引进行设计？

## 3.1.4　技术支撑层

支付平台的所有子系统都是基于整个技术支撑层来构建的，其中包含大数据技术、安全技术、移动终端技术、微服务技术、监控服务技术、中间件技术、数据挖掘技术及消息通信技术等，这些技术共同组成了支付平台。

（1）大数据技术：主要应用于支付平台的风控子系统和经营分析子系统中。在风控子系统中用于将用户的消费习惯、信用等级、设备、常用支付时间段和付款地点等数据组成一个更为具体、形象的用户画像，从而作为用户身份识别和支付风控决策的依据。如果没有大数据技术的支撑，则这些数据会成为零散的、毫无意义的信息孤岛，无法支撑业务决策。

（2）安全技术：安全是支付业务发展的首要目标，支付平台负责用户的资金流流转，其重要性不言而喻，安全技术用于对数据从收集、通信、存储、核算、展示到使用都进行全链路地保护。

（3）移动终端技术：主要用于将支付业务从 POS 机和 PC 领域延伸至移动互联网领域，加速支付业务的发展和应用。

（4）微服务技术：微服务技术其实是后端服务技术的一种发展和进步，能将服务应用拆分成一个个相对独立的单元，使得服务的责任更加清晰，分工更加明确，服务能力也能横向扩展。

（5）监控服务技术：主要用于对支付业务的服务进行可用性、响应时间和性能监测，方便运营和技术人员及时调整策略，为用户提供更流畅的支付体验。

（6）中间件技术：中间件属于可复用软件的范畴，提供操作系统软件与应用服务之间的基础软件。

（7）数据挖掘技术：用于从支付平台大量的支付数据中寻找规律，为整个平台和运营提供数据支撑和决策。

（8）消息通信技术：用于在支付平台各个子系统与其他金融机构之间搭建数据沟通的桥梁。

## 3.2  支付系统技术栈探秘

技术栈是为了实现某个业务系统而采用的一系列子系统、技术框架、组件、方法、工具及配置的集合，其中的各个部分并不是孤立存在的，而是互相关联和有机整合的。

如图 3-2 所示是实现整个支付业务系统的常用技术栈。

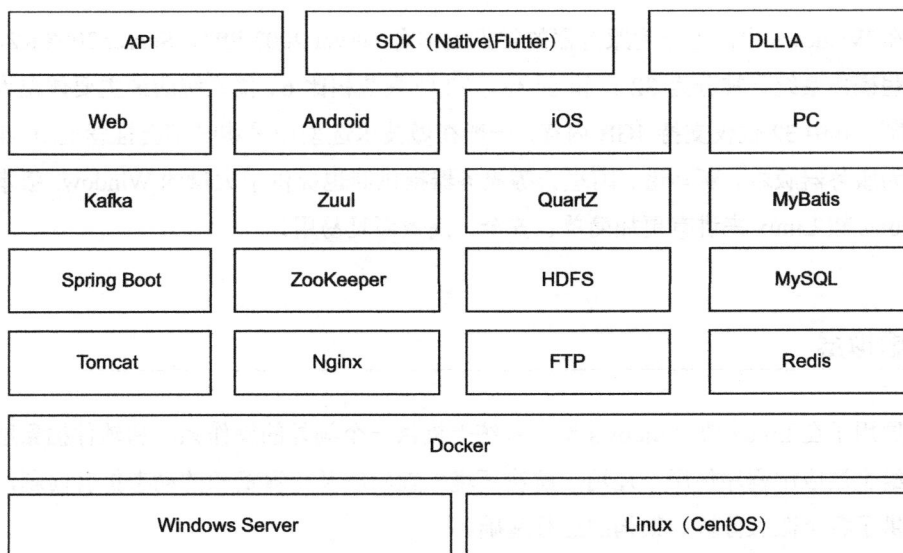

图 3-2

下面从下往上介绍如图 3-2 所示技术栈中各个框图中的内容。

## 3.2.1　操作系统层

如图3-2所示，操作系统层是整个支付技术栈的基石，市场上的主流服务器操作系统是Linux和 Windows。

（1）Linux是目前线上服务器中被广泛使用的操作系统，有很多分支版本，目前大部分基于Debian（Ubuntu）与 Red Hat 这两大类 Linux 操作系统。Red Hat 是付费操作系统，我们可以免费使用，但是如果要使用 Red Hat 的软件源并想得到技术支持，就需要付费。所以从另一个层面来讲，我们可以将 Red Hat 理解为 Linux 中的 Windows，不过它也有开源和免费使用的版本。CentOS 是 Red Hat 的开源操作系统版本，是由 Red Hat Enterprise Linux 依照 GPL 开源协议发布的源码编译而成的，由于出自同样的源码，因此有些要求高稳定性、高预测性、高管理性、高扩展性的服务器以 CentOS 代替商业版的 Red Hat Enterprise Linux 进行使用。一般在 Red Hat 更新之后，CentOS 会把源码中含有 Red Hat 专利的部分去掉，同时去掉的有其他服务器设置工具，在重新将源码编译之后就形成了 CentOS 操作系统，目前最新的 CentOS 版本为 8.1 版本。

（2）在 Windows 中，可作为服务器的常见版本有 Server 2003 SP2、Server 2008 R2、Server 2019，这些操作系统又被分为 32 位和 64 位。32 位系统相比 64 位系统的最主要体现为对内存的大小限制，其中 32 位仅支持 4GB 内存，一般在做技术选型和采购时都会推荐采用 64 位的操作系统作为服务器版本。亚马逊、阿里云等服务器提供商也提供了大量的 Windows 版本的服务器。Windows 较 Linux 来讲有更加简单、安全、高效而且易用。

## 3.2.2　虚拟层

虚拟层用于在 Linux 或 Windows 操作系统上提供一个额外的操作系统和软件抽象层的自动管理机制给上层应用程序使用，还用于解决环境配置问题及计算资源的动态扩容问题，在支付系统中提供了各个微服务核心架构的运行基础。

Docker 是一个开源的虚拟化软件项目，提供了可伸缩的容器应用管理功能，让应用程序的部署操作类似于在集装货柜下装货物一样简单，还能打包应用程序及其虚拟容器，在任意 Linux、Windows 服务器上运行依赖性工具，这有助于提高应用部署的灵活性和便携性，这样一来应用程序就可以在任意地方运行，无论是在公用云、私有云还是在单机上，等等。

尽管 Docker 拥有上面提到的种种优点，但是对于有文件读写、执行性能、网络、数据恢复或安全性等诸多要求的数据库管理系统来说，一般不建议在 Docker 上部署。

## 3.2.3　Web 服务层

Web 服务层主要提供 Web 服务和业务应用，也称之为 Web 伺服。Web 服务层响应来自对端的服务请求并进行处理，提供保障安全机制的互联网计算服务。下面对如图 3-2 所示的 4 个 Web 服务器进行讲解。

（1）Tomcat。Tomcat 是 Apache 软件基金会下的一个开源 Servlet（服务端程序）容器，实现了对 Servlet 和 JavaServer Page（JSP）的支持，并提供了 Web 服务器的一些特有功能，例如 Tomcat 管理和控制平台、安全管理和 Tomcat 阀[1]等。Tomcat 运行在 Java 虚拟机（JVM）之上，

---

1　Tomcat 阀：即 Value，是 Tomcat 软件的专有组件。顾名思义，它就好比一道阀门，在数据流流过它的

第 3 章 支付后端技术实战

管理 Servlet 程序的生命周期并将 URL 映射到指定的 Servlet 进行处理，与 Servlet 程序合作处理 HTTP 请求，根据 HTTP 请求生成 HttpServletResponse 对象并传递给 Servlet 处理，将 Servlet 中的 HttpServletResponse 对象生成的内容返回给客户端或浏览器。Tomcat 是目前 Java 服务器中应用最为广泛的动态 Web 服务器。

（2）Nginx。Nginx 是一个采用了异步框架的网页服务器，通常用作反向代理、负载均衡器和 HTTP 缓存，是免费的开源软件，根据类 BSD 许可证的条款发布。现在有一大部分服务器都采用了 Nginx 作为负载均衡器。类似的软件有 Robbin 和 Spring Cloud，也能起到负载均衡作用，只不过 Nginx 更适用于在服务端实现网络请求的负载均衡，例如 Tomcat 和 Jetty 服务器。Robbin 适用于通过 RPC 远程调用实现本地服务负载均衡，Spring Cloud 采用的就是本地服务负载均衡。

这里只选择 Nginx 作为负载均衡器进行讲解。

Tomcat 和 Nginx 通常被混合使用，来实现动静态资源分离：运用 Nginx 的反向代理功能分发请求，所有动态请求则被提交给 Tomcat 服务器，静态资源请求如图片、CSS、JS、ZIP、PDF 及其他文件等则直接由 Nginx 返回到浏览器，这样能大大减轻 Tomcat 的压力。

在支付系统中也使用 Nginx 实现负载均衡，当业务压力增大时，可能一个 Tomcat 实例不足以处理，这时就可以启动多个 Tomcat 实例进行动态扩展，而 Nginx 的负载均衡功能可以把请求通过服务分配算法分发到各个不同的 Tomcat 实例进行相关支付业务的处理。

（3）FTP（File Transfer Protocol Server，FTP 服务器）。FTP 是依照 FTP 在互联网上提供文件存储和访问服务的服务终端。在 Linux 中推荐将 vsftpd 作为 FTP 服务器。vsftpd 是一个开源的 FTP 服务器，相当成熟、可靠。在支付系统中使用 FTP 服务器存储对账文件，以及提供给商户对账文件，商户自行使用支付系统的 FTP 账号和密码登录，定期（一般是日终[1]）获取对账文件。支付系统对 FTP 有读写权限，商户只有读权限。

## 3.2.4 数据存储层

数据存储层主要用于建立、使用和维护、管理支付相关数据，除此之外维护着数据之间的

---

管道时进行过滤和处理。

1　日终：指的是银行系统每天下班前的时段。

● 79 ●

关系，保障关联数据之间的逻辑关系正确和完整（数据一致性）、存储系统和数据使用者之间的一致性（存储一致性）、存储在数据库中的所有数值均为正确的状态（数据完整性），并提供安全环境不让数据泄露和安全存储（数据安全性）。

下面对数据存储层的 MySQL、Redis、HDFS、MongoDB 等存储组件分别进行讲解，这四种数据存储选型在支付系统的各个不同模块均有用到。

（1）MySQL。MySQL 是一个开源的关系数据库管理系统，目前已成为 Oracle 旗下的产品，现在依然维护有社区版本，并由于其高性能、低成本和高可靠性，成为最流行的开源数据库之一，被应用于更多的大规模网站和应用，比如维基百科、Google 和 Facebook 等。目前非常流行的开源软件组合 LAMP 中的"M"指的就是 MySQL，当然，还有相当一部分公司采用 Oracle 和 Microsoft SQL Server。Oracle 是目前为止最成熟的商用数据库，在金融支付行业占有相当大的比例。与 MySQL 数据库相比，Oracle 数据库能提供完善的客户和售后服务支持，并有更大型的商业应用成功案例，例如 TOYOTA、中国建设银行等。目前，第三方支付机构的支付系统相关管理子系统和账务系统采用 MySQL 作为数据库，主要存放关系数据，例如渠道管理数据、商户及应用基础数据、账户数据及账务相关数据。

（2）Redis。Redis 是一个开源的基于键值对的高性能存储系统，支持主从复制（Master-Slave Replication），并且有非常快速的非阻塞优先同步（Non-Blockingfirst Synchronization）和网络断开自动重连等功能，以及简单的 check-and-set 机制、pub/sub 和配置等，使 Redis 表现得更像网络内存缓存（Cache）系统，并且绝大多数主流编程语言都能接入和使用 Redis 客户端。Redis 在整个支付系统里面主要被用作内部缓存模块，同时被用作服务应用间的消息队列和任务队列。

（3）HDFS。HDFS（Hadoop Distributed File System）是 Hadoop 的分布式文件系统，和现有的分布式文件系统有很多共同点，但区别也很明显：它是一个具有高度容错性的系统，适合被部署在廉价机器上，除了具有高度容错性，HDFS 还能提供一个高吞吐量的数据访问，非常适合在大规模数据集上应用。HDFS 在支付系统里面主要负责离线数据的存储计算，以及利用自身的数据存储和归集运算功能与 Spark 系统一起完成支付经营大数据的分析功能。例如：历史订单数据和交易日志数据都有非常大的数据量，大部分是 GB 甚至 TB 级别，HDFS 可以非常好地支持这些大数据文件。

（4）MongoDB。MongoDB 是一个基于分布式文件存储的数据库，由 C++ 编写而成，旨在为支付的 Web 应用提供可扩展的高性能数据存储解决方案，是一个介于关系数据库和非关系数据库之间的产品，是非关系数据库中功能最丰富、最像关系数据库的。但目前 MongoDB 不支持事务，无法支持交易相关的数据，由于索引和搜索优化得非常好，所以主要用于数据检索或信息存储。

支付系统通常采用 MongoDB 与 MySQL 保障存储服务的高可用性和强一致性；后端运营系统则采用 MongoDB 应对后端的大数据量查询及多样化报表查询的需求，MongoDB 同时具备良好的扩展性，支持对海量支付历史订单数据的存储和检索。

## 3.2.5　服务端技术

服务端技术主要是支付业务流程逻辑实现的基础，其主要技术选型如下。

（1）Spring Boot。Spring Boot 是由 Pivotal 团队提供的全新 Spring 框架，是支付后端微服务架构的基础，其设计初衷是简化旧版本 Spring 应用的初始搭建、配置及开发过程。与 Spring 之前版本的框架相比，Spring Boot 使用了特定的方式进行配置，使开发人员不再需要定义烦琐、样板化的配置文件，与此同时，Spring Boot 整合了很多优秀框架，不用我们自己手写 XML 配置文件再进行配置，这大大提升了 Web 应用和微服务的开发效率。

（2）Log4J。Log4J 是 Apache 下的一个非常流行的开源日志组件，具备高性能日志记录和安全传输的功能，并且支持异步输出日志到不同的终端。我们可以使用 Log4J 将应用运行的日志信息输送到目的地，例如控制台、文件、GUI 组件，甚至套接口服务器、NT 的事件记录器、UNIX Syslog 守护进程等（用另一个日志组件 Logback 也是相当不错的选择）。

在整个支付系统中，日志组件是非常重要的基础模块，主要用于定位和解决以下问题。

● 跟踪、记录支付系统运行日志。

● 每当出现异常时，都可以根据日志操作记录还原异常出现时的操作步骤。

● 记录异常堆栈信息，判断问题出现的位置。

● 记录各个操作员之间的系统操作记录。

（3）Logback。Logback 是 Log4J 的升级版本，有着对开发者更友好、实现更快、成熟度更高、性能更优等特点。新版本的支付系统对日志组件的选型多采用 Logback 代替 Log4J 组件。

（4）Kafka。Kafka 是 Apache 下的开源数据流处理平台，由 Scala 和 Java 编写而成，是一种高吞吐量的分布式发布/订阅消息系统，可以处理用户在网站和应用中的所有动作流数据，例如：支付收银台界面的一些动作（不同支付方式的网页浏览、单击、搜索和其他用户的动作）。利用 Kafka 可以在将这些用户的数据流处理之后，通过经营分析系统形成数据报表和波动监控告警，分析用户在收银台上的社会行为，并帮助产品经理进行数据分析。它除了用于实时日志分析，还被当作分布式数据流系统，被诸如 New Relic（数据智能平台）、Uber、Square（移动支付公司）等大型公司用来构建可扩展的、高吞吐量的、高可靠的实时数据流系统。Kafka 在支付系统里面主要用于支付行为、支付订单相关的消息传递与消费，同时作为支付系统中经营分析子系统的实时分析和监控模块。

（5）ZooKeeper。ZooKeeper 是一种分布式应用程序之间的开源协调服务，是 Google 的 Chubby（一个面向松耦合的分布式系统的锁服务）的一个开源实现，同时是 Hadoop 和 HBase 系统的重要组件。它是一个为分布式应用提供一致性服务的软件，提供的功能包括：配置维护、域名服务、分布式同步、组服务等。它的目标就是封装复杂、易出错的关键服务，将有简单易用的接口和性能高效、功能稳定的系统提供给用户。ZooKeeper 在支付系统里面主要用于构建支付会员和账户的注册中心，进行不同服务器的支付日志和运营分析数据的协调，以及主备支付服务器间的流量控制和工作协同。

（6）MyBatis。MyBatis 是优秀的开源持久层框架，支持定制化 SQL、存储及高级映射。MyBatis 省去了几乎所有 JDBC 代码，省去了手动设置参数及获取结果集的工作量，可以使用简单的 XML 或注解来配置和映射原生信息，将接口和 Java 的 POJOs（Plain Ordinary Java Objects，普通的 Java 对象）映射成数据库中的记录。在支付系统里面，MySQL、MongoDB 数据连接及事务控制都是由 MyBatis 数据组件提供的。

（7）QuartZ。QuartZ 是一个完全由 Java 编写的开源作业调度框架，为在 Java 应用程序中进行日程作业调度提供了简单而强大的机制，实现了作业和触发器的多对多关系，还能把多个作业与不同的触发器关联。在支付系统里面，QuartZ 主要用于作业调度、定时处理对账清算和定时通知商户应用等。

（8）Zuul。Zuul 是在云平台上提供动态路由、监控、弹性、安全等边缘服务的框架，相当于设备、Web 站点和流应用后端所有请求的前门。客户端若想请求到服务，则首先得请求 Zuul 网关，然后由 Zuul 网关将请求路由分发到对应的真实服务接口。在支付系统里面，Zuul 主要用于通过配置路由规则进行支付渠道服务路由、微服务引导和收银台页面流量分发。

## 3.2.6 终端层

终端层存在的意义在于触达终端用户，也是用户体验最直接的一层，触达方式有 PC、Web 站点、移动设备、POS 机和专业设备等，在 PC 时代用得最多的就是 Web 网站和浏览器，浏览器采用 HTML 页面渲染引擎将支付系统展现出来。在移动互联网时代，操作系统基本由 Android 和 iOS 二分天下。

目前，在支付系统中一般采用原生的 Java、Kotlin 或者 Objective-C 包装成 SDK 或钱包应用给用户使用，也有一部分采用 HTML5 或其他 WAP 技术提供移动支付收银台页面给用户使用。

以下主要简单介绍终端层的 Weex、Flutter 和桌面动态库 DLL 技术，其中 API 是支付服务端提供的接口服务。

（1）Weex。Weex 致力于使开发者基于通用跨平台的 Web 开发语言和开发经验，来构建 Android、iOS 和 Web 等三方共同应用。简单来说，在集成了 WeexSDK 之后，我们可以使用 JavaScript 开发移动支付应用，对于商业产品设计来讲，无论在哪种设备终端上都能有统一的支付用户体验。Weex 渲染引擎与 DSL 语法层是分开的，并不强依赖任何特定的前端框架，目前 Vue.js 和 Rax 这两个前端框架被广泛应用于 Weex 页面开发，同时 Weex 对这两个前端框架都提供了完善的支持。Weex 的另一个主要目标是跟进流行的 Web 开发技术，将其与原生开发技术结合，实现开发效率和运行性能的高度统一，使开发一个 Weex 页面就像开发普通网页一样；在运行时，Weex 页面充分利用了各种操作系统的原生组件能力。

（2）Flutter。Flutter 是 Google 开源的移动 UI 框架，可以与现有的代码一起工作，快速在 iOS 和 Android 上构建高质量的原生用户界面。Flutter 正在被全世界越来越多的开发者和组织者所使用，并且是完全免费、开源的，也是构建 Google Fuchsia 应用的主要方式。Flutter 组件采用现代响应式框架构建，这是从 React 中获得的灵感，其中心思想是用组件（Widget）构建 UI。该组件描述了在给定其当前配置和状态时显示的样子。当组件状态改变时，组件会重构它的描述（Description），Flutter 会对比之前的描述，确定底层渲染树从当前状态转换到下一状态所需要的最小更改。目前，阿里巴巴的闲鱼 App 和京东 App 都在使用 Flutter 技术，在现有设备的用户体验上感受不到与原生应用有什么不同。

（3）API。通常指 Web API 或 RESTful API，是一些预先定义的公共函数和衔接部分的约定。这样做的好处在于，外部系统无须访问内部源码或理解内部的业务流程和工作机制等细节，直接通过调用 API 就可以访问内部系统提供的功能（例如：对于下单 API，商户系统应用开发人员在拿到这个 API 之后，不需要了解和实现内部收银台、交易引擎、风控系统相关的业务流程和逻辑实现）。

（4）DLL/.A。DLL 指 Windows 上的动态链接库（Dynamic Link Library），.A 指静态链接库（Static Library）。DLL（在 Linux 上为.so 文件）包含多个功能模块的内部代码和数据，主要出现在 PC 端的商业应用产品中，一般为 Windows 桌面应用程序和 Linux 应用程序。目前该类型的对外提供方式较少，所以市场上较为少见。

## 3.3　支付后端业务介绍

本节主要介绍为收银台提供服务接口和数据的支付后端，并讲解支付后端的概念、作用、业务流程及相关联的子系统。

在讲解支付后端相关技术的实现之前，我们需要先梳理一下支付后端的运行流程、实现方案，然后介绍与之关联的交易系统、中国网联、收付款行、账务系统、渠道管理与路由系统、风控系统等，并讲解各个系统之间的调用关系和协作时序。

如图 3-3 所示的收单流程时序图就直观地刻画出了支付时在各个系统之间传递消息和数据的流程。

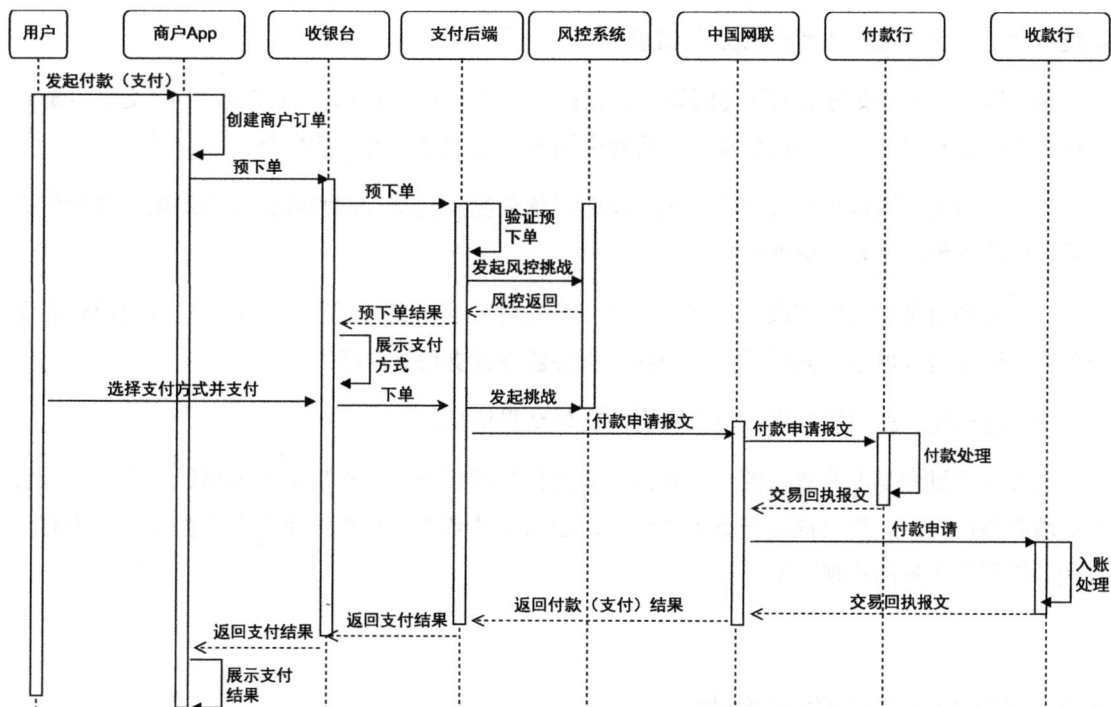

图 3-3

通过图 3-3，我们可以了解到用户在产生支付意愿及确认支付时，收银台、支付后端与其他系统之间的关系和流程，如下所述。

（1）用户在商户 App 中选择商品，并单击购物车界面的"去支付"（结算）按钮，这时会触发这个流程。

（2）商户 App 首先会按自己的订单规则创建一笔订单，然后将订单、商户的相关信息传递给第三方支付机构或融合支付厂商的收银台和支付后端进行预下单请求。

（3）支付后端在收到这个预下单请求之后，对商户资格进行核验（授权验证的过程），并将商户信息和账户设备信息发送到风控系统进行核验（发起风控挑战）。

（4）在风控挑战通过之后，在支付后端产生了一笔订单信息，此时预下单过程已经完毕，返回给收银台支付方式和可用渠道，展示支付界面（例如支付宝、京东支付、银行卡或微信支付）。

（5）用户在收银台提供的订单详情（包含支付方式）界面选择对应的支付方式，这时后端系统收到了来自收银台或商户 App 的请求。

（6）商户系统将支付数据传递到第三方支付机构的交易引擎（此过程叫收单），交易引擎对订单中的应收和应付事宜进行处理，然后对中国网联发起付（收）款指令。

（7）中国网联通过指令对付款行账户发起付款流程，收款行同时收到相关款项，在操作成功后，交易引擎产生相关单据信息。

（8）交易引擎在操作完成之后将结果返回给支付后端，支付后端将数据推送到收银台界面作为支付结果进行展示，同时异步通知商户服务器修改支付订单状态。

（9）这时用户就可以看到收银台页面的支付结果信息。

其实这个过程是非常复杂的，从单击"去支付"按钮开始，在后面可能要经过几十、上百个后端服务接口，这里只描述一下大致流程，在后面的章节中会详细讲解在这些子系统中有什么业务流程和大致的实现方案。

## 3.4　支付后端的服务类型

收银台是整个支付系统的交易业务的前置，是离终端用户最近的支付交互入口，之前的章节已经介绍过收银台 SDK、前端展示和支付交互的流程，这里主要介绍与之对应的支付后端的服务。支付后端的服务主要负责与收银台前端配合，同时与商户服务端进行通知交互和配合，为用户提供支付验证、结果及周边的服务。

支付后端一般提供以下服务。

### 3.4.1　收单服务

通俗地来讲，收单服务就是帮助收银台完成用户支付功能，将用户的钱（资金）结算给商户或第三方支付机构账户。

该服务通常对应的是支付订单收单（下单）API（提供的类型包含移动终端 SDK、手机网页及 PC 接口），首先主要通过此接口传入商户相关订单参数、用户账号信息、商户信息等，通过此服务将完成对支付订单参数和商户授权数据的验证；之后完成设备信息、用户信息等风控基础数据的收集和验证；最后，查询支付渠道及优先级排序并唤起支付页面，用户在支付确认页面选择相应的支付方式并确认结算，这时将产生用户资金的变动，支付后端会接收到交易引擎传过来的支付结果，最后通知商户或收银台为用户展示最终的支付结果。

如图 3-4 所示为收单业务流程图。

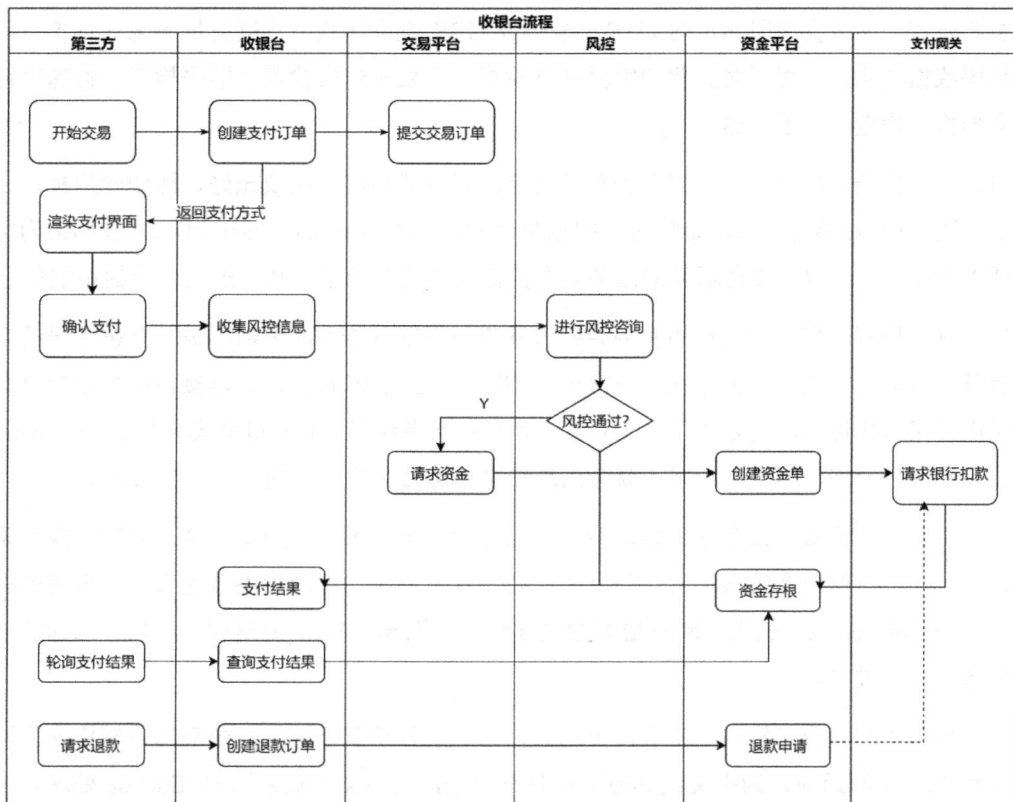

图 3-4

在收单业务流程中还包含风控信息收集、交易订单提交、订单参数验证、支付渠道获取和路由、支付数据结果拼装、商户系统通知等服务。

在收单服务完成之后，会在订单数据中记录商户提交的订单数据，并生成对应的下单编号与商户编号。

### 3.4.2　订单参数验证

在进件的过程中，商户会提供自己所经营业务的一些数据、安全证书和文件资料，以入驻第三方支付机构或商业银行（以后称上游），上游在审核完这些内容后，会给商户分配对应的标识、上游数据公钥、加密方式及数据编码格式。

在商户系统提交下单信息时，支付后端会对商户提交的订单参数进行验证，最先验证的是数据编码格式，一般会采用约定的 UTF-8 编码或 GBK 编码格式，否则解析出来的订单可能会出现乱码或格式错误，然后对必要的字段进行检查，主要是缺失检查、顺序检查、特殊字符检查和数据格式检查，如下所述。

（1）缺失检查。指对应的字段是否有按约定的开发者指南文档填充好，比如商户标识、数据签名字段、商户订单号及订单金额等数据信息。例如：商户标识 merchant_id 的字段如果为空、写错或者大小写不规范，支付后端的服务就会判断对应的参数不合法，返回对应的错误信息。

（2）顺序检查。指支付后端的服务会检查商户或收银台传入的参数，是否有按字段的首字母进行升序或降序排列，这种方式一般常见于 GET 方法的 Web 支付后端接口或收银台页面，这除了提升了查找性能，还方便了人工查验。例如：订单编号 order_id 和商户标识 merchant_id 如果按订单字段升序，商户标识字段就会出现在订单编号字段的前面，降序则反之。

（3）特殊字符检查。指在订单数据中不能包含 HTTP 特殊字段（？、&、=等）、换行符、空格及其他第三方商户系统误加的字符，并且在自定义的附加字段中不能包含上游渠道的保留字段，例如：biz_content 的 JSON 数据不能包含商户标识 merchant_id 这样的字段，因为这样容易使服务端产生歧义。

（4）数据格式检查。指对订单数据中的数据格式进行检查，例如：金额的数据格式由阿拉伯数字和"."字符组成，为中文或其他字符时不合法，对中文一般采用 UrlEncode 处理。

在对以上检查类型项都检查完毕之后，后面就要对数据的合法性和风控数据进行检查了，其中主要是对数据签名进行计算和核对，确保数据没有被篡改，通常的做法是采用非对称加密算法（RSA 算法签名和验签数据）。

数据核验和验签[1]的方法有两种：使用 RSA 还是 RSA2 验签（SHA256WithRSA 算法，支付宝最高安全级别的加密验证方案），这是依据商户自己在进件或请求时使用的密钥格式是 RSA 还是 RSA2 来确定的。

支付后端的服务使用商户进件时存放在上游内的密钥数据对（平台的公钥数据和商户的私钥数据）当前订单数据进行签名，这种非对称验证方式只能使用对应格式的商户公钥来验签，否则验签失败。

## 3.4.3　风控信息收集

风控信息收集指支付后端为风控系统收集相关设备、环境、账户及用户行为等类型的基础数据，为后续的安全可信支付打下坚实的基础。风控系统要求采集的数据很全面并且很具体，这样才能判断准确。

风控数据收集从账户登录开始，始终贯穿着整个账号登录、下单、支付流程。

典型的应用场景有账号（账户）登录、验证码验证和填写、忘记密码、修改密码、下单、支付、返回交易数据并验证及用户通信方式改变（丢手机、解绑手机）等。

收集的数据包含以下几种。

（1）账户数据。一般是第三方支付机构的会员账户数据、银行卡（网银）账户数据及具有一定信用价值的商户会员数据，风控系统可以根据账户相关数据判断是否被禁止交易、当前的信用等级和以往的安全交易状况，来决定是否对该账户做"限止"（停用全部或部分功能及解除风控时间，一般是由于产生了不良信用记录或恶意行为）或限定（限制支付方式和支付金额）交易。

（2）设备数据。一般是使用设备的固有信息（MAC 地址、设备入网 IP 地址、设备指纹等）。例如：MAC 地址可以被用作风控计算中的访问控制和风险识别点，如果交易出现在非原通用的设备 MAC 地址，风控系统就可以采用验证码或手机短信下行的方式来辅助验证交易用户的真实性和合法性。

---

1　验签：是 RSA 非对称加密算法里面的一种说法，主要在获取数据和公钥时进行验证，如果验证出数据与消息本身不符合，则代表验签失败。

（3）环境数据。这里主要指支付所在的设备和网络环境，例如网络环境（IP 地址、常用 WiFi 热点）和交易时间数据。风控系统在运行过程中会通过查询 IP 数据库，识别当前交易的 IP 地址所在的大致地理位置，并依据以往历史交易地理位置做出是否为风险交易的判断，同时验证订单是否来源于高风险地区，然后可以通过下发验证码确认交易者身份是否合法及安全，还可以通过 IP 地址判断其入网情况，比如国内 IP、国际 IP、VPN 代理的 IP 地址及来自高风险地区的 IP 地址。其他环境数据和用法将在第 6 章详细讲解。

（4）用户行为数据。用户行为数据包括登录场景、下单场景、交易流水、访问记录、频繁操作次数等，基于这些用户行为数据，风控系统可以完善用户画像，例如：一个用户在相对短的一段时间内频繁进行账户的登录和登出，并且超过普通用户的统计基准值，这时风控系统就有理由对此账户登录做出风控规则判定，并在一段时间内停用此账户。

这些数据都会通过风控系统的场景计算模型（包含在线实时风控模型和离线风控两个常用的模型）由风控系统做出决策。例如：支付前的风险识别、支付方式限定、支付限额控制和信用级别降级支付等。

## 3.4.4  交易单提交

在对商户订单进行参数验证和风控系统决策之后，我们需要将订单提交给交易引擎，由交易引擎对资金流进行操作，这时的订单有了另一个名称，叫作交易单（或交易订单）。这个提交交易单的业务流程看似简单，但它并不仅仅是一个请求提交和持久化的流程，其难度主要体现在订单防重复方面。

订单防重复的常见场景：网络情况比较差，顾客没有及时支付金额或支付后端的服务未及时返回支付状态，而用户又重新单击了"提交结算"按钮，这时收银台界面会显示"支付进行中，请不要重复提交订单"，这就是订单防重复功能起到的作用。

订单重复在本质上分两种情况：第 1 种，存在两次支付结算提交；第 2 种，在支付时中断通信网络，使支付状态通知不到位，造成前置的商户系统仍处于支付状态。针对这两种情况需要采用不同的解决方案。

针对第 1 种情况，解决方案是对商户的订单编号进行约束，即在对接第三方支付系统时，商户的业务系统在每次调用支付请求时都必须生成不同的商户订单编号，这就要求对"订单支付"按钮上面的订单编号生成做相应的修改和完善，每次单击"结算"按钮都生成不同的商户订单编号。第三方支付系统对同一个商户订单号会做出异常处理和提示，这种方案在商户开发者指南或服务端接口文档中就要与商户约定一致，以确保第三方支付机构后端产生的编号与商户订单编号一一对应。

这其中涉及两种订单编号，如下所述。

● 商户订单编号：指由商户系统发起并由商户自定义的订单号编号。在通过收银台 SDK或调用第三方支付系统接口而发起支付结算请求时需要携带这个参数，商户系统中的编号需要确保在整个系统里面具有唯一性，一笔消费订单对应一个商户订单编号。

● 支付订单编号：指在商户系统向第三方支付系统发起支付请求后，支付平台核验订单参数合法后由支付系统自身的后端系统生成的订单系统的唯一标识，用于记录一笔支付订单信息。这时第三支付系统与商户业务系统的订单编号形成一一对应的关系，同时与交易引擎产生的交易编号形成一一对应的关系。

针对第 2 种情况，支付后端一般采用异步通知补偿机制来解决此类问题，通过采用定时轮询的方式扫描订单系统中处于支付状态的订单，并主动轮询商户服务端接口，将订单信息和结果推送给商户服务器，一旦收到商户服务器对订单结果的反馈，就将订单支付状态更新为"终态"，进行关单操作，这样一来就完成了对支付订单状态的补偿。但这种补偿不是一直持续下去的，第三方支付机构的订单系统一般会制定一个由紧到疏的时间片轮询策略，例如：最初 10秒、30 秒、1 分钟、5 分钟、…、24 小时、…、48 小时，并在超过策略规定的时间及轮询次数后将支付订单状态更新为"失效"状态，第三方支付机构的订单状态查询接口可供商户系统自己完成支付订单状态的数据查询，以及自身业务逻辑的更新，例如：订单状态未完成但资金已发生扣款的情况下，在账务核对阶段就需要告知第三方支付系统的核算人员做差异和补偿处理。

## 3.4.5 支付渠道获取与路由

前面讲过，融合收银台一般会为了用户支付的便利性和交易成功率，与多家支付渠道（第三方支付机构、中国银联、商业银行等）签署合作协议，以提高支付的成功率和利润（各家支付渠道的分成比例和手续不一样），从而降低交易失败的风险。

在预下单（签约）过程中，商户应用提交商户订单数据给支付后端，支付后端对商户订单数据进行参数验证、风控，之后再将商户订单数据提交给交易引擎，这个过程就叫作预下单。最后需要经过支付渠道管理模块，给商户应用返回最优、最合适的支付渠道。如果收银台前端采用了融合支付 SDK 或 Web 收银台展示方式，则在收银台界面显示推荐和可用的支付渠道。

如果商户系统直接对接支付 API 的方案，则将推荐和可用的支付渠道数据发给商户应用，由商户系统自行处理支付方式渲染界面和用户交互流程。这时，商户开发者需要遵循相关支付渠道商的渠道商标和名称规范。

在支付渠道路由返回排序的支付方式给自身收银台和商户支付方式选择界面之后，用户会选择合适和常用的支付方式确认支付。支付渠道路由指支付系统为用户提供智能的支付方式（交易）路径选择，并引导用户完成资金结算。

支付渠道路由的规则一般受以下因素的影响。

（1）用户自主选择。在设计支付渠道路由时，支付系统会把用户常用的支付方式或历史支付方式放在优先的位置，并且各大型第三方支付机构都会支持用户自定义支付渠道和方式并进行排序，这遵循了客户第一和尊重客户选择的基本准则。

（2）用户体验好。除了让用户自主选择，融合支付厂商和第三方支付机构还会选择用户体验较好的、较流畅的支付渠道作为推荐支付渠道来使用，用户体验好也会体现在支付流程短、操作简单方面，在整个支持方式排序计算中也会占一定的权重。

（3）风控和资金受限。融合支付厂商和第三方支付机构对风控的限定会影响对支付渠道的选择和路由，例如：高风险交易可能会选择屏蔽一些信用类支付方式，或者增加一些辅助验证身份的支付方式，在单笔订单金额较多、用户资金不足且风控允许的情况下，支付系统会推荐一些信用卡或信用支付方式供用户选择。

（4）成本优先。在做支付渠道路由时，把成本和利润放在较重要的位置，是一个商业公司无可厚非的原则，可以按照资金费率成本最低、分成比例最高、最方便市场运营的支付方式来设置路由业务逻辑。

（5）稳定性和成功率。一个支付渠道不能经常存在服务不可用、丢单或掉单等不稳定情况，支付系统也会对其进行分析和监测，所以在支付渠道设计上面一般会选择交易成功率最高的支付渠道来做推荐。

## 3.4.6　通知服务

这里说的通知服务指支付交易结果通知。在支付完成之后，交易引擎会把资金处理的结果给到支付后端，由支付后端将相关支付结果、订单信息和用户信息发送给自己的收银台或商户服务端，商户服务端或应用接收到第三方支付机构的支付系统通知数据之后，需要将其进行字段拆分、验证、加密处理，并给 SDK 或支付后端 API 返回对应的回复结果。

商户服务端在收到支付后端的通知并处理后，会反馈给支付后端，如果支付后端收到（未收到）的来自商户服务端的反馈是不成功（数据验证失败、数据不完整）或网络超时，则支付后端认为通知商户失败，后续将通过一定的策略（定期重发机制）重新通知商户服务端，尽可能提高通知的成功率，但支付后端不保证通知最终能成功。

支付后端一般会制定一个由紧到疏的时间片轮询策略，例如：最初 10 秒、30 秒、1 分钟、5 分钟，…，24 小时，…，48 小时，并在超过约定的时间（一般约定最长订单时限 24 小时或 48 小时）及轮询次数后将支付交易订单更新为"通知失效"状态，同时提供支付订单状态查询 API 供商户系统完成自身商户订单状态的状态和业务逻辑更新。这就是定期重发机制。

但是商户服务端会有多种因素导致这种交易结果通知延迟或失败，常见的因素主要有网络不通畅、域名解析失败不可用、商户应用平台系统服务器宕机、商户服务端或支付后端存在 Bug、通知服务故障等。

同样的交易结果通知会被尽可能多次发送给商户服务端，在这种情况下就需要商户服务端有正确处理重复的交易订单结果通知的能力。

推荐的做法是（商户服务端）在收到交易结果通知之后，首先验证数据的来源是否可信，验证其是否被篡改（核查提交订单时的附加信息、支付订单金额、JSON 数据结构和最长订单时限等），例如：支付宝平台会提供一个验证公钥，可以使用验证公钥对数据进行验证，并检查业务数据对应的格式和 HTTPS 状态，然后从业务层面判断此交易结果通知是否被处理。如果没被处理，则再进行处理；如果已处理，则直接返回支付成功的结果。

注意：在对交易结果通知数据进行状态检查和处理时需要严格控制请求并发（例如使用数据锁定），以免业务和数据处理函数重入（重复进入，指有相同的记录或数据）造成数据出错。

### 3.4.7 退款服务

在已支付成功的订单中,用户因商户产品质量不合格或不满足需求等原因需要退货退款(退款发生时,用户在商户平台信用体系中的信用支付额度一般会有一定程度的下降),在这种情况下,只要用户与商户达成退货退款协议,就需要调用支付系统的退款 API 进入退款流程。

退款资金一般沿原路退回,例如:收款机构(银行)和付款机构(银行)对调,原订单若采用了工商银行卡进行支付,则会退款到工商银行卡中。

退款在支付系统里面也是有时限的,一笔成功的订单默认的退款期限是 3 个月,同时会提供时限(一般为签约)接口进行设置。

退款业务流程如图 3-5 所示。

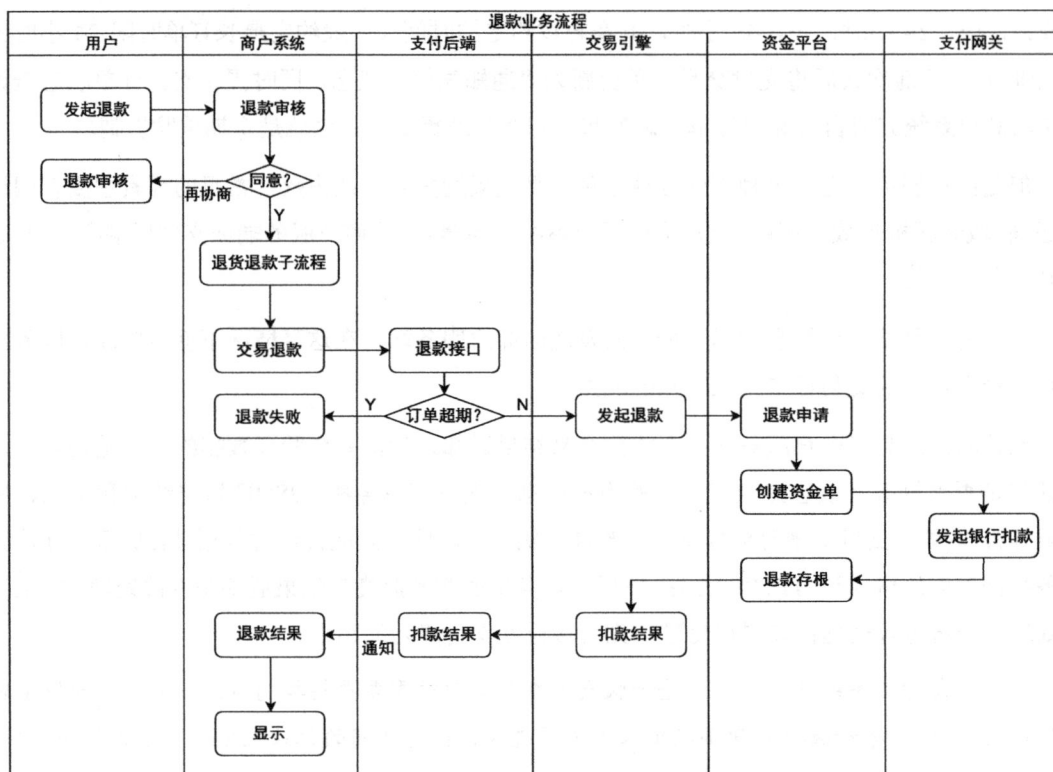

图 3-5

### 3.4.8　查询服务

当有一笔订单结果未通知到商户服务端时，商户服务端可以主动去支付后端进行订单详情查询并进行业务补充，调用的是订单查询接口（也叫作查询接口）。

查询接口通常分为以下两类。

（1）查询支付状态，通过接口查询某笔交易的状态，状态如下：

- 交易创建，等待用户付款完成；

- 用户未付款，交易超时关闭；

- 支付完成后全额退款；

- 交易支付成功；

- 交易结束，不可退款。

（2）查询退款订单的进度状态，状态如下：

- 退款申请中，通常订单还在支付渠道的退款申请和退款审核流程中；

- 退款中，提交给支付渠道（银行或其他资金机构处理）；

- 退款完成。

## 3.5　支付后端的技术方案及技术实现

支付后端的服务主要以 API（或 REST API）方式提供给商户开发者，与包装好的 SDK 和 Web 收银台等带有自己界面的业务不同，主要提供请求接口和响应返回数据，不包含第三方支付机构的任何界面，这样可以使支付模块与商户系统的界面结合得更加紧密，用户体验则保持得更加一致。

面向商户应用开发者除了有通常的服务器端 API 方案，还有更方便的服务器端 SDK 方案，SDK 方案一般支持多服务端开发编程语言，例如 C++、C#、Java、PHP 等。

支付后端的服务一般采用开发效率较高的 Java 开发，接下来详细介绍一个支付后端的 Java 实现方案。

## 3.5.1　Spring Boot 简介及微服务搭建实战

Spring Boot 是 Java 企业版（Java Enterprise Edition，J2EE）的轻量级开源框架，是提供支付微服务的基础框架，它有很多特性如依赖注入、面向切面编程等，为企业级 Java 开发提供了一种相对简单且轻量的解决方案。

提起 Spring 的配置（采用 XML 配置文件），从事过 Spring 早期版本（2.5 及之前版本）应用研发的开发者都非常困扰：配置项非常多，而且配置非常复杂。Spring 在 2.5 之后的版本中引入了基于注解的组件扫描功能，消除了针对应用程序自身组件的大量显式 XML 文件配置，但仍然不够彻底。除此之外，Spring 项目的组件依赖管理也很麻烦，在应用搭建过程中需要分析依赖哪些版本、哪些库，一旦选错了依赖的版本，随之而来的不兼容性就会导致严重的稳定性和兼容性问题。

### 1. 为什么要采用 Spring Boot

微服务是未来企业级应用研发的新趋势，目前已经有许多项目从传统企业应用架构转向了微服务架构，因为微服务可以使不同的团队专注于更小范围的工作职责，使用独立的技术更安全、更频繁地部署。

Spring Boot 是微服务的基础架构，优点如下。

（1）Spring Boot 继承了 Spring 框架的优良基因。Spring Boot 是伴随着 Spring 4.0 而生的，可帮助开发者快速搭建 Spring 框架。并且，Spring Boot 继承了 Spring 优秀的设计、代码基因，使得应用开发人员在 Spring Boot 中更为便捷地开发，也使得原本使用 Spring 框架的软件研发人员快速切换到新的框架中。

（2）简化了代码和配置。Spring 框架的各种 XML、Java 注解（Annotation）配置让人眼花缭乱，配置多且复杂，在配置时需要非常耐心和细心，如果某个配置项出错，则很难找出真正的原因。

Spring Boot 的配置极少，对于仅剩的配置内容主要采用 Java Config 进行配置。举个例子，新建一个服务组件类，其主要功能是录制支付流程线索信息类，但是这里不用 @Service 注解，也就是说，它是个普通的支付流程录制服务类：

```
/**
 * 录制支付流程线索信息类
 */
publicclass RecordFlowService {
    public IRecorder create() {
        IRecorder iRecord = new NormalRecord();
        iRecord.start(Normal);
        iRecord.setListener(this);
    return iRecord;
    }
}
```

在 Spring Boot 代码实现中如何使用一个 Bean 让容器去管理呢？只需@Configuration 和 @Bean 两个注解即可，如下所示：

```
import org.springframework.context.annotation.Bean;
import org.springframework.context.annotation.Configuration;

/**
 * 录制支付流程线程信息类
 */
@Configuration
publicclass RecordFlowService {

@Bean(name='record_start')
    public IRecorder create() {
        IRecorder iRecord = new NormalRecord();
        iRecord.start(Normal);
        iRecord.setListener(this);
        return iRecord;
    }
}
```

注意：@Configuration 注解表示此类是个配置类，@Bean 注解表示可以返回一个 Bean 实例给业务代码直接使用，@Resource 注解可以按名称或属性进行注入，十分简便。

（3）监控方便。在支付系统开发过程中，以监控为先的思想始终贯穿项目从设计、开发到运维的整个生命周期，在研测过程中可以引入 spring-boot-start-actuator 模块依赖，直接使用其模块中的 REST API 方式获取当前进程的运行期性能参数，从而达到运营和线上监控的目的。但是，Spring Boot 只是一个微服务框架，并没有提供相应的服务发现与注册的配套功能，没有外围的监控集成方案，也没有外围的安全管理方案，所以在微服务架构中还需要与 Spring Cloud、XFlush 等外围系统配合使用。

### 2. 使用 Spring Boot 搭建支付后端微服务

下面使用 Spring Boot 搭建支付后端微服务，同时为收银台 Web 应用和支付 SDK 提供 REST API。

首先，访问 Spring Boot 官网，下载和创建 Maven 应用（开发工具可以选择 Eclipse、IDEA、Maven），如图 3-6 所示。

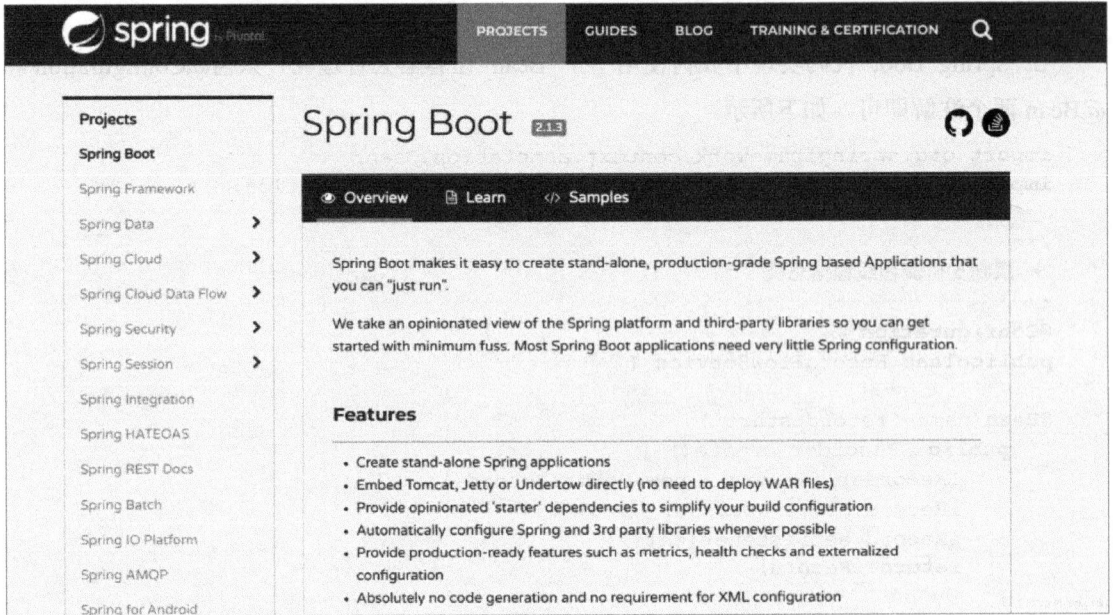

图 3-6

其次，引入 Spring Boot 框架，只需在依赖配置文件 pom.xml[1]中引入 Spring Boot 父容器并添加 Web 开发所需要的相应依赖即可：

```
<?xml version="1.0"encoding="UTF-8"?>
<project xmlns:xsi="http://www.w3.org/2001/XMLSchema-instance"
xmlns="http://maven.apache.org/POM/4.0.0"
xsi:schemaLocation="http://maven.apache.org/POM/4.0.0
        http://maven.apache.org/xsd/maven-4.0.0.xsd">
```

---

1 pom.xml：是 Maven 进行工作的主要配置文件。

```
<modelVersion>4.0.0</modelVersion>
<groupId>com.fastpay.service</groupId>
<artifactId>order-service</artifactId>
<version>0.0.1-SNAPSHOT</version>
<name>order-service</name>
<description>Order Service project for Spring Boot</description>

<!--指定 JDK 版本为 1.8-->
<properties>
<java.version>1.8</java.version>
</properties>

<!--引入 Spring Boot 父容器-->
<parent>
<groupId>org.springframework.boot</groupId>
<artifactId>spring-boot-starter-parent</artifactId>
<version>2.1.3.RELEASE</version>
<relativePath />
<!--lookup parent from repository-->
</parent>

<!-- 添加 Web 开发能力 -->
<dependencies>
    <dependency>
        <groupId>net.sf.json-lib</groupId>
    <artifactId>json-lib</artifactId>
        <version>2.4</version>
    </dependency>
    <dependency>
        <groupId>org.springframework.boot</groupId>
        <artifactId>spring-boot-starter</artifactId>
    </dependency>
<!-- spring-boot-监控-->
<dependency>
        <groupId>org.springframework.boot</groupId>
        <artifactId>spring-boot-starter-actuator</artifactId>
</dependency>
    <dependency>
        <groupId>org.springframework.boot</groupId>
        <artifactId>spring-boot-starter-web</artifactId>
    </dependency>
</dependencies>
</project>
```

然后，创建所需的包结构，通常是一些 MVC 包结构体（例如 Bean、Controller、View、Dao 等包名）。

创建 Spring Boot 的启动类（也就是 main 方法，原型为 public static void main(String[] args)）。

Spring Boot 启动类（依赖注解方式）的扫描机制是扫描其同包中或同包下所有子包中的 Java 文件。

Spring Boot 的启动类如下：

```
package com.fastpay.order.service;

import org.springframework.boot.SpringApplication;
import org.springframework.boot.autoconfigure.SpringBootApplication;

//启动类注解
@SpringBootApplication
publicclass OrderServiceApplication {

    publicstaticvoid main(String[] args) {
    //通过内部的类加载机制对字节码文件进行加载
    SpringApplication.run(OrderServiceApplication.class, args);
    }
}
```

对 Spring Boot 微服务进行配置，通常有以下两种文件格式：

● 在 properties 文件中加上相关配置项；

● 在 yaml 文件中进行配置，是 Spring Boot 官方推荐的配置方式。而且 IDEA 开发工具的编辑界面和相关提示较为友好，Eclipse 也有相关的 yaml 插件。

Application.yaml 位于 src→resources 目录下，以下配置文件目前仅对端口进行了配置：

```
server:
 port: 8090
```

在 IDE 中直接单击"运行"按钮，如果启动成功，则可以通过 8090 端口在浏览器中访问到我们的 Spring Boot 站点（http://localhost:8090）。

Spring Boot 的成功启动界面如图 3-7 所示。

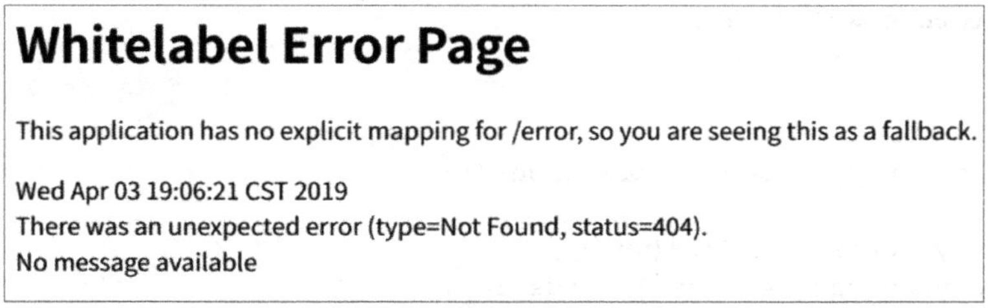

# Whitelabel Error Page

This application has no explicit mapping for /error, so you are seeing this as a fallback.

Wed Apr 03 19:06:21 CST 2019
There was an unexpected error (type=Not Found, status=404).
No message available

图 3-7

此时距离应用搭建已成功了一半，接下来将继续定义相关内容。

创建实体类（这里以订单实例为例），订单实体类如下：

```java
package com.fastpay.order.service.bean;

/**
 * 订单实体类
 *
 * @author fastpay 2020-02-01
 */
public class Order {
    private String uuid;
    private String orderId;
    private String subscriptionId;
    private String paymentToken;

    private Order() {
    }

    public void uuid(String uuid) {
        this.uuid = uuid;
    }

    public void orderId(String orderId) {
    this.orderId = orderId;
    }

    public void subscriptionId(String subscriptionId) {
    this.subscriptionId = subscriptionId;
    }

    public void paymentToken(String paymentToken) {
    this.paymentToken = paymentToken;
    }

    public static Order create() {
```

```
        Return new Order();
    }

    public Order build() {
        Order queryRequest = new Order();

        queryRequest.setUuid(uuid);
        queryRequest.setOrderId(orderId);
        queryRequest.setSubscriptionId(subscriptionId);
        queryRequest.setPaymentToken(paymentToken);
        return queryRequest;
    }
}
```

然后写服务层代码。这里创建 OrderService 类，并且使用静态代码块创建一些 mock 数据：

```
package com.fastpay.order.service.service;

import org.springframework.stereotype.Service;
import java.util.HashMap;
import java.util.Map;
import java.util.UUID;

//加上 Service 注解，说明该类是 Service 层的容器
@Service
public class OrderService {

private static final Map<Integer, Order>map = new HashMap<>();

public OrderService(){
        Order order = new Order();
        order.uuid(clientId);
        order.orderId(UUID.randomUUID().toString());
        map.put(0,order);
    }
    //为 Controller 层提供查询数据的方法
    public OrderqueryOrderById(int id) {
        return map.get(id);
    }
}
```

然后搭建 Controller 层代码，这里创建 OrderController 类：

```
package com.fastpay.order.service.controller;

import org.springframework.beans.factory.annotation.Autowired;
import org.springframework.web.bind.annotation.GetMapping;
import org.springframework.web.bind.annotation.PathVariable;
```

```
import org.springframework.web.bind.annotation.RestController;

@RestController
publicclass OrderController {

@Autowired
    private OrderService orderService;

    @GetMapping("/order/{order_id}")
    public Order getOrder(@PathVariable("order_id") int order_id) {
        return orderService.queryOrderById(order_id);
    }
}
```

下面对在上述代码片段中用到的注解进行说明。

● @RestController：该注解实质上是 Controller 和 ResponseBody 注解的结合，提供 JSON 格式的数据，例如：通过 Content-Type 字段约定字符集等。

● @Autowired：我们需要将 Service 层的实例注入 Controller 层，方便调用 Service 层的方法，Autowired 是 Spring 官方提供的。

● @GetMapping("")：等同于( @RequestMapping(value= "", method= RequestMethod.GET) )，其中对请求方式做了相关约定。

● @PathVariable：用于获取路径中的值，例如 "/order/1" ，则 order_id 为 1，其中对参数的顺序及名称做了约定。

重新运行（单击 IDE 上面的 Run 按钮）我们的 Spring Boot 启动类，打开浏览器对接口的 URL 地址进行访问，就可以看到我们查询的 order 订单的 JSON 数据了。

## 3.5.2　设计数据

MySQL 是一种开源的关系数据库管理系统（RDBMS），我们可以在 GPL（General Public License）的许可协议下下载并根据需要对其功能或特性进行修改。MySQL 因为其速度、可靠性和适应性而备受关注，大型互联网公司几乎都在使用 MySQL 作为自己的数据库。下面也使用 MySQL 作为我们的应用的数据库。

因为这里重点关注支付后端的数据库设计，所以首先讲解数据库逻辑设计的领域模型。我们通常在设计过程中将领域模型分为 4 类：VO、DO、PO、DTO。

- VO（View Object）：视图对象，用于展示层，它的作用是把某个指定界面（或组件）的所有数据都封装起来。

- DO（Domain Object）：领域对象，就是从现实世界中抽象出来的有形或无形的逻辑实体。

- PO（Persistent Object）：持久化对象，它跟数据库持久化（通常是关系数据库）的数据结构形成一一对应的映射关系，如果持久层是关系数据库，那么数据表中的每个字段（或若干个）都对应 PO 的一个（或若干个）属性。

- DTO（Data Transfer Object）：数据传输对象，其概念来源于 J2EE 的设计模式，原来是为 EJB 的分布式应用提供粗粒度的数据实体，以减少分布式调用的次数，从而提高分布式调用的性能和降低网络负载。

我们经常会使用领域模型的英文简写来命名我们的包名或设计名称，各种数据实体类（VO、DO、PO、DTO）用于不同业务层次之间的交互，并会在数据的流向之间相互转化，例如 VO→DTO 和 DTO→VO。

图 3-8 展示了数据库层与页面逻辑层的相互转化流程。

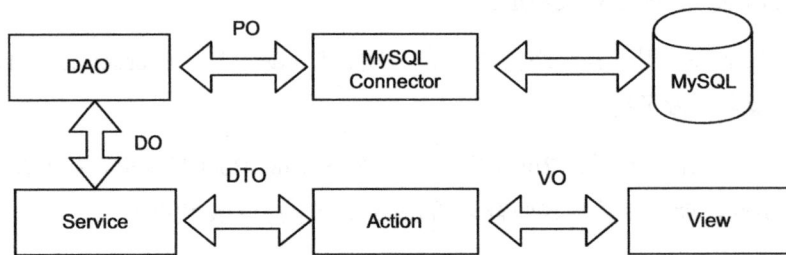

图 3-8

除此之外还有以下几类。

- DAO（Data Access Object）：数据访问对象，是一个面向对象的数据库接口。

- POJO（Plain Ordinary Java Object）：指简单的无规则 Java 对象，为传统意义上的 Java 对象，没有增加别的属性和方法，只有属性字段和 getter 或 setter 方法。

- BO（Business Object）：指业务对象，为封装业务逻辑的 Java 对象，通过调用 DAO 并结合 PO、VO 进行业务流程操作。

### 3.5.3　连接数据

MyBatis 是一款优秀的开源持久层框架，前身是 iBatis，由 Apache 软件基金会下的一个开源项目演进而来，支持定制化 SQL 语句、存储、视图及数据结构的高级映射。我们通过 MyBatis 可省略几乎所有的 JDBC 代码，不用手动设置参数及获取结果集，可以使用简单的 XML 或注解来配置和映射原生类型、接口，也可以配置 Java 的 POJO（Plain Old Java Objects，普通老式 Java 对象）为数据库中的实体。

下面基于微服务搭建 MyBatis 与 MySQL 数据库的连接关系，依赖配置文件 pom.xml 如下：

```
<!-- MyBatis Spring Boot 插件 -->
<dependency>
<groupId>org.mybatis.spring.boot</groupId>
<artifactId>mybatis-spring-boot-starter</artifactId>
<version>1.3.2</version>
</dependency>
<!-- MySQL 数据库连接 -->
<dependency>
<groupId>mysql</groupId>
<artifactId>mysql-connector-java</artifactId>
<scope>runtime</scope>
</dependency>

<!--阿里巴巴开源的 Druid 数据库连接池 -->
<dependency>
<groupId>com.alibaba</groupId>
<artifactId>druid-spring-boot-starter</artifactId>
<version>1.1.9</version>
</dependency>
```

在使用 MyBatis 时，数据库的连接一般都会使用第三方的数据源组件，例如 C3P0、DBCP 和 Druid 等，当前采用的是阿里巴巴开源的 Druid 数据库连接池。其实 MyBatis 也有自己的数据源组件可以连接数据库，还有连接池的功能，这里就不一一赘述了。

在使用连接池的过程中会涉及连接池中的最大连接数和最大空闲数，对在进程运行过程中获取连接和将连接返还连接池都有逻辑判断，如下所述。

● 获取连接：首先从数据库连接池中获取相应的对象，如果在连接池中没有空闲的连接，则判断当前的活跃连接数是否已达允许的最大值。如果已达最大值，则阻塞，否则可以创建新的连接，之后把它放到活跃的连接集合中使用。

● 将连接返回连接池：在返回连接时进行判断，如果空闲的连接数已达允许的最大值，则直接关闭真正的数据库连接，否则把该连接放入空闲的连接集合中供下次使用。

然后对 Application.yaml 文件进行配置：

```
server:
  port: 8090

spring:
  datasource:
    username: fastpay
    password: fastpay1234
    url:
jdbc:mysql://localhost:3306/fastpay?useUnicode=true&characterEncoding=utf-8&useS
SL=true&serverTimezone=UTC
    driver-class-name: com.mysql.jdbc.Driver
    # 使用 Druid 数据源
    type: com.alibaba.druid.pool.DruidDataSource
    # 初始化连接池大小，最小空闲、最大可用
    initialSize: 1
    minIdle: 3
    maxActive: 20
    # 配置获取连接等待超时的时间
    maxWait: 60000
    # 配置间隔多久才进行一次检测，检测需要关闭的空闲连接，单位是毫秒
    timeBetweenEvictionRunsMillis: 30000
    # 配置一个连接在池中的最小生存时间，单位是毫秒
    minEvictableIdleTimeMillis: 30000
    validationQuery: select 'x'
    testWhileIdle: true
    testOnBorrow: false
    testOnReturn: false
    # 打开 Cache，并且指定每个连接上 PSCache 的大小
    poolPreparedStatements: true
    maxPoolPreparedStatementPerConnectionSize: 20

mybatis:
    mapper-locations: classpath:mapping/*-Mapper.xml

#显示 SQL 语句
logging:
  level:
    com:
      fastpay:
        order:
          mapper : debug
```

先构造一个连接池（Druid）：

```
package com.fastpay.order.service.config;

import javax.sql.DataSource;
import org.springframework.boot.context.properties.ConfigurationProperties;
import org.springframework.context.annotation.Bean;
import org.springframework.context.annotation.Configuration;
import org.springframework.context.annotation.Primary;
import com.alibaba.druid.pool.DruidDataSource;

@Configuration
publicclass DruidDataSourceConfiguration {

@Bean
@Primary
@ConfigurationProperties(prefix = "spring.datasource")
    public DataSource druidDataSource() {
        DruidDataSource druidDataSource = new DruidDataSource();
        return druidDataSource;
    }
}
```

这里用到 4 种注解，如下所述。

- @Configuration：使用配置注解，表示这个类是配置文件，相当于 Spring 配置文件中的 <beans/>标签，里面可以配置 bean，但被@Configuration 注解描述的类不可以是 final 类型，也不可以是匿名类。值得注意的一点是，如果使用嵌套的@Configuration 注解的 类，则一定要声明其为静态类。

- @Bean：表示实例化（运行时将反射调用一个无参数的类构造函数）一个对象，并且将 其实例加入 Spring Boot 容器中，也相当于 Spring 配置文件中的<bean/>标签，可以在 Spring 容器中注入一个 Bean 对象。

- @Primary：表示要告诉 Spring Boot 在多个配置实例（如果有多个满足条件的 Bean）中 需要做出选择时优先选择哪一个具体的实现类。

- @ConfigurationProperties：注解，其中 prefix 指定配置文件里的前缀，属性名对应配置 文件中的配置名前缀。

接着构建 Mapper 映射关系，通常构建映射关系有两种方案：通过 Mapper 文件构建；通过 注解构建。

**1. 通过 Mapper 文件构建**

Mapper 文件属于 PO（持久化对象）相关的内容，是一个 MyBatis 组件的 XML 描述文件，我们可以通过这个描述文件了解到数据库的字段信息，主要涉及以下几个标签。

同时，XML 文件路径被配置在 SpringBootApplication 注解下，代表启动时会扫描包名并通配下面的类：

```
@SpringBootApplication
@MapperScan("com.fastpay.order.mapper.*.*")
publicclass OrderServiceApplication {
    publicstaticvoid main(String[] args) {
            SpringApplication.run(OrderServiceApplication.class, args);
    }
}
```

1）ResultMap 标签

在深入讲解 ResultMap 标签前，我们需要了解从 SQL 查询结果集到 JavaBean 或 POJO 实体的过程。支付后端的应用通过 JDBC 查询得到 ResultSet 对象，以结果集的字段名或字段别名为键，以字段值为值，根据 ResultMap 标签的 type 属性通过反射实例化领域模型：

```
<?xml version="1.0"encoding="UTF-8"?>
<resultMap id="orderMapper" type="com.fastpay.pojo.Order">
    <id property="id" column="orderid"/>
    <result property="uuid" column="uuid"/>
    <result property="subscriptionId" column="subscriptionId"/>
    <result property="paymentToken" column="paymentToken"/>
</resultMap>
```

orderMapper 被映射到 com.fastpay.pojo.Order 类中。result 中的 property 和 column 分别指定实体类属性和数据表的列名，这就形成了一一对应的关系。

2）Select 标签

Select 标签帮助我们从数据库、JDBC 中读取数据表，将其按 ResultMap 结果集组装成我们需要的 POJO 对象：

```
<select id="queryOrderById" parameterType="java.lang.Integer"
resultMap="orderMapper">
    SELECT
    a.`id` AS orderId,
    a.`uuid` AS uuid,
    a.`subs_id` AS subscriptionId,
```

```
   a.`pay_token` AS paymentToken
   FROM
   `odps_order` AS a
<where>
   <if test="id != null">
   a.`id` = #{id}
   </if>
</where>
   ORDER BY
   a.paymentToken DESC
</select>
```

其中，Select 标签使用了以下属性。

- id：命名空间的唯一标识，可以通过此 id 来引用它，并且与 Mapper 的 namespace 组合成包中唯一的标识，在标识不唯一的情况下，在编译期间会报错。注意：id 对应接口文件中的接口名称。

- parameterType：参数类型，传入 SQL 语句的参数类型，可以是类型的完全限定名，也可以是自定义的 typeAliases 别名。

- resultMap：是映射集的引用，将执行强大的映射功能，我们可以使用 resultType 或者 resultMap，但是通过 resultMap 可以自定义映射规范。

3）Insert 标签

Insert 标签帮助我们从数据库、JDBC 中插入数据到数据表，在以下示例中新增了订单记录并返回 OrderID 主键：

```
<insert id="insertOrder">
insert into tbl_order(id,uuid,subscriptionId,pay_token)
   values(
   #{orderid},
   #{uuid},
   #{subscriptionId},
   #{paymentToken}
   )
   <selectKey keyColumn="id" resultType="Long" keyProperty="id" order="AFTER">
      select last_insert_id()
   </selectKey>
</insert>
```

Insert 标签同时支持数组类型的参数，在支付场景中通常也会出现这种批量数据插入的问题。默认的参数名为 "list/array"，通常用于 foreach 中，可以进行批量插入或更新：

```
<insert id="saveOrderList">
 INSERT INTO tbl_order (id,uuid,subscriptionId,pay_token)
 VALUES
    <foreach collection="list" item="Order" separator=",">
    (#{Order.OrderId}, #{Order.uuid}, #{Order.subscriptionId},
#{Order.paymentToken})
    </foreach>
</insert>
```

4）Update 标签

Update 标签帮助我们从数据库、JDBC 中更新数据内容到数据表，下面是更新订单记录的一个示例：

```
<update id="updateOrder"
parameterType="com.fastpay.order.service.bean.Order">
    update tbl_order
        <trim prefix="set" suffixOverrides=",">
        <if test="uuid != null">uuid=#{uuid},</if>
        <if test="subscriptionId !=
null">subscriptionId=#{subscriptionId},</if>
        <if test="paymentToken != null">pay_token=#{paymentToken},</if>
        </trim>
        where id=#{orderId}
</update>
```

注意：将 Update 标签中的 set 标签换成"<trim prefix="set"></tirm>"，"suffixOverrides=","" 的含义是去掉最后一个逗号。

5）Delete 标签

Delete 标签帮助我们从数据库、JDBC 中删除数据，在支付订单中是禁止 Delete 语句操作的，所有订单都只能修改状态，不能修改其他字段的值或金额等信息。以下只是一个示例：

```
<delete id="deleteOrderById">
    DELETE FROM tbl_order
    WHERE id = #{Orderid}
</delete>
```

以上 XML 描述可以对应 Java 接口：

```
//返回值 int 为删除影响的行数
Public int deleteOrderById(@Param("Orderid") Long Orderid) throws
OrderException;
```

## 2. 通过注解构建

MyBatis 也可以采用注解来构建增删改查 SQL 语句，并支持各种类型的输入参数，根据参数的类型可能需要添加@Param 注解指明参数名称，否则将会使用 MyBatis 指定的默认参数名（可以使用 JDK8 编译中的保留参数名选项来避免注解的添加）。

基于注解的方式更方便，阅读性更强，并且不用配置 Mapper XML 文件扫描路径。虽然通过 XML 语句可以把 SQL 语句统一起来维护，但 XML 语句写起来费劲，在每次修改时都要进行二次搜索，这里更推荐采用注解方式。

注意：在注解中写 SQL 语句时一定要细心，少一个逗号或者少一个斜杠都会报错，而且非常不容易找到具体原因。

具体说明如下。

@Select 注解：

```
@Select("select * from tbl_order where id=#{Orderid}")
public OrderqueryOrderById(@Param("Orderid") Long Orderid);
```

@Insert 注解，插入数据并返回非自增主键：

```
@Insert({ "insert into tbl_order(id,uuid,subscriptionId,pay_token)"
    + "values(#{orderId},#{uuid},#{subscriptionId},#{PaymentToken})" })
    @SelectKey(statement = "select last_insert_id()",
    keyProperty = "id",
    resultType = Long.class,
    before = false
)
void insertOrder(Order order);
```

@Update 注解：

```
@Update({ "update tbl_order set
uuid=#{uuid},subscriptionId=#{subscriptionId},pay_token=#{paymentToken}, where id
= #{OrderId}" })
    int updateOrder(Order order);
```

@Delete 注解：

```
@Delete("delete from tbl_order where id = #{OrderId}")
    int deleteOrderById(@Param("Orderid") Long Orderid);
```

MyBatis 同时支持本地事务和分布式事件，下面进行具体讲解。

### 1. 本地事务

本地事务也叫作普通事务，基于 JDBC 或 MySQL 数据库事务通过连接对象进行管理，只能保证同一个数据库上的 ACID 特性。

- A 为原子性（Atomicity）：从事务开始声明之后的所有操作，要么全部做完，要么全部不做，不可能停滞在中间环节。在事务执行出错时，会回滚到事务开始前的状态，所有操作就像没有发生一样，也就是说事务是一个不可分割的整体，就像我们在化学中学过的原子，是物质构成的基本单位。原子性也是维护数据完整性和一致性的重要手段之一。

- C 为一致性（Consistency）：在事务开始前和结束后，数据库的完整性约束没有被破坏。例如支付场景中的转账，甲向乙转账，不可能在甲的账户里面扣了钱，乙却没收到。其实一致性也是原子性的一种表现。

- I 为隔离性（Isolation）：同一时间只允许一个事务请求同一数据，不同的事务之间彼此没有任何干扰。例如：甲正在从一张银行卡中取钱，在甲取钱结束前，乙不能向这张银行卡转账。

- D 为持久性（Durability）：事务完成后，事务对数据库的所有更新都将被保存到数据库中，不再回滚此次操作。

### 2. 分布式事务

在支付场景中经常涉及多机房多个数据库节点，MyBatis + Atomikos[1]+ JTA[2]分布式事务可以跨越多个数据库。例如：A 库的 a 表和 B 库的 b 表，在一个事务中，如果 B 库的 b 表进行了回滚操作，则 A 库的 a 表也需要进行回滚操作。

---

1　Atomikos：是一个为 Java 平台提供增值服务的开源事务管理器，可以将所有的事务交给 Atomikos 统一管理。

2　JTA：Java Transaction API，Java 事务编程接口。

## 3.5.4　设计数据表

在设计支付后端数据库表之前首先要创建数据库。

创建数据库时一般使用 SQL 语句"create database"，也可以使用 MySQL 集成工具，需要关注的两个点是对数据库引擎的选择和对数据库编码的选择。

1）对数据库引擎的选择

对 MySQL 数据库引擎的选择是在安装的参数中决定的，如果要添加一个新的引擎，就必须重新编译和安装 MySQL。在默认的设置情况下，MySQL 通常使用的三种数据库引擎类型分别是 ISAM、MYISAM 和 HEAP。另外两种类型是 INNODB 和 BERKLEY（BDB），在实际开发过程中很少遇到。

在支付系统中只会涉及两种引擎：InnoDB 引擎和 MyIASM 引擎。一般而言，交易订单库都会选择使用 InnoDB 引擎进行事务、行级锁定等订单状态相关的常用操作；日志表则推荐使用 MyIASM 引擎来支持快速插入和检索功能。

2）对数据库编码的选择

如果不对 MySQL 进行数据编码设置，则在数据中带有中文或其他国家文字时，数据呈现为乱码，这对用户和系统操作员来说很不友好。所以在支付数据库中推荐使用 UTF-8 或 GBK 编码格式来支持中文和宽字符的显示。

在创建完数据库之后就要进行表设计，在设计之前应该充分理解支付业务，把握支付各个业务域对数据的需求，理解各个字段和表之间一对一、一对多的映射关系；保证数据表每列的原子性（不可分解），数据行、列的名称表达要清楚且高度概括字段的含义；能用一个字段表达清楚的，绝不使用第 2 个字段；可以用两个字段表达清楚的，绝不使用 1 个字段。

表及其字段之间的关系应尽量满足第三范式[1]。但是，满足第三范式的数据库设计往往不是最好的设计。一般情况下为了提高数据库的运行效率，常常需要降低数据库范式的设计标准，适当增加冗余，达到以空间换时间的目的。

---

1　第三范式（Third Normal Form，3rd NF）：指表中的所有数据元素不但要被主关键字唯一标识，还必须相互独立，不存在其他函数关系。

例如：在订单表内有商品单价和数量字段，我们在设计时会加上一个"金额"字段，这虽然违背了数据库设计的第三范式，但查询、统计速度能大大提升，这就是空间换时间的做法。

### 1. 支付订单表

在整个收银台系统中，用户使用商户 App 下单之后再拉起第三方支付机构的收银台接口进行支付，这时收银台系统会创建支付订单（存储在支付订单表中），支付成功之后进入交易履约流程，再将交易记录到支付交易记录表中（基本结构与支付订单表一致，但多了一个交易编号字段），且这两个表中的数据需要保持高度一致。

此处的支付订单表与商户系统中的商品支付订单表字段基本类似，但概念不一样，这个表的数据侧重于支付信息，商户系统中的商品支付订单表字段会更加丰富，内容更多，例如：快餐行业费用明细的打包费、服务费，支付方式的打折券、优惠券、代金券，利于核算和统计的卖家标识、门店标识等。

这里仅描述第三方支付机构通常采用的核心字段，这些字段主要用于支付订单下单和记录支付订单，如表 3-1 所示。

表 3-1

| 序 号 | 字 段 | 字段含义 | 类 型 | 备 注 |
|---|---|---|---|---|
| 0 | order_id | 订单编号 | varchar(32) | 时间戳 + 机器号 + 自增序号 + 业务编号 |
| 1 | sku_price | 商品单价 | decimal(8,2) | ≥0 |
| 2 | sku_amount | 商品数量 | int | >0 |
| 3 | discount_fee | 折扣金额 | decimal(8,2) | ≥0 |
| 4 | confirm_fee | 确认金额 | decimal(8,2) | >0&&≤1000w |
| 5 | actual_total_fee | 实际支付总金额 | decimal(8,2) | ≥0&&≤1000w |
| 6 | merchant_order_no | 商户订单号 | varchar(32) | 商户订单编号 |
| 7 | utc_create | 订单创建时间 | timestamp | 不能大于当天或者小于日期 1947-01-01 |
| 8 | pay_time | 订单支付时间 | timestamp | 不能大于当天或者小于日期 1947-01-01 |
| 9 | end_time | 订单完结时间 | timestamp | 不能大于当天或者小于日期 1947-01-01 |
| 10 | ext_info | 扩展信息 | text | 记录商户信息 |
| 11 | pay_status | 支付状态 | timestamp | 支付状态 |

针对以上表中字段的说明，商品单价、商品数量、折扣金额、确认金额都用于记录金额，其中的确认金额为最终扣款金额。订单创建时间为订单到达服务器数据库的时间，默认值为 current_timestamp，订单支付时间为完成银行、第三方支付机构扣款的时间。扩展信息一般为商

户的订单扩展信息，此数据会通过支付服务器原样通知给商户服务器，也可以作为商户验证订单完成和对应自己创建的订单的依据。

下面重点讲解订单编号（可以作为商户订单参考依据）及支付状态。

订单编号（order_id）规则应遵循通用的编号规则，但要注意订单编号应该具有全局唯一性、正确性、稳定性、可读性，同时与商户订单编号一一关联。所以也支持商户通过自己的商户订单编号来查询订单状态和数据。

如表 3-2 所示是一个分布式订单编号规则。

表 3-2

| 位　数 | 说　明 | 备　注 |
| --- | --- | --- |
| 1~8 | 当前时间 | 格式：hhMMssSS |
| 9~12 | 机器代码 | 服务器代码 |
| 13~18 | 自增序号 | 表分区（按小时分区） |
| 19~21 | 业务标识 | |

下面对表 3-2 中"说明"列的字段进行详细解释。

● 当前时间：按时刻来计算，精确到毫秒级别（2 位）。

● 机器代码：支付系统为每个订单服务器节点都分配一个唯一的机器编号，在生成支付订单编号时，会直接使用该机器编号作为支付订单编号的一部分。

● 自增序号：id 会自动根据前一个 id 值加 1 进行自增填充（可以按业务量或在自然日 0 点时清零），从 0 开始基本可以统计表分区中当前机器处理的订单数量。

● 业务标识：通常是第三方支付机构定义的业务代码，例如购买、支付、退款、预付、到付、免付等业务，各个支付机构的业务字段都不一致。

支付状态通常包含以下几种状态。

● 初始化：指订单第一次到达服务器的状态。

● 待付款：已下单，用户未付款。

● 主动取消：用户主动取消订单，未付款，关闭订单。

● 已付款：订单付款成功。

- 异常关闭：订单异常关闭。

- 已关闭：订单支付成功后退款。

- 已完结：订单成功完结。

- 订单成功：与已完结的区别是，在业务处理之后可以退款。

### 2. 支付记录表

支付记录表（也叫支付流水表）与支付订单表基本一致，基本上只会增加交易编号（交易编号为交易系统产生的交易唯一标识）和自身的流水编号。其主要作用为记录收银台系统每一次支付状态的变化（也叫支付动作），验证用户是否有重复支付或者过期支付，也可作为支付过程追踪、退款的依据。

这个表记录的数据较多，每一次操作都会被详细记录下来，所以数据量十分大，我们需要对这个表进行分区。

注意：Oracle 公司推荐在数据表大小超过 1GB 或行数超过百万时就考虑分区，因为在超过这个阈值时会影响数据库的查询和统计效率，这个规则同样适用于 MySQL 数据库。

支付订单表或支付记录表一般会采用水平切割方案（数据分表，例如 pay_order_yyyymmddhh，后缀为小时级表）完成数据的分区，常用的是按时间切割（按天、按小时），也可以按数据记录行进行切割。例如：达到百万级别时，服务端应用程序或数据库就需要把记录切分到多个表中。

这里就会出现分区表与明细表的概念，服务端应用需要关注这一点，在进行插入、更新、删除等操作时需要选择正确的数据表进行操作。

## 3.5.5 鉴权与下发

鉴权功能主要用于验证 API 调用的合法性，以及下发指定商户授权开通的支付方式（融合支付收银台）和相关支付配置信息。

以支付宝为例，商户一般在申请接入第三方支付时就需要提交应用、营业执照等申请资料，这个过程在支付行业中被称为"进件"，并且按平台方提供的工具（一般是 OpenSSL 工具）生成商户的一个公私钥证书（需要好好保管好这对密钥，私钥需要被存储在服务端，不能被存储在客户端，需要具备一定的安全级别防护）。

然后，在开放平台上创建和上传商户应用，上传商户公钥（public key），之后平台会生成一个支付宝公钥证书（alipay public key），这是两对公私数据，是一一对应的，如果两对密钥数据不匹配，则接口数据验证失败。

鉴权的信息包含验证商户注册时的 APPID、应用包名、应用签名指纹信息、平台分配的 SecureKey 等信息，还会带上一些业务字段，然后对 Key-Value 键值对进行排序，使用商户自己的私钥对排序数据进行签名，并将其发送到支付后端进行验证。

## 3.5.6　提交渠道订单

下面以简单接入支付宝 API 支付渠道为例，讲解支付后端渠道调用的流程。

（1）在支付收银台项目的依赖配置文件 pom.xml 中添加支付宝版本依赖：

```
<dependency>
<groupId>com.alipay.sdk</groupId>
<artifactId>alipay-sdk-java</artifactId>
<version>3.4.0</version>
</dependency>
```

（2）准备一个配置信息 Bean，将其用于配置支付宝 API 的信息：

```
@Bean
Publicfinalclass AlipayChannelConfig {

    /**
     * 支付宝将 ID 分配给应用
     *
     */
    publicstaticString APP_ID = "APP_ID";

    /**
     * 预发环境请求地址
     */
    public static String DEMO_ALIPAY_URL =
"https://openapi.alipay.com/gateway.do";
```

```
    /**
        * 生成环境请求地址
    */
    public static String ALIPAY_URL = "https://openapi.alipay.com/gateway.do";

    /**
        * 回调地址，公网地址需要能访问到
    */
    public static String NOTIFY_URL = "http://www.xxx.com/xxx/notifyurl";


    /**
        * 支付接口名称
    */
    public static String PAY_METHOD = "alipay.trade.app.pay";

    /**
        * 仅支持 JSON
    */
    public static String FORMAT = "JSON";
    /**
        * 请求使用的编码格式
    */
    public static String CHARSET = "utf-8";
    /**
        * 商户生成签名字符串所使用的签名算法类型
    */
    public static String SIGN_TYPE = "RSA2";
    /**
        * 支付宝公钥
    */
    public static String ALIPAY_PUBLIC_KEY = "ALIPAY_PUBLIC_KEY";
    /**
        * 商户私钥
    */
    public static String PRIVATE_KEY = "PRIVATE_KEY";
}
```

（3）实例化一个支付宝渠道客户端实例对象，然后将配置信息传给 DefaultAlipayClient 的构造函数：

```
AlipayClient alipayClient = new DefaultAlipayClient(
        AlipayChannelConfig.ALIPAY_URL,
AlipayChannelConfig.APP_ID,
AlipayChannelConfig.PRIVATE_KEY,
AlipayChannelConfig.FORMAT,
AlipayChannelConfig.CHARSET,
```

```
AlipayChannelConfig.ALIPAY_PUBLIC_KEY,
AlipayChannelConfig.SIGN_TYPE);
```

（4）实例化支付请求类 AlipayTradeAppPayRequest，调用的 API 的名称为 alipay.trade.app.pay：

```
AlipayTradeAppPayRequest request = new AlipayTradeAppPayRequest();

AlipayTradeAppPayModel payModel = new AlipayTradeAppPayModel();
payModel.setBody("XX 充值");
payModel.setSubject("商户 APP");
payModel.setOutTradeNo("订单编号");
payModel.setTotalAmount("支付金额");
reques.setBizModel(payModel);
request.setNotifyUrl(AlipayConfig.NOTIFY_URL);//异步通知回调 URL
```

（5）执行接口请求，并同步拿到返回结果：

```
AlipayTradeAppPayResponse response = alipayClient.sdkExecute(request);
```

## 3.5.7　通知商户

第三方支付平台会调用商户配置的商户服务端异步回调接口（通常是一个公网可访问且接收通知数据的 URL），将支付宝返回的数据使用支付宝的公钥进行验证，在验证通过之后，判断支付成功还是失败，并完成自己剩下的订单业务处理逻辑。

部分第三方支付平台要求商户在处理完支付业务逻辑之后，商户服务端同步发送回执信息给第三方支付平台，表明已收到和处理过该数据。

对于通知商户服务器失败的场景，第三方支付平台一般会使用定时通知的策略通知商户服务器支付数据，以 48 小时为限，且通知间隔是慢慢变大的（例如：第 1 次的失败通知间隔为 1秒，第 2 次的失败通知间隔为 10 秒，第 3 次的失败通知间隔为 15 秒，第 4 次的失败通知间隔为 30 秒，以此类推，直到 48 小时之后不再通知）。

通知任务在本质上是一个时间递增的定时任务，基于 Spring Boot 有很多方案可以完成这项任务，例如：利用 Spring Boot 原生的@Scheduled 注解并实现 SchedulingConfigurer 接口就可以构建基于接口的定时任务。

本文采用的是另外一种定时策略：使用 Quartz 框架。Quartz 是一个完全由 Java 编写的开源作业调度框架，它的任务调度功能十分强大，可以实现较为复杂的调度功能，支持相关业务对定时任务的需求，例如：每月 15 日执行、每天凌晨执行、每周五执行，等等，同时支持分布式调度。

在使用 Quartz 之前，我们先理解 Quartz 的几个核心概念，这样使用起来更简单明了。

- Job：工作任务，包含将要执行定时任务的具体业务流程和相关数据。在此接口中仅有一个方法实现，函数原型为 void execute(JobExecutionContext context)。
- JobDetail：表示一个具体的可执行的调度程序。与 Job 不同的是，Job 包含这个可执行程调度程序所要执行的内容，JobDetail 同时包含了这个任务调度的方案和定时策略。
- Trigger：代表一个调度参数的配置，即表明什么时间去触发执行和调用。
- Scheduler：代表一个调度容器，在一个调度容器中可以注册多个 JobDetail 和 Trigger。

Trigger 在与 JobDetail 组合后，就可以被 Scheduler 容器调度了。

下面以 QuartZ 为例，通过 Spring Boot 与 Quartz 的集成来实现定时通知任务。

（1）依赖配置文件 pom.xml 如下：

```xml
<dependency>
    <groupId>org.quartz-scheduler</groupId>
    <artifactId>quartz</artifactId>
    <version>2.2.3</version>
</dependency>
<dependency>
    <groupId>org.quartz-scheduler</groupId>
    <artifactId>quartz-jobs</artifactId>
    <version>2.2.3</version>
</dependency>
<!-- Quartz 依赖 -->
<dependency>
    <groupId>org.springframework.boot</groupId>
    <artifactId>spring-boot-starter-quartz</artifactId>
</dependency>
```

（2）配置 application.yml 文件，进行 Quartz 配置：

```yaml
spring:
    quartz:
        #相关属性配置
properties:
    org:
        quartz:
            scheduler:
            instanceName: clusteredScheduler
            instanceId: AUTO
```

```
            class: org.quartz.impl.jdbcjobstore.JobStoreTX
            driverDelegateClass:
org.quartz.impl.jdbcjobstore.StdJDBCDelegate
            tablePrefix: quartz_
            isClustered: true
            clusterCheckinInterval: 10000
            useProperties: false
            threadPool:
            class: org.quartz.simpl.SimpleThreadPool
            threadCount: 10
            threadPriority: 5
```

（3）定义一个 JobFactory，继承 org.springframework.scheduling.quartz.SpringBeanJobFactory，实现定时通知任务实例化：

```
/**
 * @author:Jack
 * @function: JobFactory
 * @date 2018 年 9 月 17 日
 */
Public class QuartZSpringBeanJobFactory extends SpringBeanJobFactory
{
    Private transient AutowireCapableBeanFactory beanFactory;

    @Override
    Public void setApplicationContext(final ApplicationContext context)
    {
        beanFactory = context.getAutowireCapableBeanFactory();
    }

    @Override
    Protected Object createJobInstance(final TriggerFiredBundle bundle)
    Throws Exception{
            Final Object job = super.createJobInstance(bundle);
            beanFactory.autowireBean(job);
            return job;
    }
}
```

（4）配置 FactoryBean：

```
@Bean
public SchedulerFactoryBean schedulerFactoryBean(JobFactory jobFactory,
Trigger simpleJobTrigger)
Throws IOException {
        SchedulerFactoryBean factory = new SchedulerFactoryBean();
```

```
        factory.setJobFactory(jobFactory);
        factory.setQuartzProperties(quartzProperties());
        factory.setTriggers(simpleJobTrigger);
        factory.setDataSource(dataSource);
        factory.setWaitForJobsToCompleteOnShutdown(true);
        factory.setOverwriteExistingJobs(false);
        factory.setStartupDelay(1);
        //设置调度器自动运行
        factory.setAutoStartup(true);
        //设置上下文 spring bean name
        factory.setApplicationContextSchedulerContextKey("Notify_Machant");

    return factory;
    }
```

（5）配置定时任务：

```
@Bean
public CronTriggerFactoryBean simpleJobTrigger(
@Qualifier("Notify_JobDetail") JobDetail jobDetail){
    CronTriggerFactoryBean factoryBean = new CronTriggerFactoryBean();

    factoryBean.setJobDetail(jobDetail);
    factoryBean.setStartDelay(1000L);
    factoryBean.setName("notify_trigger");
    factoryBean.setGroup("notify_group");
    //"5/15"则表示"第 5、20、35 和 50"
    factoryBean.setCronExpression("0 5/15 0-24 ? * 2-6");

    return factoryBean;
    }
```

（6）实现工作任务的内容：

```
Public class NotifyScheduledJob implements Job {

    Private static final Logger LOGGER =
LoggerFactory.getLogger(NotifyScheduledJob.class);

    @Override
    Public void execute(JobExecutionContext jobExecutionContext)
    Throws JobExecutionException
        {
            //执行通知请求任务逻辑……
            LOGGER.info("执行自定义定时任务, time is {}.", newDate());
        }
    }
```

我们通过以上代码完成了一个平台通知商户的定时任务示例，对通知部分的内容可以集成 HTTPClient 组件来完成，在 Spring Boot 中集成 HTTPClient 组件（又叫 HttpComponent，可以发送 GET、POST、PUT、DELETE 等 HTTP 请求）也是非常容易的，类似于把支付平台当作一个 HTTP 客户端来对待。

（1）依赖配置文件 pom.xml 如下：

```
<dependency>
    <groupId>org.apache.httpcomponents</groupId>
    <artifactId>httpclient</artifactId>
    <version>4.4</version>
</dependency>
```

（2）完成 HTTP 请求动作：

```
//创建 CloseableHttpClient 对象
CloseableHttpClient httpclient = HttpClients.createDefault();

//创建 HttpGet 请求，用于请求商户通知 URL 地址
HttpGet httpGet = new HttpGet("http://www.xxx.com/pay/notify_url");

CloseableHttpResponse response = null;
try {
    //执行请求，相当于敲完地址后按下回车键，获取响应
    response = httpclient.execute(httpGet);
    //判断返回状态是否为 200
    if (response.getStatusLine().getStatusCode() == 200) {
    //解析响应，获取数据
    String content =EntityUtils.toString(response.getEntity(), "UTF-8");
    System.out.println(content);
    }
} finally {
    if (response != null) {
    //关闭资源
    response.close();
    }
    //关闭 httpclient 对象
    httpclient.close();
}
```

商户服务器在接收到第三方支付服务器的通知服务和数据时，采取以下代码就可以完成通知数据接收、验证与自己的订单处理流程，代码如下：

```
@RequestMapping(value = "/postAlipayNotifyData",
produces = "application/json;charset=UTF-8",
method = {
```

```
                RequestMethod.GET,
                RequestMethod.POST })
    public void getAlipayNotify(HttpServletRequest request) {
            Map<String, String> params = new HashMap<String, String>();
            Map requestParams = request.getParameterMap();
    for (Iterator iter = requestParams.keySet().iterator(); iter.hasNext();) {
    String name = (String) iter.next();
                String[] values = (String[]) requestParams.get(name);
                String valueStr = "";
                for (int i = 0; i <values.length; i++) {
                    valueStr = (i == values.length – 1) ? valueStr + values[i] : valueStr
+ values[i] + ",";
                }
                params.put(name, valueStr);
            }

            try {
            boolean flag = AlipaySignature.rsaCheckV1(params,
AlipayChannelConfig.ALIPAY_PUBLIC_KEY, AlipayConfig.CHARSET,
                AlipayConfig.SIGN_TYPE);
                if (flag) {
                    String trade_status = params.get("trade_status");
                    String out_trade_no = params.get("out_trade_no");
                    String trade_no = params.get("trade_no");
                    if ("TRADE_SUCCESS".equals(trade_status)) {
                    //若交易支付成功，则执行相关业务逻辑
                    } else if ("TRADE_CLOSED".equals(trade_status)) {
                    //若未付款且交易超时关闭，或支付完成后退款，则执行相关业务逻辑
                    }
                }
            } catch (Exception e) {
                e.printStackTrace();
            }
        }
    }
```

## 3.6　商户对接

　　支付后端在以上实现完成之后，就可以将其提供给商户开发者进行应用整合和接入了。本
节以商户开发者角色接入收银台，商户也采用 Spring Boot 和 MyBatis 等服务端开发组件和技
术来接入支付后端，讲解如何将第三支付收银台整合到商户业务系统中。

成熟的支付机构一般都会提供开放平台（例如支付宝开放平台）介绍自己的支付业务流程、接入、文档、问题解答等。

## 3.6.1　进件

在接入支付系统之前，需要到第三方支付机构或融合支付厂商申请支付接入，这需要商户提供相关的资质证明文件来确认合作关系。第三方支付机构或融合支付厂商会根据商户所属公司的规模、信誉为程序开放相关支付功能，即前面所讲的进件）。

以接入支付宝支付功能为例，首先，商户需要申请支付宝商户号，申请商户号的过程就是进件的过程。

商户的商务人员在接入支付收银台前一般需要将以下内容递交给第三方支付机构、融合支付厂商及商业银行，进行资格审核和信息注册。

- 营业执照：提供企业或组织的营业执照的图片信息正面。

- 企业或个人账户：其账户必须完成实名认证。

- 身份证：如果是个人账户，则必须跟签约法人的主体保持一致；如果是企业，则需要提供法人的相关身份证。

- 游戏和文化企业：需要出示相关运营内容的著作权证明文件等。

- 联络人信息：在审核过程中重新提交资料和修改相关信息时，需要指定对应的商务和技术人员以方便联系。

支付机构在审核完毕之后进行支付签约，签约完成之后提交应用到开放平台，将提供以下信息给商户开发者。

- 商户标识：支付机构分配给商户的应用 ID。

- 开发者开发工具包（简称 SDK）。

- 支付机构公钥：用于数据安全和签名。

- 数据签名方案类型：商户在生成订单信息后，需要使用此数据进行数字签名，签名算法类型一般是 SHA1withRSA、RSA2 和 RSA。

对密钥生成工具一般采用非对称加密算法，商户在生成公钥和私钥（密钥对）后需要将公钥存放在第三方支付机构，将私钥保留在自己的私有云或主机上。

在开放平台 SDK 及 Demo 里会有支付宝 Web 接入的 Demo（提供 Java、PHP、.Net 三种服务器编程语言压缩包），将该 Demo 下载、解压缩并导入 IDEA IDE 工程中。

解压缩之后，在该 Demo 中可以看到 AlipayConfig 类和几个 JSP 文件：

```java
package com.alipay.config;

import java.io.FileWriter;
import java.io.IOException;

/* *
 *类名：AlipayConfig
 *功能：基础配置类
 *说明：
 *以下只是为了方便商户测试而提供的样例代码，商户可以根据自己网站的需要，按照技术文档编写，并
*不一定要使用以下代码
 *以下代码供学习和研究支付宝接口使用，仅提供一个参考
 */


Public class AlipayConfig {
//应用 ID，即您的 APPID，收款账号就是您的 APPID 对应的支付宝账号
Public static String app_id = "";

//商户私钥，您的 PKCS8 格式的 RSA2 私钥
Public static String merchant_private_key = "";
//支付宝公钥，查看地址为 https://openhome.alipay.com/platform/keyManage.html，对
//应 APPID 下的支付宝公钥
Public static String alipay_public_key = "";

//服务器异步通知页面路径，需要为 "http://" 格式的完整路径，不能加 "?id=123" 这类自定义参
//数，必须在外网环境中才可以正常访问
Public static String notify_url = "http://工程公网访问地址
/alipay.trade.page.pay-JAVA-UTF-8/notify_url.jsp";

//页面跳转同步通知页面路径，需要为 "http://" 格式的完整路径，不能加 "?id=123" 这类自定义
//参数，必须在外网环境中才可以正常访问
Public static String return_url = "http://公网访问地址
/alipay.trade.page.pay-JAVA-UTF-8/return_url.jsp";

//签名方式
Public static String sign_type = "RSA2";
```

```
//字符编码格式
Public static String charset = "utf-8";

//支付宝网关
public static String gatewayUrl = "https://openapi.alipay.com/gateway.do";

//支付宝网关
Public static String log_path = "gateway";


//↑↑↑↑↑↑↑↑↑↑↑请在这里配置您的基本信息↑↑↑↑↑↑↑↑↑↑↑↑↑↑↑

/**
    * 写日志，方便测试（看网站需求，也可以将记录存入数据库）
* @param sWord 要写入日志里的文本内容
*/
Public static void logResult(String sWord) {
        FileWriter writer = null;
    try {
            writer = new FileWriter(log_path + "alipay_log_" +
System.currentTimeMillis()+".txt");
            writer.write(sWord);
        } catch (Exception e) {
            e.printStackTrace();
        } finally {
        if (writer != null) {
            try {
                            writer.close();
                } catch (IOException e) {
                            e.printStackTrace();
                }
            }
        }
    }
}
```

## 3.6.2　注册账号

第三方支付机构一般都会为商户注册提供开放平台，商户和开发者可以在开放平台上免费注册（例如支付宝的开放平台）。在注册流程中，商户可以提交自己的商业应用，开放平台会进行审核并根据应用生成一个与之对应的应用标识（一般叫作应用 ID，APPID），并且申请应用对应的手机权限和支付产品序列。商户应用在有了 APPID 之后就能调用支付系统和接口的相关支付功能了。

在增加应用之后就需要对该应用添加功能。

电脑网站的支付功能支持两种签约方式：商家中心签约和应用详情的功能列表处签约。

### 3.6.3　生成商户公私钥

为了保证交易双方（商户和支付宝）身份和数据的安全性，开发者在调用接口前需要配置双方密钥，对交易数据进行双方校验。

密钥包含应用私钥（APP_PRIVATE_KEY）和应用公钥（APP_PUBLIC_KEY）。在生成密钥后，开发者需要在开放平台的开发者中心进行密钥配置，在配置完成后就可以获取支付宝公钥（ALIPAY_PUBLIC_KEY）了。

### 3.6.4　配置同异步通知接口

如果服务器的异步通知页面路径（notify_url）没有修改过 URL 路径，则直接修改服务器 IP 和端口号就可以了：http://公网 IP(域名):8080/fastpay-gw-alipay/notify_url.jsp。Web 页面跳转同步通知页面的路径（return_url）为 http://公网 IP(域名):8080/fastpay-gw-alipay/return_url.jsp。

### 3.6.5　支付订单表

在 MySQL 中创建支付订单数据库表，对于其他用户信息表、商品表，这里不再一一描述：

```
CREATE TABLE `tbl_order` (
    `aid` varchar(20) NOT NULL COMMENT '自增序列号',
    `o_id` varchar(20) DEFAULT NULL COMMENT '订单号',
    `state` varchar(20) DEFAULT NULL COMMENT '订单状态 10：待付款 20：已付款',
    `amount` varchar(11) DEFAULT NULL COMMENT '订单金额',
    `product_id` varchar(20) DEFAULT NULL COMMENT '产品表外键 ID',
    `sku` int(11) DEFAULT NULL COMMENT '个数',
    `create_time` datetime DEFAULT NULL COMMENT '订单创建时间',
    `finish_time` datetime DEFAULT NULL COMMENT '支付时间',
    PRIMARY KEY (`aid`)
```

```
) ENGINE=InnoDB DEFAULT CHARSET=utf8 COMMENT='商品订单表';
```

在建立数据库表之后，开始写 MyBatis 数据库访问接口 Mapper，主要是对支付订单数据库表进行增删改查。

## 3.6.6  支付服务类

支付服务（订单操作服务接口）主要用于创建订单实体：

```
/**
 * 订单操作服务接口 Service
 *
 */
Public interface OrdersService {

    /**
         * 创建订单
     * @param
     */
    public Order createOrder();

    /**
         * 开始用支付宝支付
     * @param
     */
    Public void startAliPayProcess(Order order);
}
```

创建订单实体实现函数：

```
/**
 * 创建订单
 * @param
 */
public Order createOrder(@Param Param parameter) {

String orderId = GeneralOrderIdService.nextOrderId();

if (StringUtils.isEmpty(orderId)) {
        Logger.error("创建商户订单号失败!");
        return null;
        }
    Order order = OrderFactory.build();
    order.setOrderId(orderId);
```

```
        order.setSku(parameter.getString("sku"));
        order.setOrderAmount(parameter.getString("amount"));
        order.setCreateTime(new Date());
    return order;
    }
```

以下函数（startFastPayProcess()）完成的任务的是到支付宝的支付网关进行支付，为事务管理函数，一般需要在函数声明上添加@Transactional 注解：

```
    /**
     * 开始支付
     * @param
     */
    @RequestMapping(value = "/startFastpay", produces = "text/html; charset=UTF-8")
    @ResponseBody
    @Transactional
    Public String startFastPayProcess(@Param Param parameter){

        Order order = createOrder(parameter);

    boolean save = orderMapper.insert(order);
    if (!save) {
            Logger.error("在服务端创建商户订单失败!");
    return "";
        }

        //获得初始化的 FastPayClient
        FastPayClient client = new DefaultFastPayClient(Config.gatewayUrl,
Config.app_key, Config.private_key, "json", Config.charset, Config.public_key,
Config.sign_type);

        //设置请求参数
        TradePagePayRequest request = new TradePagePayRequest();
        request.setReturnUrl(Config.return_url);
        request.setNotifyUrl(Config.notify_url);

        //商户订单号，商户网站订单系统中唯一的订单号，必填
        String out_trade_no = order.getOrderId();
        //付款金额，必填
        String total_amount = order.getOrderAmount();
        //订单名称，必填
        String subject = order.getName();
        //商品描述，可空
        String body = "用户订购商品个数: " + order.getSku();

        //该笔订单允许的最晚付款时间，若逾期则将关闭交易。取值范围：1m～15d，m 为分钟，h 为小时，
//d 为天，1c 为当天
```

```
    String timeout_express = "1c";

    request.setBizContent("{\"out_trade_no\":\""+ out_trade_no +"\","
        + "\"total_amount\":\""+ total_amount +"\","
        + "\"subject\":\""+ subject +"\","
        + "\"body\":\""+ body +"\","
        + "\"timeout_express\":\""+ timeout_express +"\","
        + "\"product_code\":\"FAST_INSTANT_TRADE_PAY\"}");

    //请求
String result = client.pageExecute(request).getBody();
return result;
}
```

调用顺序如下。

（1）商户系统请求支付后端 API fastpay.trade.start.pay 对商户请求参数进行校验，之后重定向至用户登录页面。

（2）在用户确认支付后，支付宝通过 GET 请求 returnUrl（商户入参传入）返回同步支付相关参数。

（3）在交易成功后，支付宝通过 HTTP 的 POST 请求 notifyUrl（商户入参传入）返回异步通知参数。

（4）若由于网络等问题异步通知没有到达，则商户可自行调用交易查询接口 fastpay.trade.query 进行查询，根据查询接口获取交易及支付信息（商户也可以直接调用查询接口，不需要依赖异步通知）。

这样就将支付宝的支付后端 API 整合到商户应用系统中了。

# 第4章
# 中国银联和中国网联

清算机构指负责管理和执行清算的机构,在我国除了中国人民银行,还有两家大型且具有合法资质的清算机构:中国银联(中国银联股份有限公司)和中国网联(中国网联清算有限公司)。

- 中国银联是目前中国境内唯一的银行卡转接清算机构,具有中国人民银行颁发的银行卡清算业务许可证。
- 中国网联是经中国人民银行批准成立的非银行支付机构的网络支付清算平台。

下面详细介绍中国银联、中国网联及其相关业务。

## 4.1 中国银联介绍

中国银联(China UnionPay)成立于 2002 年 3 月,是经国务院和中国人民银行批准的由国内多家商业银行、金融机构共同出资组建的股份制金融机构,是一家跨行交易清算机构,主要实现跨银行、跨地区、跨境间支付的互联互通和资源共享,并且是国内银行卡标准化规范的制定者,在国际上对标 VISA、MASTER、JCB、美国运通这样的银行卡组织。中国银联是全球发卡量和交易量最大的银行卡组织。中国银联的标识如图 4-1 所示。

图 4-1

## 4.1.1　互联互通

在中国银联成立之前，四大商业银行（工、农、中、建）都自建以省市分行为单位的支付金融系统，都拥有自己的银行卡标准和刷卡终端，而且银行卡并不通用，在异地也不通用，所以在商超卖场出现了"一柜多机"的现象。银行卡在这一时期只能在对应的刷卡终端机上使用，使用率和刷卡成功率低。

随着国家对银行卡联网通用的重视和各银行的大力推进，人们接受和使用银行卡的比例也越来越高，经国务院同意，在中国人民银行的直接组织和领导下，各商业银行联合起来，在合并原全国银行卡信息交换总中心和 18 个城市银行卡中心的基础上，由中国工商银行、中国农业银行、中国银行、中国建设银行、中国交通银行（后分别简称工、农、中、建、交）等银行卡发卡金融机构共同发起，于 2002 年 3 月成立了中国的银行卡联合组织"中国银联"。

中国银联以商业银行的银行卡系统和区域银行卡信息交换中心为基础，构建了全国统一的跨行交换网络，实现了国内各分行各区域的互联互通，负责各商业银行和金融机构之间的衔接，同时包含我国港澳台地区的网络节点和海外其他银行卡发卡公司、组织和机构。中国银联网络的主体架构如图 4-2 所示。

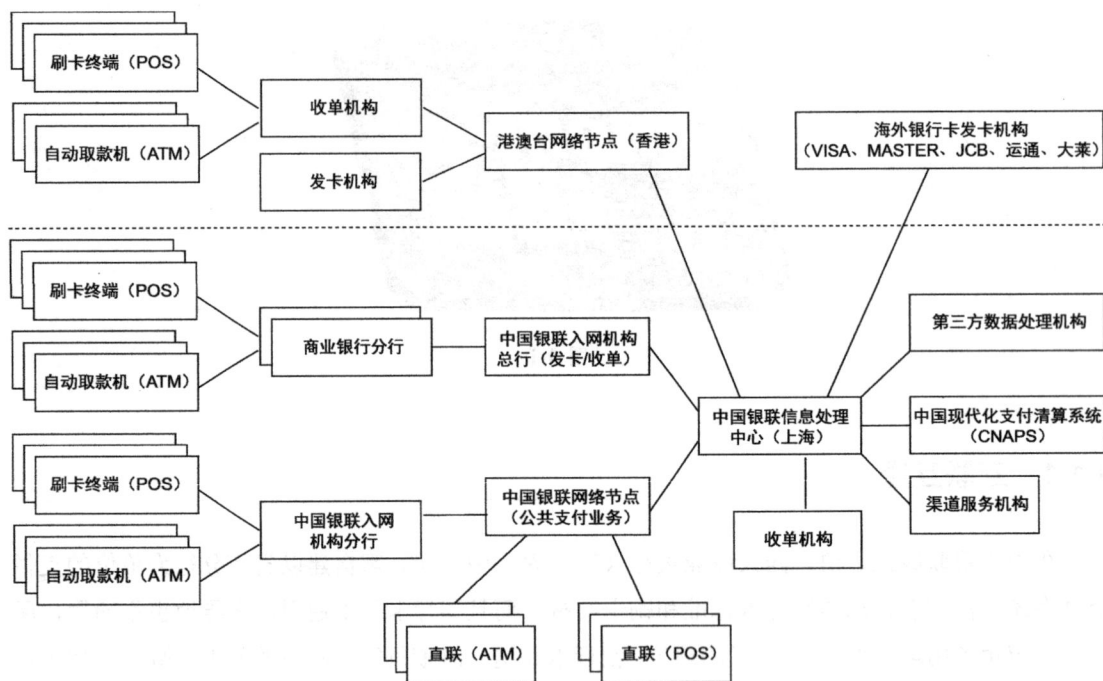

图 4-2

目前已与上海信息数据处理总中心联网的有工、农、中、建、交等 11 家商业银行和北京、天津、上海、杭州、广州等 16 家城市中心。

中国银联信息处理（上海）中心和各地城市中心节点主要负责如下事项。

- 搭建、运行、管理、维护全球各地中国银联银行卡的异地、跨行信息交换系统，解决银行卡异地、跨行使用的互联互通问题。
- 规范和协调各下属及其外部单位的银行卡跨行业务和技术行为。
- 规范各区域银行卡信息交换中心的业务和技术行为。
- 完成区域内联网银行卡的通用业务。

## 4.1.2  跨区跨行跨境交易清算

中国银联的同行跨区、跨行和跨境交易清算业务主要是依托中国银联银行卡跨行支付系统

（CUPS）来完成的，中国银联制定了一套跨行交易清算系统的入网标准，各金融机构（商业银行）通过银行卡跨行交易清算系统接入中国银联的内部专用网络，实现了各个商业银行系统间的互转互通，保证了银行卡在跨行、跨地区和跨境等使用场景下都能支付成功。

从图 4-3 可以看出有以下系统或参与者与中国银联银行卡跨行支付系统进行数据通信和交付。

- 持卡人：银行卡的所有人，也是银行卡的合法持有人，一般是在发卡机构（开户行）签约的开户人，是银行卡收单业务中的市场基础单位，是收单机构、特约商户及发卡机构市场营销的主要对象。

- 发卡行：发行中国银联银行卡的金融机构或商业银行，维护着与银行卡相关联的账户信息和资金，与持卡人之间有签约协议关系。

- 商户：与收单机构签有商户协议，受理银行卡的零售商、个体商户、自然人、有限制责任公司或其他组织，根据销售类型或渠道可以分为互联网商户、线下传统商户、第三方融合支付集成商及境外商户等。

- 收单机构：指与商户签有协议的主体金融机构或商业银行，以及为持卡人提供直接金融服务的单位。例如：POS机在刷卡交易单据（签购单）上面会打印当前收单的是哪家银行，这家银行是直接或间接地凭交易单据（包括电子单据或纸质单据）参加结算的中国银联会员单位。

- 中国银联在线支付系统：简称 UPOP（Union Pay Online Payment）系统，为持卡人提供互联网支付服务，主要涵盖快捷支付和网银支付两大类支付业务，并支持各大银行的信用卡、借记卡，被广泛应用于网上购物、网上缴费、信用卡还款、网上转账等支付场景中。

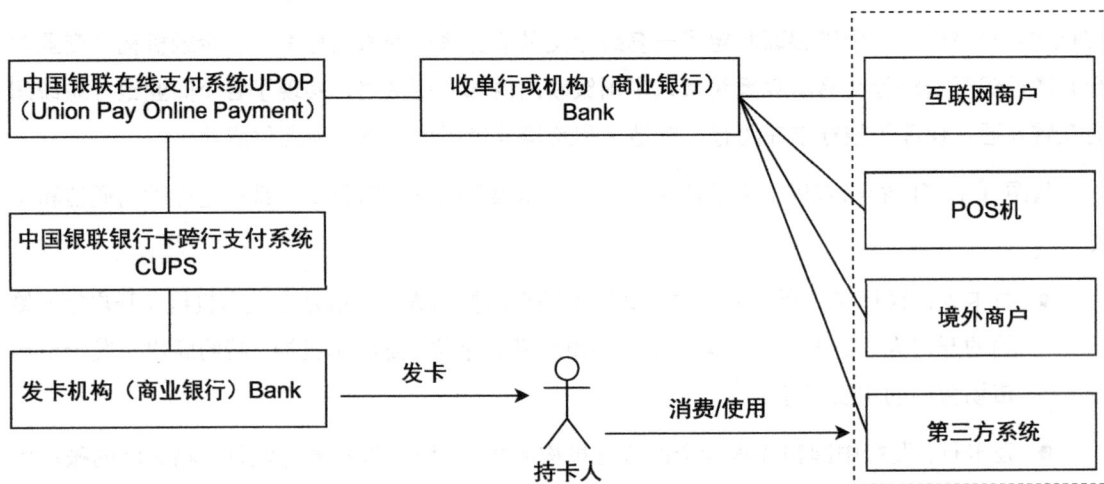

图 4-3

其业务流程如下所述。

（1）持卡人最初是自然人，年满 16 周岁，持个人有效身份证件或其他有效证件向发卡机构（商业银行）进行开户登记。目前央行规定持卡人在一个银行只能开一个 I 类账户，该类型的银行卡一般叫作借记卡，可以存取现金，支持快捷支付，也支持转账，消费和转账限额一般也会设置得比较大，在有余额的情况下一般没有其他限制，可以自由使用。

（2）持卡人在中国银联签约商户的购物商场、卖场、超市的 POS 机上进行消费和支付，或者在签约商户的线上电子商务网站购买商品并结算，这时收单行或机构（商业银行）会收集用户支付相关的信息。

（3）收单行或机构（一般是商户的开户行，与银联存在账务结算关系）将收集到的用户信息及银行卡信息，向中国银联在线支付系统透传，该过程都是通过网络通信方式进行的。

（4）中国银联在线支付系统将用户数据通过专线发送给中国银联银行卡跨行支付系统，再转发给发卡机构，查询持卡人当前银行卡的限定（卡信息是否合法、是否被锁定、是否支持当前交易类型）、身份验证（密码是否正确、指纹或面部识别信息是否一致）、余额（余额是否充足、有没有超过当日和单笔限额），接着由发卡机构（商业银行）确认交易是否成立。

（5）最后将此交易信息和用户信息数据返回给收单机构进行交易操作，然后在 POS 机上打印相关交易单据。

## 4.1.3　银行卡的标准化

银行卡是经中国人民银行批准发行的，由商业银行、金融机构向社会发行的具有现金存取、线上线下消费支付、转账结算等功能的卡基金融支付工具。

银行卡按用途可以分为信用卡（贷记卡、准贷记卡）和借记卡。

- 借记卡：一般是银行 I 类账户，是一种现金交易付款方式，没有消费和现金透支功能，需要先存款，进行消费、取现、转账等操作时要看借记卡余额是否充足，具有现金存取、转账结算、购物消费、线上线下支付及快捷支付等功能。

- 贷记卡：一般是银行 I 类或 II 类账户，是一种非现金交易方式，发卡机构对个人信用及资金风险评估审核后，给予持卡人一定限度的信用额度，持卡人可以在信用额度内先消费、支付，后在指定时期内还款，我们用的车贷卡或购物消费信用卡一般都属于贷记卡。

- 准贷记卡：指持卡人先按银行要求缴存一定金额的备用金，在备用金不足以支付的情况下，可在发卡行规定的额度内透支的信用卡。准贷记卡可以透支，但是透支款项没有免息还款期，在透支当日就计算利息，并且必须一次性还清，不可以最低还款，已逐步退出历史的舞台。

中国银联已经实现和涵盖基础标准、卡片标准、安全标准、IC 卡标准、内部标准、检测标准等多项内容。

银行卡磁条信息格式和使用规范（GB/T 19584-2004）对磁条卡第 1 磁道、第 2 磁道和第 3 磁道的数据内容进行了详细定义，并对我国银行卡各磁道的使用做了规定。

中国金融集成电路（IC）卡规范（JR/T 0025.1-2005 至 JR/T 0025.10-2005）适用于由银行发行或受理的金融 IC 卡，其使用对象主要是与金融 IC 卡应用相关的卡片设计、制造、管理、发行、受理，以及应用系统的研制、开发、集成和维护等部门（单位），也可以作为其他行业 IC 卡应用的参考。

银行卡联网联合安全规范（JR/T 0003-2001）规定了对加入全国银行卡网络的相关入网设备、设施的安全技术要求，也规定了对持卡人、商户、卡片和终端机具（设备）供应商及银行内部工作人员的风险防范要求。

银行卡按信息载体可以分为塑料卡、磁条卡、IC 芯片卡、磁条 IC 卡及激光卡等，目前使用最广泛的就是磁条 IC 卡（磁条和 IC 芯片相结合的卡）。

截至现在，我国已经成为全球银行卡发卡量和交易量第一的国家。

### 4.1.4　银行卡的账户类型

银行卡按账户类型可以分为 I 类账户、II 类账户、III 类账户，如表 4-1 所示。这三类账户的主要区别是 II 类账户、III 类账户都没有实体卡片，对 II 类、III 类账户限额，这样的账户分级方案能有效控制用户资金可能遇到的风险。

- I 类账户指通过传统银行柜面开立的、满足实名制所有严格要求的账户，比如储蓄卡或者借记卡，功能包括存款、购买理财产品、支取现金、转账、消费及缴费支付等。

- II 类账户不能存取现金，也不能向非绑定账户转账，这类账户一般单日支付限额为 1 万元，比如信用卡就是 II 类账户。

- III 类账户主要用于快捷支付，比如：银行云闪付、免密支付等，仅能办理小额消费及缴费，不能办理其他业务，户内余额一般不超过 1000 元。

表 4-1

| 区　别 | I 类账户 | II 类账户 | III 类账户 |
|---|---|---|---|
| 主要功能 | 全功能 | 储蓄存款及投资理财 | / |
| | | 消费（缴费）支付 | 消费（缴费）支付 |
| 账户余额 | 无限额 | 无限额 | 绑定支付宝账号 |
| | | 储蓄存款及投资理财无限额 | 账户余额少于 1000 元 |
| 使用限额 | 无限额 | 消费（缴费）支付日累计限额 10000 元 | 消费（缴费）支付日累计限额 10000 元 |
| 账户形式 | 借记卡或储蓄存折 | 电子账户 | 电子账户 |

## 4.2　中国银联的业务

经过十多年的发展，中国银联除了最初的跨行交易清算中心枢纽、卡组织业务，慢慢衍生出支付行业或商业银行相关的其他业务，基本覆盖了中国支付行业生态圈内的大部分业务，如下所述。

- 收单业务：直联 POS 机收单、全（多）渠道收单、移动收单。
- 清算业务：间联清算模式、资金清算服务。
- 创新支付：二维码支付、刷脸支付、中国银联无卡快捷支付。
- 钱包业务：中国银联钱包。
- 其他业务：Ⅱ、Ⅲ类账户业务、公共事业缴费、小微商户资金服务等。

## 4.2.1　收单业务

银行收单业务的开展和实施并不由中国银联控股总公司承接，而由下属的中国银联商务股份有限公司承接。中国银联商务股份有限公司（后简称中国银联商务）是中国银联控股的从事银行卡收单专业化服务的全国性公司，成立于 2002 年 12 月，总部设在上海。

中国银联商务为申请入网的机构（商场、超市、卖场、娱乐场景等，统称银联商户[1]）提供 POS 机，并提供移动支付服务（全民付、悦收银等）、互联网支付服务（快捷支付、网银支付、跨境支付等），主要负责线下、线上收单业务。

在收单业务上，中国银联与商业银行（第三方支付机构）之间存在竞争与合作，竞争非常激烈，并且打起了价格战。由于覆盖渠道广，中国银联在 POS 机收单方面具有强大的竞争力。

下面通过两个场景来讲解中国银联的收单业务，涉及线下场景（POS 机收单）和线上场景（全渠道支付收单）。

### 1. POS 机收单

现在的商场、超市对 POS 机的使用非常普遍，并且人们在日常生活中已经离不开 POS 机了。POS 机收单分为直联 POS 机收单和间联 POS 机收单，区别在于，间联 POS 机收单的终端设备先与收单机构（非中国银联机构）通信，然后通过收单机构把通信报文转发给中国银联交易平台。

---

1　银联商户：也分为企业型商户、个体工商户、租赁型商户、小微型商户，不同类型的商户入网时对资料的要求不同，本章主要以企业型商户为主。

POS 机设备包含传统 POS 机、电子签名 POS 机、智能 POS 机、中国银联 POS 机等。

很多商户都不知道怎么申请中国银联 POS 机，其实只要按照以下流程申请就好：

（1）商户首先要弄清楚哪家商业银行（收单机构[1]）的费用比较少；

（2）准备好相关材料，收单机构会帮助商户开一个专门账户用于中国银联 POS 机收款；

（3）提交 POS 机申请单，这时收单机构和中国银联会审核商户有没有资格申请，如果审核通过，中国银联就会将设备与收单机构账户信息绑定，然后由收单机构安排人员上门安装。

这样整个 POS 机的申请流程就完成了。

申请中国银联 POS 机进件的审核条件和资料如下：

- 有工商注册的合法经营资格，并能提供境内的固定经营场所；

- 提供有效营业执照、税务登记证、组织机构代码证、法人身份证复印件；

- 公司和财务公私章；

- 在收单商业银行开立对公结算账户；

- 结算中心要求的其他证件。

同样，持卡人持个人有效身份证件去发卡行（机构）申请自己的银行卡。

中国银联 POS 机的申请流程如图 4-4 所示。

---

1  收单机构：是商户的 POS 机所绑定的发行（收款）银行，也就是交易资金清算银行。

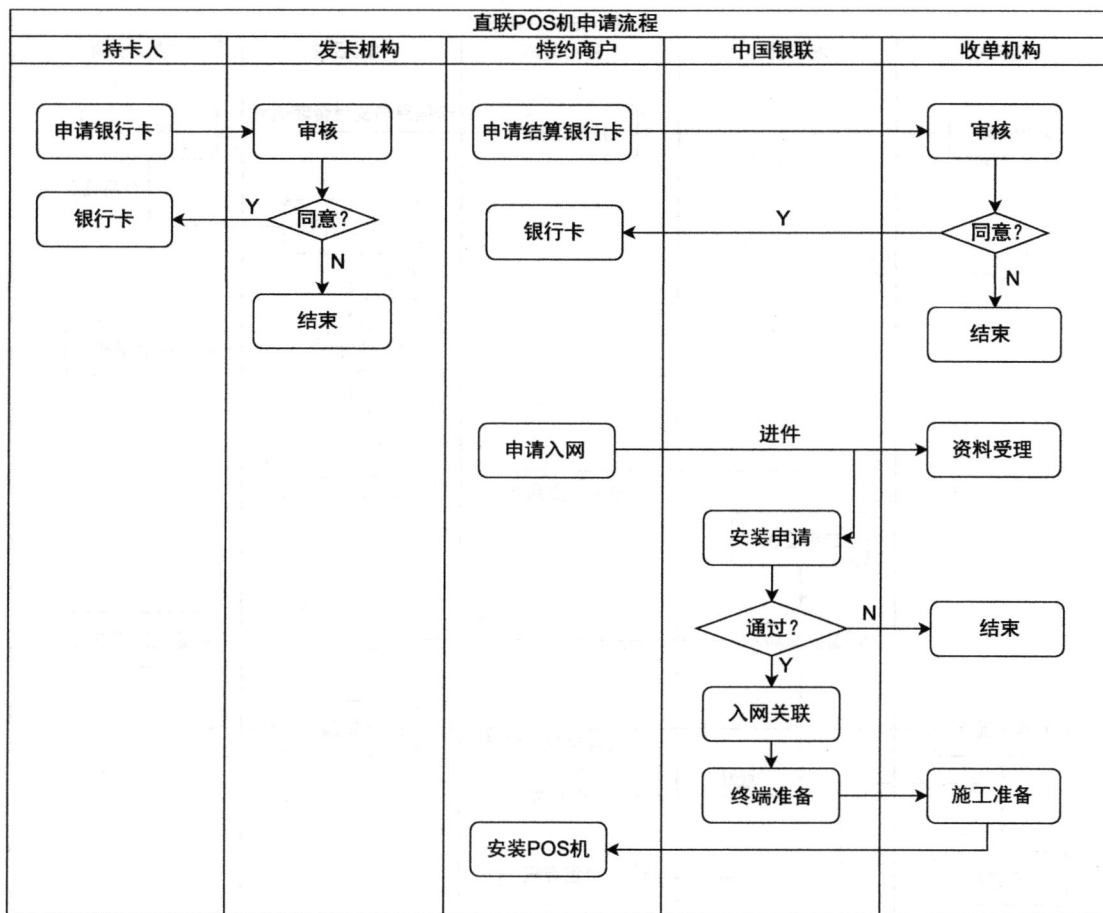

| 直联POS机申请流程 | | | | |
|---|---|---|---|---|
| 持卡人 | 发卡机构 | 特约商户 | 中国银联 | 收单机构 |

图 4-4

中国银联会给商户分配对应的收单机构相关入网协议并签约，同时在入网过程中对商户的征信资料进行验证。

在商户申请好 POS 机之后，顾客来商户消费并采用中国银联 POS 机刷卡支付方式时，直联 POS 机收单流程启动，如图 4-5 所示。

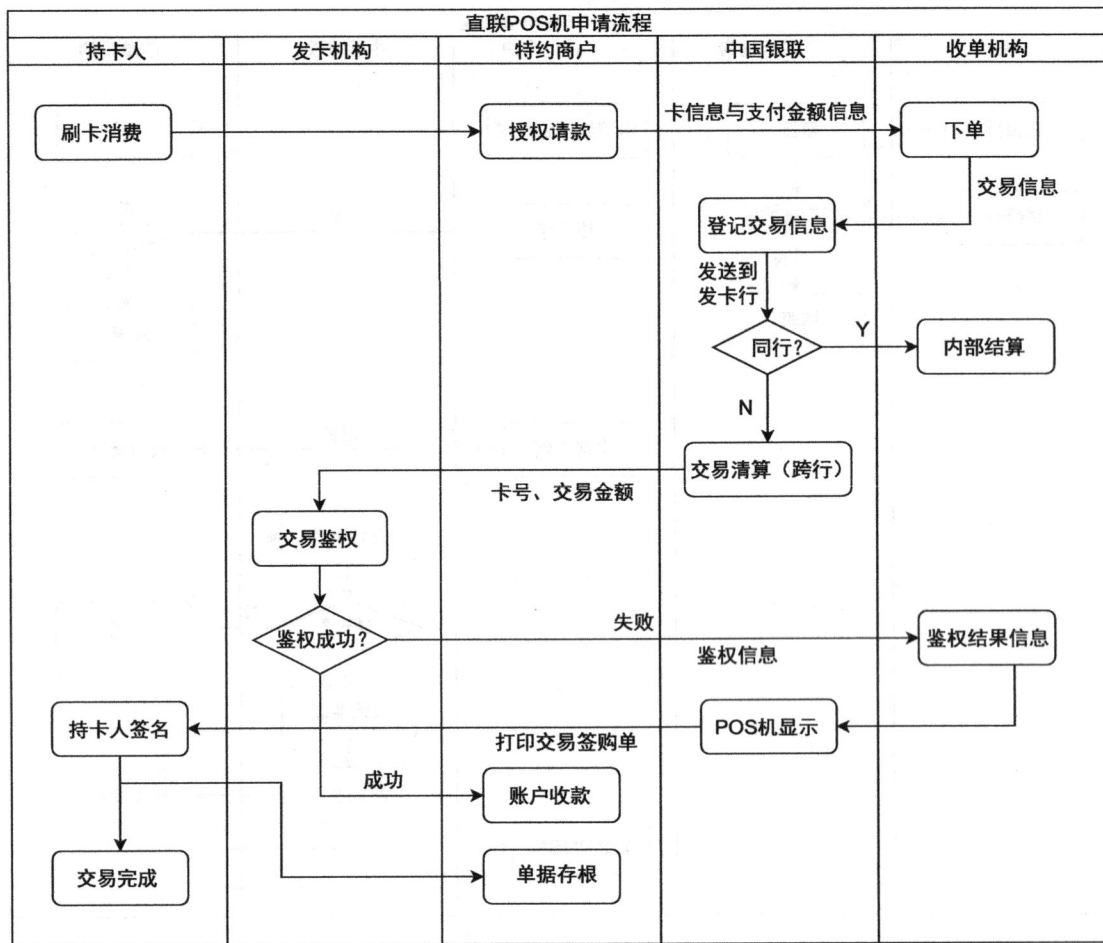

图 4-5

基本业务流程如下：

（1）持卡人在特约商户处选定商品或服务，使用中国银联银行卡支付方式进行 POS 机刷卡消费，由特约商户发起授权请款；

（2）POS 机采集银行卡信息，商户收银职员输入金额，持卡人输入密码（如果有），并且将卡片信息与支付金额信息提交至收单机构进行下单；

（3）收单机构将交易信息传递给中国银联，中国银联将会登记相关交易信息以做清算和结算使用；

（4）中国银联将根据银行卡片登记的发卡行和交易报文传递给发卡机构；

（5）如果发卡机构与收单机构是同一家商业银行（金融机构），则在该银行内部进行资金结算；若发卡机构与收单机构不为同一家商业银行，则其资金结算通过中国银联清算平台实现跨行结算；

（6）发卡机构对卡号、密码、卡片余额、交易金额等交易信息进行鉴权和扣款，将结果反馈给中国银联和收单机构；

（7）如果鉴权和扣款成功，则特约商户的账户将收到用户支付且扣除手续费后的款项；

（8）收单机构收到鉴权信息，更新自己的交易单状态，将鉴权结果信息反馈到 POS 机；

（9）如果交易信息通过鉴权，POS 机就会打印交易签购单，并通过商户收银员交由持卡人签名，商户留底存根，交易完成。

需要注意的是，授权请款（专用名词）及授权一般是 POS 机具或设备登录中国银联系统的过程，这个过程会将设备和商户数据向中国银联系统进行登录、验证。请款动作一般是请求付款动作，这里指的是通过交易下单来请求付款。在线下请款流程中一般需要填写请款单，经上级领导批复后交由财务部进行批款，只不过在中国银联系统中"上级领导"变为商业银行和中国银联。

另外，现行 POS 机费率（手续费）如下。

- 第 I 类商户含餐饮、宾馆、娱乐、珠宝金饰、工艺美术品类（一般扣率为 2%～2.5%）。

- 第 II 类商户含房地产、汽车销售、批发类（一般扣率为 1%，可申请单笔交易封顶）。

- 第 III 类商户含航空售票、加油、超市类（一般扣率为 0.5%～1%）。

- 第 IV 类商户含公立医院、公立学校（一般扣率视地区不同各有差异）。

- 第 V 类商户含一般类（一般扣率为 1%～3%）。

以上是中国人民银行最近的调整政策（其费率政策会依据市场的情况进行动态调整），代表银行结算利率，如果是个人手刷 POS 机，则费率一般为 0.6%～0.7%。"96 费改"之后费率只有三种：一种是消费类手续费；一种是公益类手续费；还有一种是减免类手续费，分别为 0.6%、0.38%、0。

在正常营业时间内，刷卡都是秒到账的，一般在 8:00～22:00 刷卡是秒到账的，在 22:00～

24:00 刷卡是 T+2 到账的，在 0:00-08:00 刷卡是 T+1 到账的。

### 2. 全渠道收单

全渠道支付是中国银联全渠道接入支付平台的简称，原来中国银联 Web/WAP 支付网关支持的业务较少，中国银联为了提供统一的支付体验，将互联网支付功能和移动支付功能进行了整合，同时支持移动、互联网等渠道的收单业务，类似于中国银联自身推出的一个融合支付产品，其中包含互联网支付（中国银联在线支付、预授权支付、B2B 对公支付、跨境支付、无跳转支付）、移动终端渠道（手机安全支付控件、WAP 页面支付、平板电脑网关支付、预授权支付、跨境支付、无跳转支付）、后端模式产品（订购、代收、代付、辅助消费等）。

该产品的实现，也体现了中国银联与商业银行、第三方支付机构之间在收单业务方面的竞争与合作关系。

全渠道接入主要依靠统一支付接口，将中国银联现有的在全渠道、CUPA（中国银联收单平台）等多个平台上分散建设的卡、码、脸等支付产品（包括支付、撤销和查询等多个 API）整合为一套接口，支付商户无感知对接中国银联现有及未来新增的支付产品，且在后续新产品上线时不需要再次改造，只需商户或技术服务商启用接口预留字段即可接入，这样只要商户研发人员一次性接入，就可以让中国银联用户在不同的支付场景下有统一的支付体验。

全渠道收单的接入模式从业务模式的角度可以分为以下两种。

- 前端接入模式：指用户在商户应用或电子商务网络上进行支付时，首先由商户系统引导跳转到中国银联的收银台页面，由中国银联页面或接口收集银行卡相关隐秘信息的支付方式，适用于无卡自助消费业务场景，常用的 B2C、电子商务支付均使用了前端接入模式。

- 后端接入模式：指用户在商户应用或第三方进行支付时，无须跳转到中国银联页面，由商户或第三方自行收集银行卡的相关信息，然后发起交易的支付方式。由于后端支付在支付过程中所需的要素可以根据实际业务形态进行配置，所以相对于前端支付来说有更大的灵活性，商户在该过程中可以接触银行卡的卡片信息和持卡人信息，存在更多的数据安全、风险管理及安全评估，所以中国银联对后端接入模式的开放、接入和审核相当谨慎和严格。这种方式适用于代收、订购、银企支付等业务场景中，常用的员工工资代付和订购使用的就是后端接入模式。

全渠道收单的接入模式从系统连接方式的角度也可以分为两种。

- 商户直接接入模式：指具有一定资质、技术研发和系统管理能力的商户，直接开发订单功能与中国银联系统进行对接，交易数据不经过其他第三方收单机构。

- 收单平台接入模式：指第三方支付机构、融合支付厂商等利用自身在行业内的技术和收单能力开发接口与中国银联系统进行对接，商户和销售终端再开发接口与收单方进行对接，交易数据首先会经过收单平台，再经过中国银联。

在一般情况下，非金融机构采用收单平台接入方式。

提交入网全渠道支付申请的流程如图 4-6 所示。

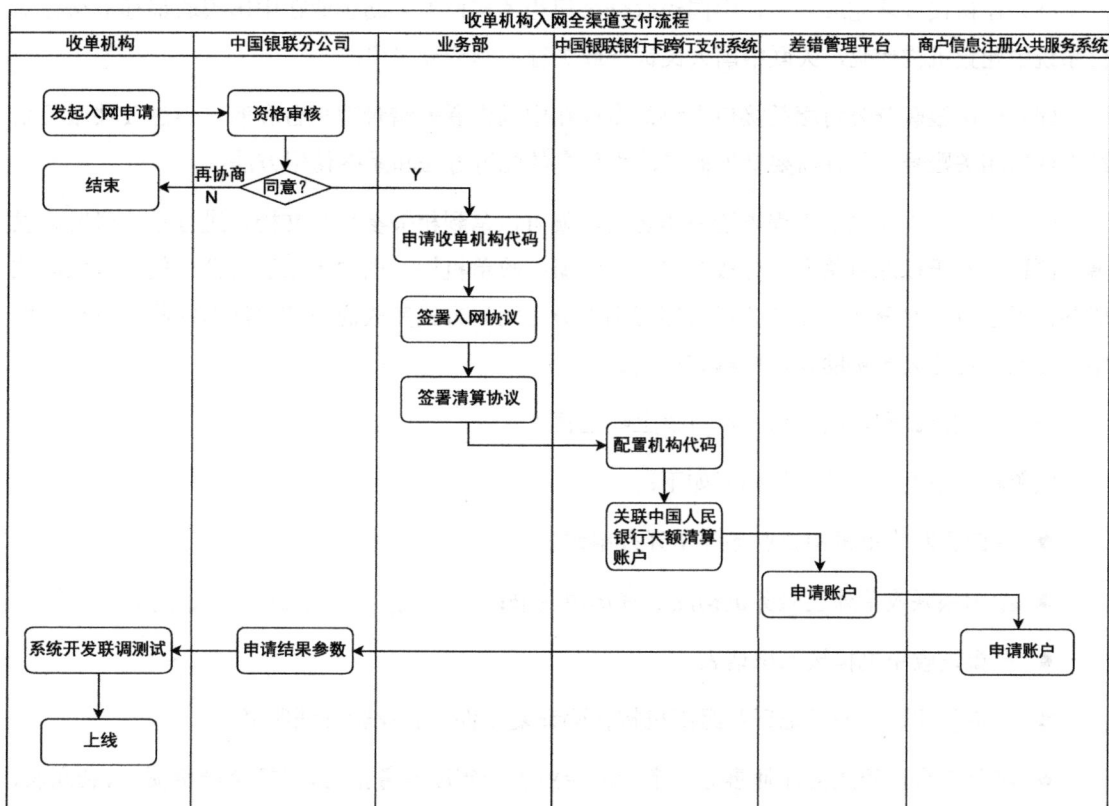

图 4-6

收单机构入网前的准备工作是完成总对总（企业总公司对中国银联总公司）的接入，在需要项目落地时才到中国银联分公司实现以下业务流程：

（1）收单机构向所在地的中国银联分公司提交之前收单企业进件的相关资料，见提交资料列表；

（2）中国银联分公司对进件资料进行审核，如果对资料及征信相关内容审核不通过，则将相关内容发回、重新提交或补交；

（3）在资料审核通过之后，中国银联分公司相关接口人协助企业向中国银联总公司业务部申请收单机构代码；

（4）收单机构与中国银联业务部签署入网协议和清算协议；

（5）在协议签署完成之后，中国银联分公司相关接口人协助企业在中国银联银行卡跨行支付系统中配置机构代码，关联中国人民银行或央行大额清算账户；

（6）中国银联分公司相关接口人协助企业在中国银联差错管理平台和商户信息公共服务系统中注册相关账号，并且需要掌握商户清算信息的配置方法和系统使用方法；

（7）收单机构在以上流程申请完毕之后，就可以拿到相关参数与文档，进行系统研发、联调、测试；对于以总对总方式完成商户信息注册的收单机构，由中国银联总公司统一提供测试服务；对于以分对分（企业分公司对银行当地分公司）方式完成商户信息注册的收单机构，由中国银联本地分公司协助收单机构完成测试工作；

（8）通过测试和验收之后，就可以上线运营了。

收单机构需要提交的资料列表如下：

● 中国银联收单机构新业务类型开办申请表；

● 中国银联收单外包服务机构注册登记声明书；

● 全渠道收单机构接入申请表；

● 营业执照、税务登记证和组织机构代码证复印件、企业验资证明书；

● 经具有合法资质会计师事务所审计的企业上一年度财务报告，包括资产负债表、利润表、现金流量表及其附注（附会计师事务所营业执照及会计师资格证）；

● 企业经营财务状况说明；

- 高级管理人员履历材料；

- 企业综合情况报告；

- 企业服务体系建设情况报告；

- 企业分支机构（办事处）情况说明；

- 企业规章制度或主业务流程；

- 与所有合作收单机构签署的中国银联卡收单业务专业化委托服务协议复印件。

第三方收单机构提交申请资料之后，开始进行相关技术研发。同时，中国银联信息总中心会根据申请材料联系收单机构，与收单机构共同确定沙箱测试细节、要求环境及相关计划，并且全程提供对资金流、数据流及业务测试的支持。

在测试完毕之后，中国银联信息总中心会向中国银联业务运营中心提供相关测试结果报告，中国银联业务运营中心对测试通过的收单机构进行生产参数配置，这样就完成了整个收单机构入网的流程。

在系统研发过程中，中国银联商户服务平台会提供相关技术指引和指导：

- 系统平台技术改造指南；

- 产品接口规范；

- 全渠道开发包；

- 全渠道业务运营服务指南；

- 全渠道商户服务指南。

在后面的章节中，将以全渠道的统一支付接口为例来讲解技术接入和功能实现。

## 4.2.2　清算业务

在中国境内能从事清算业务的企业主要如下。

- 中国银联：负责 POS 机与 ATM 的跨行支付、转账、取款业务，清分[1]阶段由中国银联银行卡跨行支付系统完成，结算阶段由中国银联银行卡跨行支付系统接入大额实时交易系统完成。

- 中国网联：负责互联网金融如支付宝、微信等第三方支付平台的支付与转账业务，清算阶段由中国网联完成，结算阶段由中国网联接入中国人民银行网上支付跨行清算系统完成。

下面先讲解清算与结算的概念，以及二者之间的关系，然后讲解清算的模式和过程。

### 1. 清算与结算

清算与结算容易让人混淆，但清算并不等于结算，二者的概念如下。

（1）清算。银行业金融机构相互之间的清算是由中国人民银行组织的，清算关系是在银行与银行之间发生的，或者是在银行与金融机构之间发生的，银行和非银金融机构是清算关系中的参与者和干系人，清算关系完成代表银行间债权债务关系清偿[2]。在我国除中国人民银行外，另外两大仅有的获得清算业务许可证清算机构如下。

- 中国银联：承担银行卡跨行交易转接清算相关职责。

- 中国网联：承担互联网支付机构与银行间的清算相关职责。

（2）结算。结算指单位、个人在社会经济活动中使用票据、信用卡和汇兑、托收承付[3]、委托收款等结算方式，进行货币给付及其资金清算的行为。

从上述法规中可以了解到，与商业银行打交道的是商户、消费者及企业，他们之间构成的是结算关系，结算关系的完成代表商业银行、商户与消费者之间债权债务关系的清偿。我们从中也可以清楚地知道银行是支付结算和资金清算的中介机构。

举个结算的例子：

---

1 清分：是清算的数据准备阶段，主要是将当日的全部网络交易数据按照各成员行之间的待清算数据等进行汇总、整理、分类。

2 清偿：同指履行合同，指债务人按合同的约定了结债务、配合债权人实现债权目的的行为。

3 托收承付：指根据购销合同由收款人发货后委托银行向异地购货单位收取货款，根据合同对单或对证验货后，向银行承认付款的一种结算方式。

中国银联 POS 机收单的结算方式一般是 T+0，指的是中国银联网络作为商户收单机构在中国银联卡支付受理服务中，提供的刷卡交易资金当日到账服务（即完成商户与中国银联之间的结算关系），持卡人使用银行卡在 POS 机上进行交易，中国银联会根据交易成功信息进行资金垫支来实现商户的当日交易资金入账。

### 2. 清算模式

清算模式有两种，如下所述。

- "直联清算"模式：商户清算信息由中国银联维护，收单机构需要预先在中国银联商户管理平台录入商户账户、商户扣率、收单侧分润规则（收益分配，一般收单行收益的 90% 归中国银联，商户仅获得收单行收益的 10%）等清算信息，由中国银联清算系统据以计算商户和各分润角色各自应得资金，并产生相关文件和结算报表，由收单、结算行按照中国银联提供的文件入账，或由中国银联通过中国人民银行小额代理入账。

- "间联清算"模式：中国银联在日终（中国银联清算系统自动结算关闭的时间点）后为收单机构提供流水明细，将收单侧应得资金总额清算至收单机构，由收单机构自行计算商户和各收单侧分润角色应得资金，形成结算报表和商户对账文件，并为商户入账。

### 3. 清算资金入账方式

清算资金入账方式分为以下 3 种。

- 收单机构入账：中国银联将直联商户清算资金汇总至收单机构，由收单机构根据中国银联提供的商户清算流水为商户划账。

- 结算行入账：商户在结算代理行（开户行）开立结算账户，由中国银联将资金汇总清算至商户的结算代理行，并向结算代理行提供商户入账明细，由其进行商户划账。

- 中国人民银行小额入账：商户在商业银行开立结算账户（也叫作结算过渡户，属于内部资金流通过平台的一种方式），收单机构委托中国银联通过中国人民银行小额支付系统直接向该商户的结算账户划付入账资金，中国银联会对要求代理划账的商户逐笔划付对应的资金。同时，中国银联将向收单机构提供资金挂账、垫付资金回补、退汇等资金管理服务。

以上清算方式都是通过支付指令完成的。

《支付清算组织管理办法》第三条规定如下：

（1）支付清算是指支付指令的交换和计算；

（2）支付指令是指参与者以纸质、磁介质或电子形式发出的，办理确定金额的资金转账命令；

（3）支付指令的交换是指提供专用的支付指令传输路径，用于支付指令的接收、清分和发送；

（4）支付指令的计算是指对支付指令进行汇总和轧差[1]；

（5）参与者是指接受支付清算组织章程制约，可以发送、接收支付指令的金融机构及其他机构。

### 4. 清算过程

清算过程针对中国银联清算系统来讲只是支付清算的一个子集，中国银联的支付清算包含清分和资金划拨两个流程。

- 清分：清分是在中国银联自己的跨行清算系统里面完成的，发生的时间为交易成功时或中国银联的日终时间节点。清分通常指针对支付流水日志中记录的成功交易流水单计算交易本金及交易费用（包含手续费、各方的利润分配等），然后按清算对象汇总扎差形成两个金额（应收和应付金额），相当于对清算的一个预处理。

- 资金划拨：指通过特定的渠道和方式完成应收应付资金的转移，简而言之，就是明确通过哪种渠道拿回应收款和付出应付款。

在清分时间节点（日终），中国银联银行卡跨行支付系统将清分明细和资金清算交易指令

---

1 轧差：指利用抵销、合同更新等法律制度，最终取得一方对另一方的一个数额的净债权或净债务。例如：在市场交易者之间可能互有内容相同、方向相反的多笔交易，在结算或结束交易时，可以将各方债权在相等数额内抵消，仅支付余额。

发送给中国人民银行大额支付系统，由中国人民银行大额支付系统操作清算账户管理系统（SAPS），将资金从发卡行清算账户划拨给收单机构清算账户，中国银联银行卡跨行支付系统再通过中国人民银行小额支付系统发送收单清算[1]，这时中国人民银行小额支付系统会将结算款打到商户账户。

其流程如图 4-7 所示。

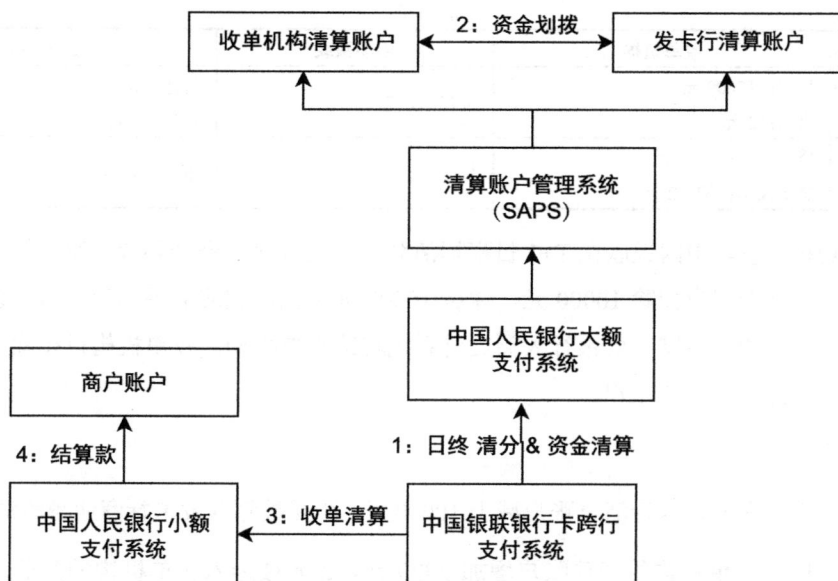

图 4-7

举个例子：手续费由商户出，按照 2004 年的 7:2:1 固定分润比例（这样便于理解，2013 年分类商户计费和 2016 年的借贷分离定价情况较为复杂并且很难定义使用场景，例如：公益类商户实施 0 费率）。计算如下：

（1）发卡行收交易总金额的 7‰；

（2）收单机构收交易总金额的 2‰；

（3）中国银联收交易总金额的 1‰。

---

1 单清算：是中国银联代替收单机构针对商户和第三方收单专业化服务机构的清算。

商户收款的开户行和清算账户在收单机构，持卡人的开户行和清算账户在发卡行，持卡人在商户处消费，用 POS 机刷卡 10000 元的商品。在清分阶段，中国银联结算系统记录这笔交易，计算出这笔交易中发卡行、中国银联、收单机构各自收取多少手续费，并分别向发卡行与收单机构发起交易指令。

在清分阶段，由中国银联计算的清分结果如表 4-2 所示。

表 4-2

| 序　号 | 收单机构 | 中国银联 | 发 卡 行 |
|---|---|---|---|
| 1 | 贷记：10000 元<br>借记：2 元 | 贷记：1 元 | 借记：10000 元<br>贷记：7 元 |
| 合计 | 贷记商户：9990 元<br>贷记收单机构：2 元 | 贷记：1 元 | 借记：9993 元 |

在资金划拨阶段，中国银联在 T+1 日根据清分结果进行跨行资金划拨。发卡行根据交易指令从持卡人的银行卡账户扣除 10000 元，并从 10000 元中扣除相应的手续费，对剩余的钱再扣除相应的手续费，通过中国人民银行大额支付系统转给收单机构，收单机构再扣除相应的手续费，将剩下的钱打入商户的账户。

也就是说：

（1）持卡人所在的发卡行清算账户减少 10000 元，7 元被划入发卡行商业盈收清算账户；

（2）商户所在收单机构的清算账户增加 9990 元，2 元被划入收单机构的商业盈收清算账户，中国银联清算账户增加 1 元。

以上两个过程组合在一起就是清算。

## 4.2.3　代收代付

中国银联在线支付代收代付平台是中国银联基于集团企业客户资金批量代扣及批量代发的需求而设计的，为企业提供统一平台、统一格式、统一管理的高效代收代付资金解决方案。

为商户提供的代收代付资金管理解决方案被广泛应用于渠道资金归集、保费代扣、理赔金批付、向供应商付款等业务中。

这个代收代付业务是由中国银联在线（ChinaPay）公司负责的，提供手机充值缴费、信用卡还款、便民缴费及公共事业缴费等网上缴费服务。

与中国银联商务有限公司不同的是中国银联在线提供的是线上支付服务业务。

### 1. 代收业务

代收业务是基于中国银联持卡人与企业商户签订的相关业务委托协议，同意企业商户根据相关协议的约定，向持卡人指定账户请求并完成指定款项支付结算的业务。

代收场景有日常生活中的水电煤气公司、有线电视等银行代扣费业务、消费信用还贷扣款业务、资金或账户归集业务等。

代收业务的工作流程分成以下 3 步。

（1）签订代收款业务委托协议，中国银联支持线下或线上建立扣款委托关系，在这个过程中，中国银联在线重点审核、监管收款商户的资质、经营范围和规模，因为一旦用户与商户签订了扣款协议，资金就会自动从用户（持卡人）的账户中扣除。

（2）进行整个资金的代收业务，如图 4-8 所示。首先，签约商户通过与银联在线的联机交易接口，提交单笔代扣支付请求。然后，中国银联在线验证提交的代扣请求的合法性之后，向中国银联银行卡跨行支付系统发送代扣指令。接着，中国银联在与发卡行（商业银行）通信之后，获得身份是否合法、卡片余额是否充足等数据信息。其次，中国银联处理与发卡行的交易信息，如果交易成功，则代扣交易资金将通过中国银联支付清算系统，经中国人民银行大额支付系统划至收单机构（中国银联）清算账户上。最后，中国银联代扣平台向商户返回代扣交易结果。

（3）在签订代收协议之后，企业商户可通过银联在线的后端来更改代收周期、取消代收协议或更改代扣卡（账户）等。

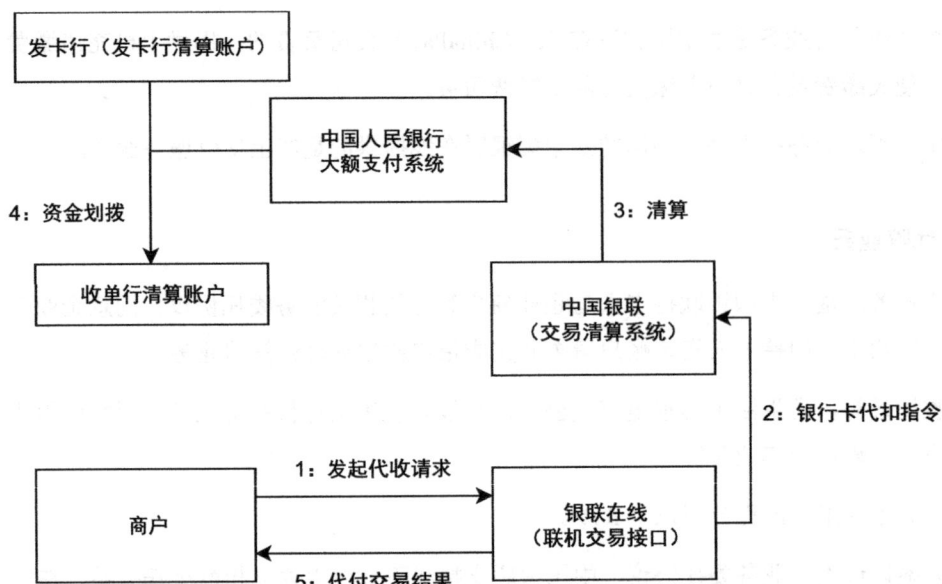

图 4-8

## 2. 代付业务

对于代付业务，中国银联可实现企事业单位（简称"商户"）从自身单位结算账户向持卡人指定银行卡账户进行款项划付。

代付场景有企业向员工发放薪水和奖金，以及保险公司经赔付后向被保险人发放保险资金和赔付款等。

代付业务的工作流程基本与代收业务类似，以发放薪水为例：

（1）薪水发放日期到了，企业（商户）向中国银联在线联机交易接口发送代付请求；

（2）中国银联采集企业预设的员工卡号与实付薪水，接收和组成实时代付交易数据并发送到中国银联结算系统处理；

（3）中国银联结算系统发送给商业银行实时代付交易码，并实时返回交易结果；

（4）对于成功的实时代付交易，商户系统显示代付成功并打印订单，其额度则由中国人民银行小额支付系统从商户结算账户代付总额度中扣减（不成功则不扣减额度）；

（5）若持卡人的入账卡片有短信告知功能，则发卡行会发送短信，提示资金实时入账。

# 4.3　接入中国银联

下面以中国银联全渠道支付为例，介绍商户开发者或支付平台如何接入中国银联全渠道统一支付接口。

全渠道统一支付接口主要适用于签约商户改造的服务商（包括收单机构），在商户改造过程中统一接入中国银联卡支付、二维码支付、刷脸支付及后续新增中国银联支付产品时的接入场景。

## 4.3.1　技术准备

在技术人员接入开发之前，商户的商务、技术人员和中国银联本地分公司商户服务部需要确认以下内容：

（1）对接入的产品和方案进行商务洽谈，提交正式入网申请，确定合作意向和业务需求；

（2）与中国银联技术服务人员确认服务设计方案、技术接口和技术接入方案选型；

（3）双方签订合作协议，确定技术接口人；

（4）成立相关技术项目组进行系统对接，并且制定相关项目的整体计划；

（5）中国银联提供相关示例程序（Demo）、开发者接入文档。

在从中国银联平台上获取到有关 Demo 和文档之后，商户开发者就可以从零开始搭建自己的支付模块或系统了，并使用中国银联开放服务平台服务端 SDK 快速接入网关支付产品，完成与中国银联全渠道的统一支付接入和对接开发工作。

## 4.3.2 技术实现

### 1. 入网注册

进入中国银联开放平台的商户服务门户网站（见图4-9），注册相关商户资料，完成注册后，进入"自助入网测试"页面。

图 4-9

在申请注册完毕之后，选择对应的支付产品（手机无线收款产品、PC收银台、二维码支付、缴费类、代收代付等产品），并根据商户所在地选择对应的收单机构，最后上传入网审核资料。中国银联根据审核结果提供以下测试（沙箱）环境的证书和服务器相关的测试 API URL 地址。测试相关参数如图4-10所示。

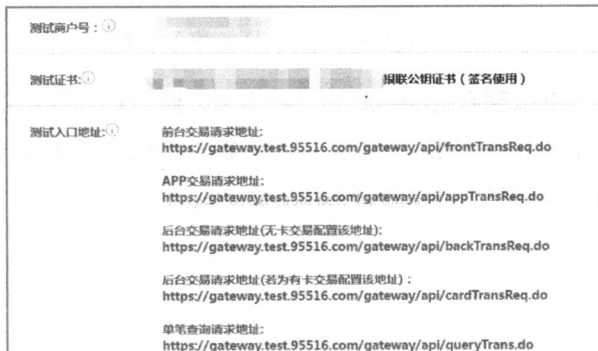

图 4-10

## 2. 获取证书

商户会获取签名证书、敏感信息加密证书和验签证书。

### 1) 签名证书 & 敏感信息加密证书

首先，商户后端对中国银联接口报文中出现的签名表单域（signature）之外的所有数据（全渠道产品参数和商户订单参数）采用"key=value"形式按照名称排序，然后以"&"作为 URL 连接符拼接成待签名串。

其次，对待签名串使用 SHA-256 算法做摘要，再使用中国银联颁发给商户的签名私钥证书中的私钥对摘要做签名操作（签名算法选择 SHA-256）。

最后，对签名做 Base64 编码，将编码后的签名串放在签名表单域里，和其他表单域一起通过 HTTP POST 方式传输给中国银联全渠道支付平台。

### 2) 验签证书

中国银联接口响应返回的数据，对待签名串使用 SHA-256 算法做摘要，再使用商户入网时中国银联提供的验签公钥证书中的公钥对摘要和报文中的签名信息做签名验证操作。

注意：不要采用中国银联自定义的 key，如果采用相同的 key，则在解析参数数据时，程序将无法区分两个相同的 key 对应的内容。

## 3. 集成支付功能

中国银联开放平台为了帮助开发者调用开放接口，提供了开放平台服务端 SDK，目前仅包含 Java 版本，封装了参数签名&验签、HTTP 网络接口请求等相关基础功能。请先下载对应语言版本的 SDK 或 API 并引入商户应用开发工程。

从图 4-11 可以看出，商户开发者不需要直接与银行或发卡机构进行开发，就可以接入各种银行卡的支付方式。

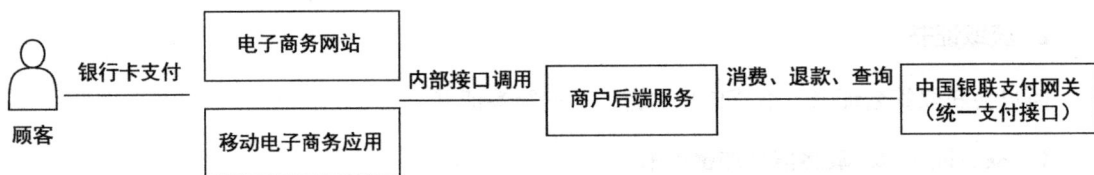

图 4-11

顾客在签约中国银联的电子商户网站或在商业移动应用中购买消费品并使用银行卡支付时：

（1）电子商户网站（移动应用）会与商户后端服务进行通信，将商品信息和顾客信息传给后端服务，生成商户自己的商品订单数据；

（2）商户后端服务调用中国银联支付网关的统一支付接口。也可以是其他接口，这需要依据商户自身的产品特点来选择，例如无跳转支付、在线网关支付、手机 WAP 网页支付、企业网银支付等；

（3）中国银联支付网关将相关交易指令在银行网络（金融数据通信网）中进行操作，返回或通知给商户后端服务相关支付结果。

支付消费接口（本章以支付消费接口为例，不再一一讲解退款、查询、预授权等接口）指境内外持卡人在从事商贸活动的商户的移动应用或电子商网站进行购物等消费时，使用中国银联的银行卡进行支付结算的交易，经中国银联和发卡行批准的消费额将即时反馈到该持卡人的银行卡账户余额上。

支付消费接口一般采用 HTTPS 网络协议，采用 POST 方式传送数据。

中国银联会提供两个接口，对应软件研发流程中的两个环境。

（1）研测环境：是开发人员和测试人员专门用于开发、测试流程的运行环境，在软件公司中，这个研测环境仍会再细分成开发环境和测试环境，在开发环境中由客户端和服务端研发人员共同主导搭建，其相关配置具有实验性，也会比较随意。为了开发、调试方便，日志较为丰富，模拟数据也会较为随意。而测试环境一般是模拟生产环境来定义的，会有较多的数据验证过程、自动化测试工具及步骤。

（2）生产环境：指正式对外运营或服务的环境，一般由测试人员发布，运营和运维人员主导，在这个环境中研测数据会被清空，并且一般会关掉不必要的调试、开发日志等，同时会打开监控日志和错误收集日志等。

研发人员需要在这两个环境中使用代码切换不同的环境 URL。下面使用 Spring 框架中的 profile 功能实现对不同环境的切换。

首先，在配置文件 Application.xml 中定义 profile 节点，可以通过定义 profile 功能将开发、测试和生产环境的相关配置分开，这里定义了三个 profile 节点：dev（开发环境）、test（测试环境）、prod（生产环境）。代码如下：

```
<!-- 开发环境配置文件 -→
<beans profile="dev">
<context:property-placeholderlocation="classpath:settings-dev.properties"/>
</beans>

<!-- 测试环境配置文件 -→
<beans profile="test">
<context:property-placeholderlocation="classpath:settings-test.properties"/>
</beans>

<!-- 生产环境配置文件 -→
<beans profile="prod">
<context:property-placeholderlocation="classpath:settings- prod.properties"/>
</beans>
```

然后，定义默认的 profile，在没有指定任何 profile 的情况下，默认的 profile 内定义的内容将被使用，通常可以在 web.xml（或者 application.xml）中通过定义全局 servlet 上下文参数 spring.profiles.default 来实现：

```
<!-- 配置默认 profile -→
<context-param>
    <param-name>spring.profiles.default</param-name>
    <param-value>dev</param-value>
</context-param>
```

最后，激活对应环境中的 profile，Spring 框架为我们提供了大量的激活 profile 配置的方法，可以通过代码来激活，例如使用以下代码：

```
@ContextConfiguration("/application-dev.xml")
@ActiveProfiles("dev")
public class TransferPayService extends TransferPayEngine {
    //TODO
}
```

也可以通过运行参数、系统环境变量、JVM 参数、servlet 上下文参数来定义 spring.profiles. active 等参数，激活对应的 profile，这里通过定义运行参数实现：

```
-Dspring.profiles.active="dev"
```

在生产环境中，以 Tomcat Web 服务器为例，我们在开发 Web 服务器的启动脚本 start.sh 中加入以下 JVM 参数：

```
-Dspring.profiles.active="prod"
```

如果不指定对应的环境，则应用将采用原来的默认环境，也就是开发环境。

接入支付消费接口，标准请求代码摘自中国银联系统 Demo，代码如下：

```java
Map<String, String> requestData = new HashMap<String, String>();

/*** 中国银联系统 Demo，产品参数，除了 encoding 可自行选择，其他无须修改***/
//版本号，默认值
requestData.put("version", DemoBase.version);
//字符集编码，可以使用 UTF-8、GBK 两种方式
requestData.put("encoding", DemoBase.encoding_UTF8);
//签名方法
requestData.put("signMethod", SDKConfig.getConfig().getSignMethod());
//交易类型，01：消费
requestData.put("txnType", "01");
//交易子类型，01：自助消费
requestData.put("txnSubType", "01");
//业务类型，B2C 网关支付，手机 WAP 支付
requestData.put("bizType", "000201");
//渠道类型，这个字段区分 B2C 网关支付和手机 WAP 支付；07：PC，平板 08：手机
requestData.put("channelType", "07");
/***商户接入参数***/
//商户号码，请改成自己申请的正式商户号或者在开放平台上注册的 777 测试商户号
requestData.put("merId", merId);
//接入类型，0：直联商户
requestData.put("accessType", "0");
//商户订单号，8~40 位数字字母，不能含"-"或"_"字符，可以自行定制规则
requestData.put("orderId",DemoBase.getOrderId());
//订单发送时间，取系统时间，格式为"YYYYMMDDhhmmss"，必须取当前时间，否则会报 txnTime 无效
requestData.put("txnTime", DemoBase.getCurrentTime());

//交易币种（境内商户一般是 156，代表人民币）
requestData.put("currencyCode", "156");
//交易金额，单位为分，不要带小数点
requestData.put("txnAmt", txnAmt);

//前端通知地址（需设置为外网能访问 HTTP、HTTPS 地址均可），指的是收银台支付成功后的页面，单
//击"返回商户"按钮时将异步通知报文 POST 到该地址
requestData.put("frontUrl", DemoBase.frontUrl);
```

//后端通知地址（需设置为公网能访问 HTTP、HTTPS 地址均可，支付成功后中国银联自动将异步通知报文 POST 到商户上送的该地址；对于失败的交易，中国银联不会发送后端通知

```
    requestData.put("backUrl", DemoBase.backUrl);
    /**请求参数设置完毕，下面对请求参数进行签名并生成 HTML 表单，将表单写入浏览器完成跳转并打开
中国银联页面**/
    //报文中 certId、signature 的值是在 signData 方法中获取并自动赋值的，将证书配置正确即可
    Map<String, String> submitFromData =
AcpService.sign(requestData,DemoBase.encoding_UTF8);
    //获取请求中国银联的前端地址
    String requestFrontUrl = getFrontRequestUrl();
    //生成自动跳转的 HTML 表单
    String html = AcpService.createAutoFormHtml(requestFrontUrl,
submitFromData,DemoBase.encoding_UTF8);
    LogUtil.writeLog("打印请求 HTML，此为请求报文，为联调排查问题的依据: "+html);
    //将生成的 html 写入浏览器完成自动跳转并打开中国银联支付页面；这里调用 signData 之后，在将
html 写入浏览器并跳转到中国银联页面之前，均不能对 html 中表单项的名称和值进行修改，如果修改，则会
导致验签不通过
    resp.getWriter().write(html);
```

这样，以上支付消费接口就接入完毕了。除了支付消费接口，其他接口的接入步骤基本一致，这里就不一一赘述了。

支付消费接口的 HTTP 请求体报文如下：

version=版本号（目前最新版本号为 6.0.0）&encoding=编码格式(UTF-8 或 GBK)&merCertId=商户证书序列号&signMethod=数据签名方式（RSA-SHA256，RSA 签名，摘要算法用 SHA256）&bizMethod=acp.unified.pay&merId=商户代码&nonceStr=随机字符串（一般是本地设备时间，精确到微秒）&signature=对报文的签名数据

&orderId=商户订单号&bizContent=参数集合，是 JSON 格式：

```
{
    "scene": "支付场景",
    "authCode": "授权码",
    "txnAmt": 支付金额,
    "currencyCode": "货币代码",
    "backUrl": "商户后端通知服务地址，需公网可访问",
    "termId": "设备终端标识",
    "termInfo":终端信息，选填{
        "mchCreateIP": "IP 地址",
        "longitude": "经度数据",
        "latitude": "纬度数据",
        "networkLicense": "终端入网认证编号",
        "termDeviceType": "终端类型",
        "serialNum": "终端序列号",
        "encryptRandNum": "加密随机因子",
        "secretText": "密文数据",
```

```
        "appVersion": "应用版本号",
        "mCountryCode": "国家代码"
    }
}}
//为确保安全通信，需要自行通过程序验证响应数据示例中的signature值是否为中国银联所提供的
```

### 4. 结果通知

中国银联在支付成功或失败时，会调用接口数据中传送的商户前端或后端 URL 地址，进行支付结果通知，这也意味着商户后端服务（公网可访问）会收到一个 HTTP 请求，这个请求来自中国银联支付服务器。这里以后端通知支付结果为例：

```
Logger.writeLog("接收来自中国银联服务器的后端通知");
String encoding = req.getParameter(SDKConstants.param_encoding);

//获取中国银联通知服务器发送的后端通知参数
Map<String, String> reqParam = getAllRequestParam(req);
LogUtil.printRequestLog(reqParam);

Map<String, String> valideData = null;
if (null != reqParam && !reqParam.isEmpty()) {
  Iterator<Entry<String, String>> it = reqParam.entrySet().iterator();
  valideData = new HashMap<String, String>(reqParam.size());
  while (it.hasNext()) {
    Entry<String, String> e = it.next();
    String key = (String) e.getKey();
    String value = (String) e.getValue();
    valideData.put(key, value);
  }
}

//重要！验证签名前不要修改reqParam中键值对的内容，否则验签不通过
if (!AcpService.validate(valideData, encoding)) {
 Logger.writeLog("验证签名结果[失败].");

//验签失败，需要解决验签问题
 } else {
 LogUtil.writeLog("验证签名结果[成功].");
//注意，这段示例代码是为了演示参数验签成功才写的成功处理逻辑。如果真实交易成功，则请更新商
//户订单状态
 String orderId =valideData.get("orderId"); //获取后端通知的数据，其他字段也可用类似
//方式获取
 String respCode = valideData.get("respCode");
 }
```

```
Logger.writeLog("BackRcvResponse 接收后端通知结束");
//返回给中国银联服务器"http 200"状态码
resp.getWriter().print("ok");
```

#### 5. 异常处理

在通知回复商户后端服务时会出现各种各样的异常（可参考银联开放平台的相关文档），需要商户开发者处理和回复中国银联支付网关。

这些异常可分为以下几类。

（1）参数缺失或不正确。例如：支付接口版本号不正确；交易类型不在指定范围内；签名等必填字段缺失，这些都需要返回中国银联服务接口"Invalid request."字符串。若交易类型和请求地址校验有误，则需要返回"Invalid request URI."字符串。

（2）验证签名失败。这一般是由于数据报文遭遇劫持或篡改，导致的通知数据验证不通过。还有一种情况是在参数中带特殊字符。我们在请求时特别要注意对特殊字符进行过滤、处理和还原。

（3）中国银联支付网关返回错误应答码和应答描述信息，可以在中国银联的公共平台上查询对应的详细描述。

（4）触发交易风控。例如：订单交易时间超长；交易金额超过每日限额；账号操作频繁；信用卡使用地点与常用地点偏差过大等。

（5）其他类型的错误。例如：网络请求错误；请求超时；HTTPS 握手错误，等等。

### 4.3.3　测试

在接入中国银联全渠道 API 之后，就可以使用测试环境地址进行测试了。目前中国银联也提供了以下内容供商户测试，特约商户或第三收单机构为中国银联提供测试人员协助测试。

● 测试支付卡：类似于中国银联银行借记卡。

● 证件号：模拟身份证号码。

● 手机号：模拟移动手机号码。

- 密码：默认密码。

- 姓名：全渠道。

- 短信验证码：123456（WAP/控件）、111111（PC）。注意：要在单击"获取短信验证码"按钮后再输入短信验证码。

中国银联还提供了测试后端供商户进行跳转类型的测试工具。

商户测试人员在完成测试之后需要提交测试报告、请求报文数据、通知回复数据等测试资料给中国银联测试人员。

中国银联测试人员在确认测试数据和业务流程之后，进行清档及准许发布生产环境的回复，这样就完成了整个接入中国银联全渠道 API 的工作。

# 4.4　中国网联介绍

中国网联是中国网联清算有限公司运营的第三方支付机构统一的网络清算平台，由中国支付清算协会组织发起设立，其中包含央行清算总中心、财付通、蚂蚁金服（支付宝）、中国银联商务等在内的 45 家机构，于 2017 年 7 月份签署设立协议书并发起设立，主要处理由非银行金融机构发起的涉及银行账户的网络支付业务，受中国人民银行监管，在北京、上海、深圳等地建设了 6 个数据中心。

目前央行下属 7 家机构持有中国网联 37% 的股份，包括中国支付清算协会、蚂蚁金服（支付宝）、财付通在内的 29 家第三方支付机构持股共 63%；这些机构共同出资 20 亿元，建设了中国网联，其中，蚂蚁金服（支付宝）和财付通的最终持股比例均为 9.61%。

## 4.4.1　中国网联的历史

2002 年，在支付行业还没有第三方支付的概念，网银支付也处于萌芽状态。中国银联专注于自己的专业领域，例如 POS 机支付、银行卡标准及交易转接和清算业务。2004 年，淘宝网想接入中国银联支付网关从而实现在线支付，在未获得中国银联支持后，马云成立了支付宝网络技术有限公司（后简称支付宝）来支撑线上的支付请求量。此时支付宝采用的是支付机构与银行间的直联模式，直联的银行为中国工商银行西湖分行。

随着线上业务和移动互联网社交的发展，第三方支付机构和支付业务遍地开花，用户在线上线下购物进行交易付款时，可选择各家支付机构的付款码（微信、支付宝等）并向商户出示，即可完成支付付款。在中国网联成立之前，这些采用的都是直联银行模式，如图 4-12 所示。

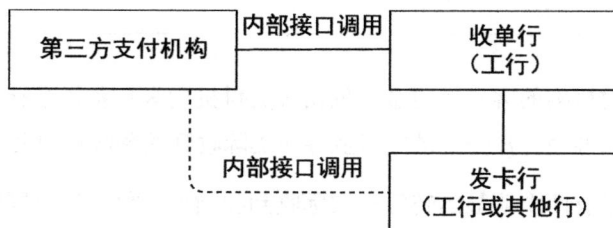

图 4-12

第三方支付机构开发自己的支付系统，接入商业银行的 API，实现与银行收单系统对接，这里分两种情况：

（1）若发卡行（顾客账户或银行卡）与收单机构为同一家银行或机构，则在顾客账户与商户账户之间进行内部交易结算；

（2）若发卡行（顾客账户或银行卡）与收单机构不为同一家银行或机构，则通过自己的支付系统进行转接清算，发卡行通过 API 从用户账户中扣除相关交易款项，再由发卡行通过中国银联或央行小额支付系统将钱转交到收单机构的商户账户中。其中涉及第三支付机构在银行中备付金账户的相关操作，这里不再详细讲解。

在上面的直联银行模式中，部分交易流水没有经过中国人民银行，中国人民银行无法获知真实的交易情况并掌握资金流向，也就无法对交易进行有效的金融监管，所以出现了很多影子银行、洗钱业务等，越来越多的公司或企业在利益的驱使下进入支付行业，成为第三方支付机构。到 2016 年年底，据电子商务数据监测报告，电子商务交易额达 22.97 万亿元，其中，B2B 市场交易规模达 16.7 万亿元，网络零售市场交易规模达 5.3 万亿元，生活服务电商交易规模达 9700 亿元，已经对国民经济产生了巨大的影响。

中国人民银行为了整顿这一乱象，以及实现交易数据监管和宏观经济调控，由央行清算总中心主导成立了中国网联，发布《中国人民银行支付结算司关于将非银行支付结构网络支付业务由直联模式迁移至中国网联平台处理的通知》，并责成第三方支付机构从 2018 年 6 月 30 日起，支付机构与银行原有的直联模式全部切断，网络支付全部通过中国网联转接清算。

## 4.4.2　备付金

备付金通常指支付机构的客户备付金，依据《支付机构客户备付金存管办法》的解释，客户备付金指支付机构为办理客户委托的支付业务而实际收到的预收待付货币资金。

对于备付金的定义有两个明显的特征：实际收到和预收待付。只有同时满足这两个特征的才叫作备付金。其中不属于预收待付和虽然属于预收待付但未实际收到的资金（即在途资金）均不属于备付金。

实际收到，通常指支付机构收到客户资金并入账到支付机构内部的支付系统中、银行收到备付金、实际收到资金、收到客户划转备付金不可撤销的支付指令等。

备付金主要解决了早期第三方支付机构吸收客户的资金被挪用、占用（吃利息、非法理财）的问题。中国人民银行为了保障客户（消费者）的权益，同时为了维护金融市场秩序的稳定，加强了对第三方支付机构资金的监管。

第三方支付机构的备付金主要存放在备付金银行或中国人民银行。

备付金银行的特点是业务能力足够强大，资金雄厚，具备监督管理支付机构的备付金能力和容灾应急恢复能力。它包含两种类型：存管银行和合作银行。

- 存管银行：可办理跨行收付业务，负责对支付机构存放在所有备付金银行的备付金进行收集、核对与监督。

- 合作银行：指可办理客户备付金的收取和本银行支取业务，负责对支付机构存放在本银行的客户备付金进行监督的备付金银行。

支付机构会在备付金银行开立备付金专用存款账户，主要用于专款专户存放备付金的活期存款账户，其中包含备付金存管账户、收付账户和汇缴账户。

支付机构在同一个省（自治区、直辖市）只能开立一个备付金存管账户。

2018 年年初，央行发布《中国人民银行办公厅关于调整支付机构客户备付金集中交存比例的通知》，将支付机构的客户备付金存管缴存比例，从目前的平均 20%上调至 50%左右。

## 4.5　中国网联的业务

中国网联是支付宝和财付通等非银行第三方支付机构和银行等金融机构之间的桥接层。中国网联不直接开展支付业务，只转接支付业务，包含交易处理（签解约协议支付、付款、退款等）、清结算（资金清结算）、对账（账务核对核算）、差错处理（业务差错处理和报文差错处理）这 4 种类型。

下面主要讲解中国网联与非银行第三方支付机构和银行之间的通信报文结构、传输方式、关系和业务等。

### 4.5.1　通信关系

中国网联是连接商业银行与非银行支付机构的平台，涉及业务逐笔发送、定时轧差、定时清算，主要处理与第三方支付机构相关的银行间清算业务，包括客户通过支付机构发起的业务及相关业务如协议支付、签约、解约、提现、支付、查询、退款、交易号查询等（更多的业务例如身份认证等不在此描述之列），如图 4-13 所示。

与中国网联密切相关的是支付机构，在这个机构里面包含银行（商业银行）和经中国银行业监督管理委员会批准获得支付业务许可证的非银行支付机构（支付宝、微信），以及其他获准接入系统的相关第三方支付企事业单位或组织机构。

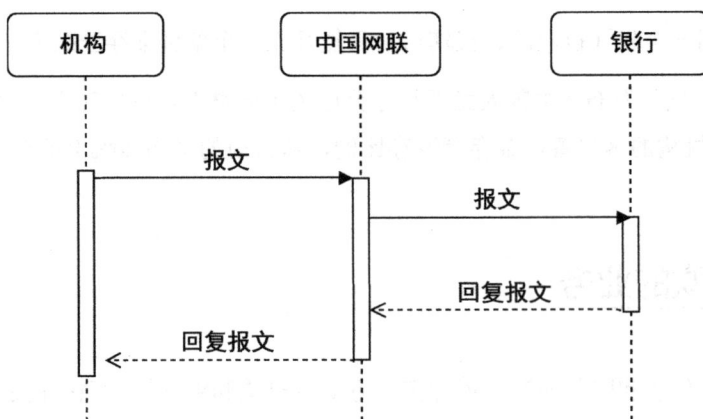

图 4-13

## 4.5.2　通信报文

中国网联与第三方支付机构系统、银行交易引擎之间的通信协议叫作 EPCC 协议（instpay 报文或 sgw 报文），是一种结构化的数据体，使用 XML 进行描述。

在计算机系统和网络中，标记指计算机能理解的信息符号，通过这种标记，计算机之间可以处理各种信息比如文章等。XML 可以用来标记数据、定义数据类型，是一种允许用户对自己的标记语言进行定义的源语言；并且非常适合互联网传输，提供了统一的方法来描述和交换独立于应用程序或供应商的结构化数据，是互联网环境中跨平台的、依赖于内容的技术，也是当今处理分布式结构信息的有效工具。早在 1998 年，W3C 就发布了 XML 1.0 规范，使用它来简化互联网的文档信息传输。

报文通过 HTTPS 数据流在中国网联、第三方支付机构及银行之间进行流动。

格式如下：

```xml
<?xml version="1.0" encoding="utf-8"?>
<root xmlns="pay">
  <MsgHeader>
    报文头描述信息
  </MsgHeader>
  <MsgBody>
    报文体数据
  </MsgBody>
```

```
</root>\r\n
{S:
签名数据
}
```

报文头被存储在 **MsgHeader** 标签中，其中主要是报文生成时间、报文编号、发起方所属机构标识、报文方向、签名序列号、加密序列号及数字信封。

报文体 **MsgBody** 存储业务信息数据。

签名数据"**{S:**"是将头部数据进行哈希算法计算，然后使用发送方的非对称私钥进行加密，并且在 **Base64** 编码之后生成的。

报文大致可以分成以下几类。

● 申请报文：向服务提供方申请相关的业务内容，例如：协议支付申请报文就是从第三方支付机构向中国网联申请协议支付，然后转发报文到付款行和收款行。

● 回执报文：服务提供方针对申请方申请的业务内容进行回复。例如：协议支付中的付款行将交易信息回复给中国网联，中国网联收到回复后，再转发报文给第三方支付机构。

● 跳转报文：用于平台将报文跳转到其他参与方（银行或金融机构）。

● 通知报文：用于服务提供方完成相关业务操作时，通知发起方异步操作的响应和消息的到达。例如：网关支付状态的通知是由中国网联在支付完成之后将支付订单信息和订单状态通知给第三方支付机构的。

## 4.5.3 业务报文

网联业务主要涉及如表 4-3 所示的几大报文。

表 4-3

| 报文名称 | 报文方向 | 签 名 | 对 账 |
| --- | --- | --- | --- |
| 身份认证及签约申请报文 | 支付机构→平台→银行 | 是 | 否 |
| 身份认证及签约回执报文 | 银行→平台→支付机构 | 是 | 否 |
| 商业委托签约申请报文 | 支付机构→平台支付机构→平台→银行 | 是 | 否 |
| 商业委托签约跳转报文 | 平台→支付机构→银行 | 是 | 否 |

| 报文名称 | 报文方向 | 签　名 | 对　账 |
|---|---|---|---|
| 商业委托签约通知报文 | 银行→平台→支付机构 | 是 | 否 |
| 解约通知报文 | 支付机构→平台→银行 | 是 | 否 |
| 解决申请报文 | 银行→平台→支付机构 | 是 | 否 |
| 协议支付申请报文 | 支付机构→平台→银行 | 是 | 是 |
| 银行验证支付申请报文 | 支付机构→平台→银行 | 是 | 是 |
| 银行验证支付提交报文 | 支付机构→平台→银行 | 是 | 是 |
| 网关支付申请报文 | 支付机构→平台 | 是 | 是 |
| 网关支付跳转报文 | 平台→支付机构→银行 | 是 | 是 |
| 网关支付状态通知报文 | 银行→平台 | 是 | 是 |
| 退款申请报文 | 支付机构→平台→银行 | 是 | 是 |
| 付款申请报文 | 支付机构→平台→银行 | 是 | 是 |
| 交易回执报文 | 银行→平台→支付机构 | 是 | 是 |
| 协议支付终态通知报文 | 平台→支付机构（银行） | 是 | 是 |
| 银行验证支付终态通知报文 | 平台→支付机构（银行） | 是 | 是 |
| 网关支付终态通知报文 | 平台→支付机构（银行） | 是 | 是 |
| 退款终态通知报文 | 平台→支付机构（银行） | 是 | 是 |
| 付款终态通知报文 | 平台→支付机构（银行） | 是 | 是 |
| 差错提交申请报文 | 支付机构→平台→银行 | 是 | 否 |
| 差错提交回执报文 | 银行→平台→支付机构 | 是 | 否 |
| 交易状态查询申请报文 | 支付机构→平台 | 是 | 否 |
| 交易状态查询回执报文 | 平台→支付机构 | 是 | 否 |
| 非正常终态查询申请报文 | 支付机构→平台→银行 | 是 | 否 |
| 非正常终态查询回执报文 | 银行→平台→支付机构 | 是 | 否 |
| 交易详情查询申请报文 | 平台→支付机构 | 是 | 否 |
| 交易详情查询回执报文 | 平台→支付机构 | 是 | 否 |
| 差错状态查询申请报文 | 支付机构→平台 | 是 | 否 |
| 差错状态查询回执报文 | 平台→支付机构 | 是 | 否 |
| 商业委托查询申请报文 | 支付机构→平台→银行 | 是 | 否 |
| 商业委托查询回执报文 | 银行→平台→支付机构 | 是 | 否 |
| 通用应答报文 | 平台→银行 | 是 | 否 |

## 4.5.4　传输方式

中国网联与第三方支付机构、银行之间的报文采用 HTTPS 进行传输，传输的目标地址由中国网联分配。

另外，若需要下载和传输账务对账文件，则采用 SFTP 进行传输，访问地址或接入方式由中国网联分配。

## 4.5.5　交易系统

第三方支付机构通过支付系统与中国网联通信，其交易系统的核心在于交易引擎（涵盖下单、交易、转账等环节），通常由单实例的中心引擎控制整个规则流程、数据流和信号流的走向。

整个交易系统的数据流由业务系统（第三方支付机构或商业银行）输入和驱动，进入交易引擎（主要由交易规则、交易流程组成），上层业务分为资金处理、账务处理、消息通知及收费处理四大业务，如图 4-14 所示。

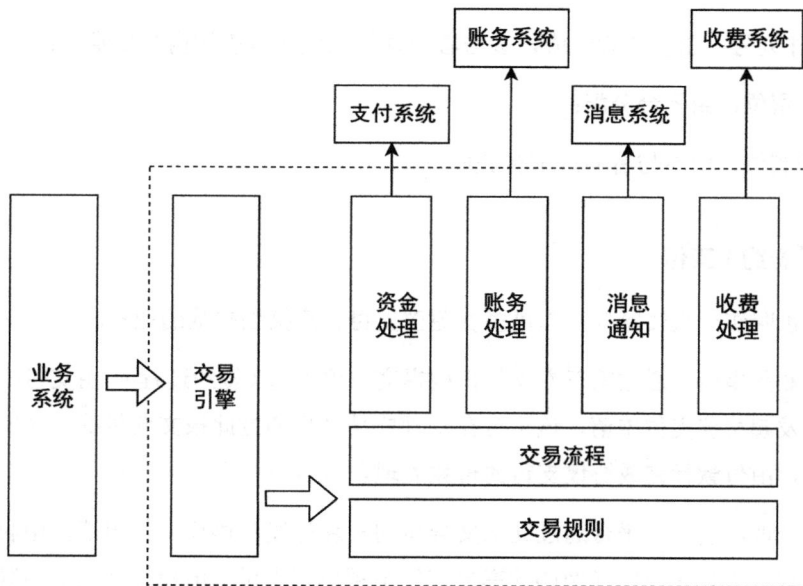

图 4-14

交易流程包含以下环节。

（1）下单：填写、下单。

（2）履约：正向履约，例如支付、出货等。

（3）账务处理：退款、优惠。

（4）管理：订单管理、用户界面。

（5）消息通知：渠道通知、处理结果通知。

### 1. 交易流水号

交易流水号是交易引擎中的唯一标识，在单据信息里面十分重要。第三方支付机构与银行发起签约类、支付类及差错类业务时，中国网联会为每笔业务都分配当日唯一的交易流水号，31 位，其交易流水号组成规则如下：

- 8 位日期 + 16 位序号 + 1 位预留位 + 6 位控制位；

- 8 位日期，为系统当前时间，ISODate 格式为 yyyymmdd；

- 16 位序列号，由参与者生成，参与者应确保该值在本机构内当日唯一；

- 1 位预留位，由平台分配；

- 6 位控制位，由参与者通过平台获取。

### 2. 协议（签约）支付

协议支付也叫作一次性鉴权，指可多次免密支付、直接划扣款的业务。

协议支付业务指用户通过第三方支付机构提交协议支付（签约过程），由支付机构通过此报文向支付平台发起协议支付申请，该平台在受理成功之后通过此报文向付款行（发卡行）转发协议支付申请，由付款行完成协议支付的付款处理。

若付款行处理成功，则平台通过此报文异步向收款行发起协议支付申请，由收款行完成协议支付收款处理。用户在消费（例如共享单车的小额免密支付、电视生产商的内容包月扣费）或付款时直接输入商户关联账户的支付密码即可完成付款。

以商户 App 为例，协议支付的主要流程如图 4-15 所示。

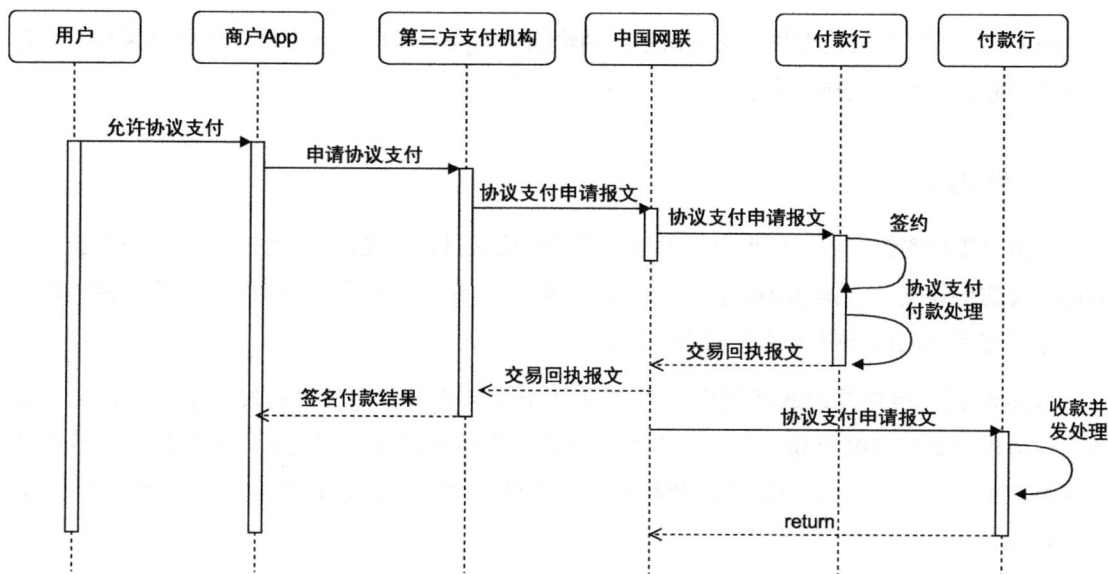

图 4-15

该流程如下所述。

（1）用户通过商户 App 付款时，商户 App 会提醒用户是否需要开通免密协议支付。

（2）如果用户单击"同意协议并开通"按钮，则意味着签约协议支付流程开始；

（3）商户 App 会通过第三方支付机构的 SDK 或 API，向第三方支付机构发起协议支付申请，此时还会检查申请报文是否符合标准 EPCC 协议。

（4）第三方支付机构将协议支付申请，转换成标准的 instpay 报文或 sgw 报文协议发送到中国网联。

（5）中国网联在收到报文之后发送报文给付款行（付款行指信用证上指定承担付款责任的银行，通常是开证行（或开户行），也可能是根据信用证规定由开证行指定的另一家银行），进行协议签约和协议支付的付款处理（可能没有付款）。

（6）付款行将交易回执报文返回给中国网联。

（7）中国网联在收到报文之后，一方面将交易信息和处理结果返回给第三方支付机构，一方面将协议支付申请报文发送给收款行（商家所在的签约行）。

（8）第三方支付机构将协议支付消息回调给商户 App，商户 App 在收到支付结果后，会将其在用户界面展示，这样完成了协议支付的整个流程。

### 3. 解约规则

在协议支付签约之后，如果用户不想再通过协议支付，则提供一个解密的对等操作就可以解除之前的协议支付，解约动作包含两个报文（解约申请报文和解约通知报文），数据流向是商户→第三方支付机构→中国网联→商业银行。

基本流程：用户发起解密操作，通过商户 App 向第三方支付机构发起解约协议支付请求，该请求被通过 EPCC 协议传给付款行，付款行在解密操作完成之后，将结果消息返回给中国网联中心，并且同步发送给收款行操作"解约"扣款，最后通知商户 App 将解约结果展示给用户。

单击"关闭服务"按钮即可解除之前的协议支付，用户下次再进行支付活动时就需要重新验证了。

### 4. 提现规则

提现一般指用户将属于自己的资产提取成现金（银行卡资金）。用户通常在支付宝钱包和微信零钱包中操作提现，这时是在第三方支付对公账户中提取属于用户的一部分资金（可提现的），用户会看到自己账户对应的余额数字减少。

支付宝、微信（财付通）在对应的备付金存管银行（你要提现到的银行卡的银行）将备付金账户扣减一笔钱，然后将钱转到用户的银行卡上（从对备付金账户转到用户的银行卡账户，这一般是批处理动作，一次一批，所以会有一定的延时）。

提现业务在本质上就是一笔资金的代付交易，基本时序流程如图 4-16 所示。

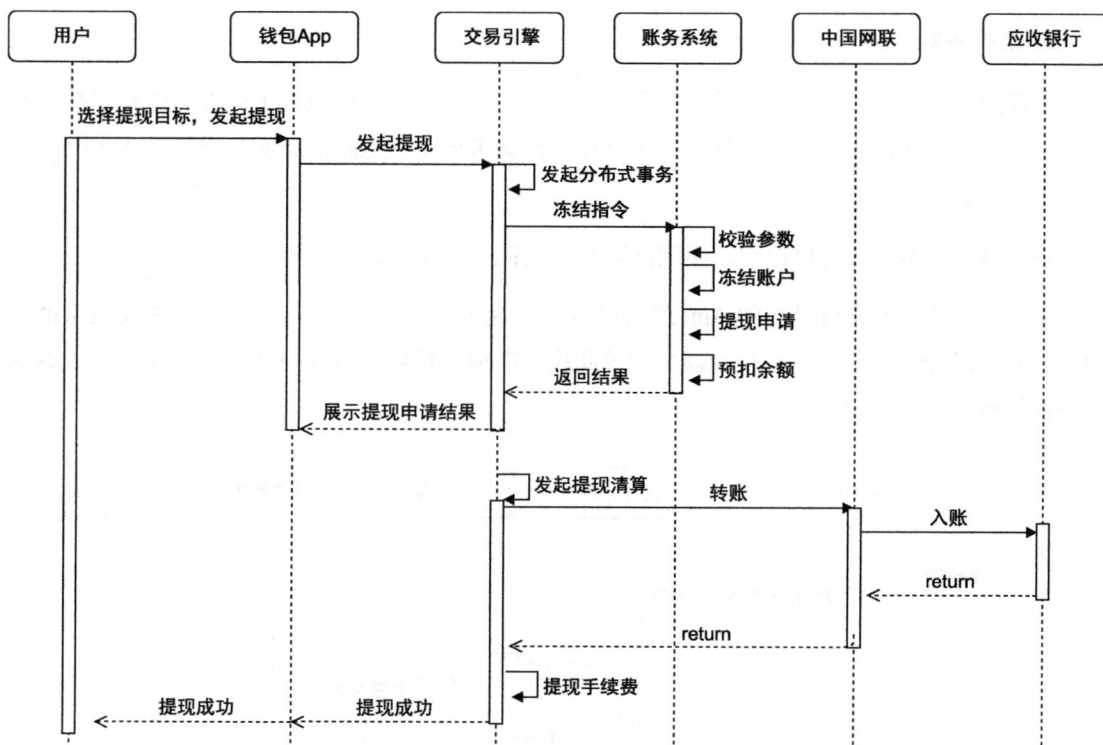

图 4-16

其流程大致如下。

（1）提现申请：用户向第三方支付机构发起提现转账指令。

（2）提现受理：用户资金符合第三方支付机构的提现条件，支付机构的网关受理用户的提现请求。

（3）提现清算：提现成功，银行将返回提现清算文件，并在内部结算相关提现手续费等。

除了提现成功，也存在提现失败等情况。

● 提现失败：银行返回受理失败（银行卡信息校验不通过、风控等入账条件不满足等）。

● 提现退票：银行账户入账失败，导致资金退回第三方支付机构（退回备付金账户或网银转账）。

### 5. 退款规则

允许用户对未完成（处于售前、售中状态）的订单退款，主要是为了处理和缓和交易双方的纠纷与矛盾，通常与退款原因结合，可以让商户更多地了解退款的比例与原因，从而改进产品质量和服务。

这里只讲解第三方支付机构、中国网联及退款银行之间的交互行为。

用户通过第三方支付机构的 App 或商户 App 发起退款动作，第三方支付机构通过退款报文向中国网联发起退款申请，平台受理并通过此报文向退款行转发退款申请，由退款行完成退款相关的处理，如图 4-17 所示。

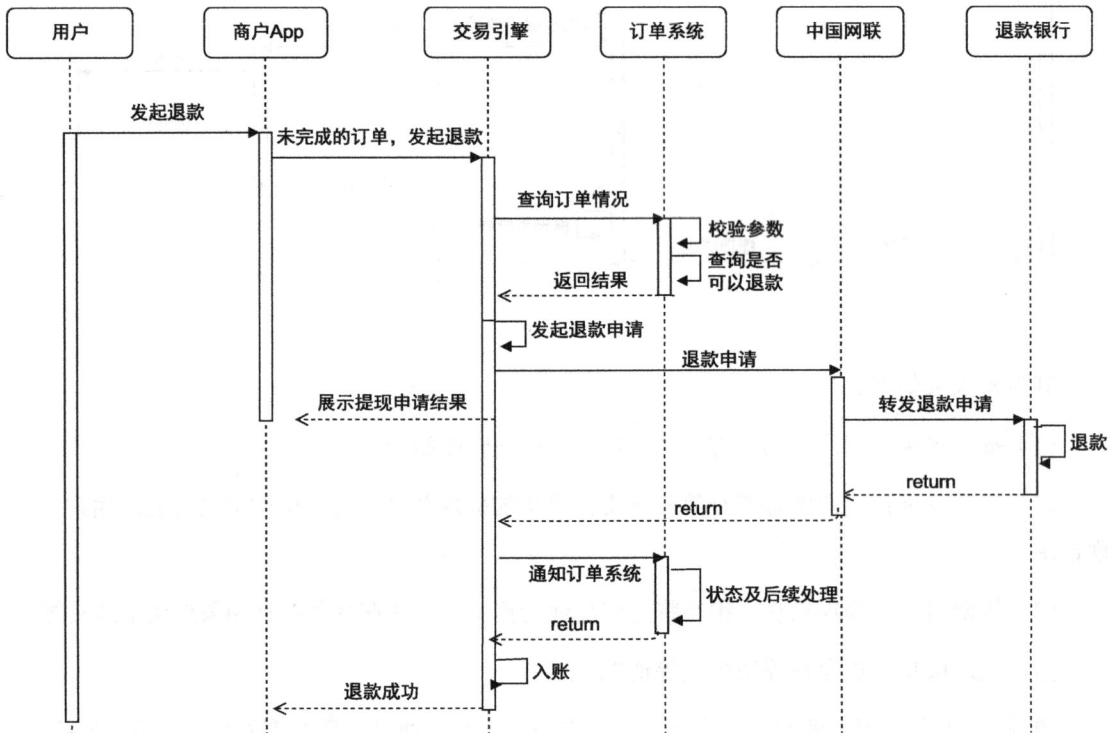

图 4-17

该流程大致如下。

（1）退款申请：用户（商户）向第三方支付机构发起退款指令。

（2）退款受理：用户资金符合第三方支付机构的退款条件（一般与订单系统进行交互），支付机构的网关受理退款请求。

（3）退款清算：退款成功，退款行将返回退款清算文件。

除了退款成功，也存在退款失败、退款退票的情况。

● 退款失败：银行返回受理失败（银行卡信息校验不通过、风控等入账条件不满足等）。

● 退款退票：银行账户入账失败，导致资金退回退款行（退回备付金账户或网银转账）。

### 6. 付款规则

用户通过商户 App（或第三方支付机构的钱包应用）发起付款交易（支付），商户或钱包 App 都将付款指令发送给交易引擎，由交易引擎构造 EPCC 协议中的付款申请报文，并递送给中国网联，中国网联在受理完成之后，将此报文发送到付款行申请付款，由付款行完成付款处理。

若付款行处理成功，则将返回交易回执给中国网联，中国网联在接收到交易回执后向收款行发送付款申请报文，由收款行完成相关收款入账处理，并返回交易回执报文给中国网联。这时这份交易回执被转发到交易引擎，由第三方支付机构或商户 App 展示付款结果及付款信息给用户。

付款时序流程如图 4-18 所示。

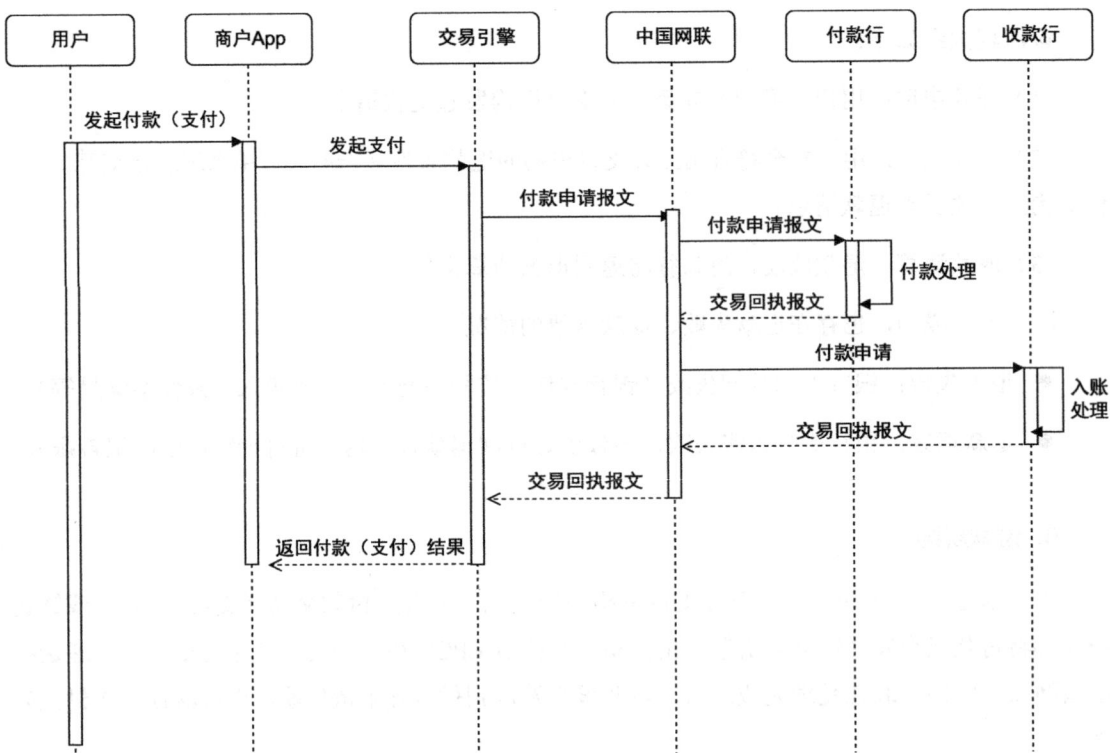

图 4-18

# 4.6 支付渠道与路由

前面介绍了支付宝、短信、银联卡和中国银联全渠道等支付方式（都属于支付渠道），这些支付方式的提供，对于用户来说，能帮助其选择自己喜欢的支付方式（例如：使用信用卡积分的人可能经常使用信用卡进行支付；储蓄账户里面没有余额的年轻人可能更偏向于使用支付宝的花呗、微信支付的微粒贷支付方式）；对于第三方支付机构来说，能帮助其提供费率与体验最佳平衡的支付方式推荐。例如：在这个过程中，支付系统运营人员会依据商业逻辑方面的利益最大化选择性地接入支付渠道与交易路由策略。

注意：大型商业银行的费率与民营银行的费率是不一样的，一般在同等稳定、质量的两个通道上，哪个支付通道省钱就采用哪个支付通道。

多渠道路由主要是为了提供给用户丰富的支付方式、体验、交易成功率及平台费率产生的收益。融合支付收银台一般会融合许多支付渠道（例如：通用的第三方支付机构支付宝、微信；银行渠道工、农、中、建网银；运营商的短信支付和充值卡；游戏厂商的虚拟币等），在不同的渠道有着不同的费率、交易成功率、交易速度及通道稳定性，这就决定了支付系统要提供一个多渠道管理和路由的机制，在支付过程中给用户提供一条最优的支付选择路径，如图4-19所示。

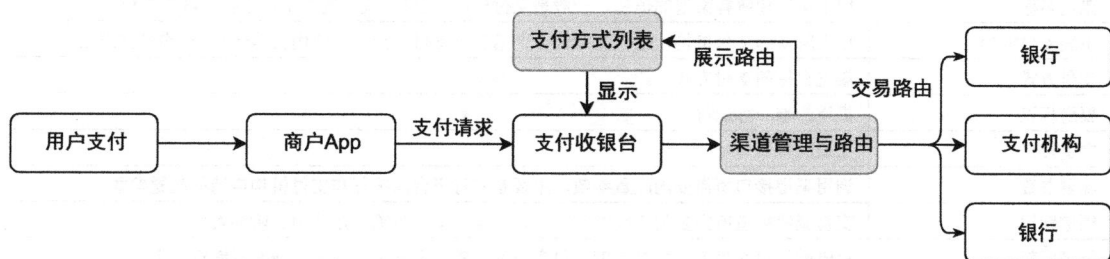

图 4-19

从图 4-19 来看，融合支付整合了银行和第三方支付机构的各种支付方式，怎么显示支付方式和选择交易渠道都是由渠道与路由这个重要模块来完成的，其中主要包含渠道管理、展示路由和交易路由。

## 4.6.1 渠道管理

支付渠道，也叫作支付通道或交易渠道，顾名思义就是支付平台上支持用户支付和交易的通道，这些支付渠道帮助用户完成交易金额的支付，并且支持平台与银行之间的交易互通、认证及账务结算。目前的支付平台一般会对接多家支付渠道，例如：支付宝、微信、银行直连、运营商、第三方代理（易宝）等，按其功能来分有支付渠道、收款渠道、跨境渠道及代收渠道等。

主流支付渠道有银行直连和银行间联两种。

（1）银行直连。从字面上理解就是直接对接银行 API，支付接口是直接和银行 API 做系统连接的，其功能如认证支付、清算对账和资金划转都是和银行直接进行的，接口受到银行的直接监管。例如：中国建设银行的支付渠道（通道）就有支付扣款接口、退款接口、交易状态查询接口及清算文件传输等。

（2）银行间连。银行间连指第三方支付机构的收银台不直接对接银行自己的接口，而是通过中间的平台（中国银联、中国网联等）建立联系。

渠道的属性如表 4-4 所示。

表 4-4

| 属性名称 | 备注信息 |
| --- | --- |
| 渠道名称 | 用于备注和解释渠道的信息，一般是支付机构+支付方式，例如工商银行_WEB 支付 |
| 所属支付机构 | 渠道所属的支付机构，包含商业银行、第三方支付机构，一般由机构代码+机构名称组成 |
| 支付方式 | 渠道支持的支付方式 |
| 渠道标识 | 渠道的唯一标识符 |
| 渠道接口 | 渠道的接口地址 |
| 配置参数 | 调用渠道接口所需要的配置参数，主要是支付平台向银行和支付机构申请的配置参数 |
| 渠道费用 | 交易流经渠道所需要的手续费率，包含固定费率、单笔固定费用、阶梯费率 |
| 渠道限额 | 单笔或每日交易限定交易额度，包含交易金额的上限和下限值，通常对银行有限额 |
| QOS 管理 | 通过自己监测系统产生的服务情况，包含交易平均时延、支付成功率、错误率 |
| 渠道属性 | 支持对公、对私业务属性 |
| 渠道货币 | 支持的货币类型，例如人民币 |
| 渠道状态 | 目前时间节点上渠道的状态情况，有些渠道有限时维护的情况 |
| 渠道账户 | 支持的账户类型，例如银行的 I、II、III 类账户 |
| 签约情况 | 该渠道的协议和签约情况 |
| 结算周期 | 实时结算、T+1 结算 |
| 到账时效情况 | 包含实时到账、T+1、2 小时内到账 |
| 支持终端类型 | 是否支持 POS 机、移动手机、Web 及应用程序等 |

路由的基础就是多渠道，如果只有一个渠道，也就谈不上什么管理和路由了。

## 4.6.2　展示路由

展示路由也叫作支付方式展示路由，是支付收银台前端支付方式的展示和引导，引导用户使用某种支付方式，是工商银行、支付宝还是微信支付，并且决定了收银台界面上支付方式的显示和排序。

引导路由依赖于引导规则的过滤与选择，例如：用户最近一次使用过的支付方式、营销活动引导路由等。

## 4.6.3  交易路由

引导用户进入某一种支付方式之后，支付系统会在多个支付机构中进行交易路由，选出最优、最适合它的交易路径。

其实一种支付方式与多个目标机构相关联，一种支付渠道又可支持多种目标机构的支付，一个目标机构可同属于多种支付渠道。这是一种比较复杂的关联关系。

渠道对接流程如下：

（1）从商务与渠道签约并生效起，支付方式与目标渠道机构就会接入支付系统中；

（2）目标机构会将相关的参数、配置提供给支付系统开发人员进行渠道对接；

（3）对接完成之后，支付方式会与目标机构形成对应的关系。

一笔交易路由的流程如下：

（1）用户在支付收银台中选择支付方式；

（2）支付方式会匹配到对应银行的机构编码（例如：用户选择快捷支付，支付银行卡为农行的银行卡，则会匹配到农行的机构编码）；

（3）根据支付的机构编码、银行卡属性（贷记/借记）、对公/对私、支付金额（在渠道限额范围内），支付发起终端属性（如 WAP、App、Web 等），匹配对应的支付渠道；

（4）若匹配到多个渠道，则根据优先级配置选择优先级高的渠道完成支付。

# 第 5 章
# 账务系统

在讲解账务系统之前，先讲解什么是记账。

记账的历史可追溯到古代，我们的祖先在很早以前就会通过结绳记事来记录实物和部落的收获。随着社会和生产力的发展，结绳记事已经不能满足人们记录的需求了，现代社会活动中人们需要记录的物品种类也越来越多，看待财产的角度也多种多样：在日常生活中有消费流水的记账，在企业经济经营活动中有成本、收入与利润的记账，还有银行和金融机构交易过程中资金流水的记账。

如果按以上记账类型来分类，则可以把记账分为如下三种。

（1）以个人、家庭流水记账为主体的个人财务软件。在移动互联网高速发展的今天，有大量的个人、家庭财务应用涌现，例如：网易出品的网易有钱-专业记账管钱应用就是一个随手记账的理财应用，可以全面管理个人资产，主要功能覆盖记账、理财、消费券管理、欠还款日程管理、资产管理、自动记账、投资理财、消费管理、快捷记账等，同时支持云端数据自动同步和账单报表统计。支付宝也自带记账功能，例如支付宝年度账单、消费记录等。

（2）以中小企业经营活动为主体的财务系统。这类系统发展得非常成熟，在国内主要以用友账务软件和金蝶财务管理平台为代表，一般适用于中小企业经营活动，部署在企业私有云、公有云或单机上，基本覆盖中小型企业财务管理的几大环节：账务管理、固定资产管理、人力资源成本核算、工资管理、出纳管理、经营分析与统计报表。这类系统主要为企业决策者、股东提供企业财务健康度评估、经营活动决策、成本控制与利润分配等相关数据支撑。

（3）以商业银行、金融机构、第三方支付机构为代表的账务系统。这类系统与前面两种有较大区别，以账户为中心来记账，需要支持海量账户数量和账务数据的核对、核算，同时需要有较强的安全性、设计性和容灾处理性等。

本章主要以第 3 种类型来讲解账务系统的概念、业务流程和系统实现。

## 5.1　账务系统的概念

账务系统，从概念上来讲，指专门用于账务处理的计算机软件系统，也是银行信息化建设的核心之一。第三方金融（支付）机构的账务系统往往参照商业银行的账务系统标准来设计，涵盖记账、对账及核算三大主要功能。

银行或第三方支付机构的业务系统往往需要用户的资金数据进行核算，将处理结果汇总并生成凭证送往账务系统进行统一处理。账务系统充当虚拟货币的银行角色，银行资金管理系统则管理着真实的货币。

账务系统的主要功能是如实记录涉及资金变化的信息流和资金流，通过记账、对账、核算等来识别账目之间的差异，保证账户的内外部（银行、账户余额）同步，通常涉及会计科目、账户等模块。

如图 5-1 所示是一个用户的支付动作业务流程图，可以看到，记账与对账始终贯穿了整个业务流程，大致分成以下几步。

（1）用户在商户 App 或网站上选择商品并支付、结算。

（2）商户系统的服务端将支付请求发出去，支付数据流经过用户、商户（设备）、收单行（第三方支付机构、中国银联、商业银行）、中国网（银）联，最后到达商户发卡行账户（或第三方支付机构）。

（3）资金的结（清）算从支付数据流的终点开始进行，经过发卡行、网（银）联中心、收单行、商户系统等。

（4）商户的账户收到钱。

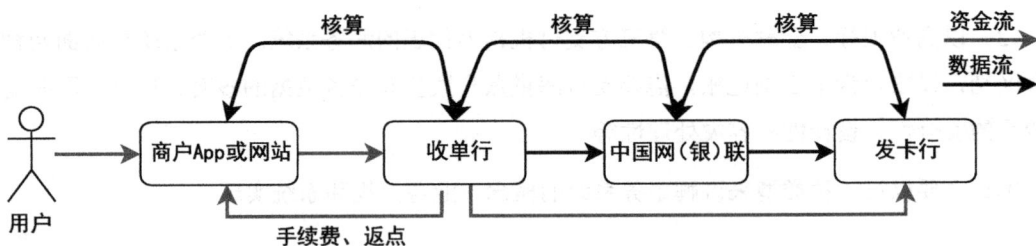

图 5-1

其中，账务系统起到至关重要的作用，它在发卡行、中国网（银）联、收单行、商户系统等角色之间对支付金额、手续费、优惠金额（分润过程）进行记账、核对，最后对各方的资金、利润进行核算和分配，再通过资金平台系统或收付接口将对应数量的资金分别打入以上角色的相关资金账户。

## 5.2 账户

要谈账务记账，必谈账户，第三方支付机构、金融机构和商业银行的账务系统都是以账户为中心的。账户实质上是一种凭证，可将其归结为资产、负债、所有者权益、收入、费用和利润等 6 个会计要素。

### 5.2.1 账户分类

账户按照功能来分，可以分成以下几种，如图 5-2 所示。

（1）客户资产账户：指用户在支付系统中用于交易的资金所有者权益的凭证，专门为客户提供资产管理服务，主要用于资金的收付款活动，其中包含客户的余额，也叫作余额账户或支付账户。

（2）零钱账户：也叫作消费账户，一般指第三方支付机构根据资金的多少和用途来划分的一类账户，例如支付宝和微信支付系统中用户的零钱账户，该账户通常用于日常开支和消费，将部分资金放在零钱账户里不使用时，支付机构会按理财利率计息，自动赚取相应的收益。

（3）储值卡账户：可大致分为银行储值卡账户和会员储值卡账户。银行储值卡账户通常代表存款（活期或定期储蓄）账户；会员储值卡账户通常是会员的充值账户，用于存储奖励储值金、积分或电子优惠券等。

（4）收益账户：在账户中的收入超过支出时，收益汇总账户代表净收益的余额账户。理财、利息的收益一般被存放在收益汇总账户中。在某些第三支付机构钱包里面，这部分账户的余额限制用户提现，仅用于第三方支付机构内部的商业产品应用和线下商场消费。

（5）信用（贷记卡）账户：由商业银行对符合信用级别的消费者给出信用证明，允许其在额度范围内进行透支，最后由发卡行、商户和持卡人共同结算。

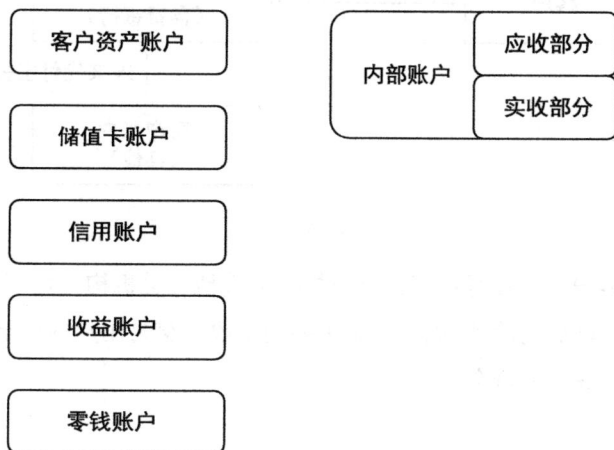

图 5-2

除了以上账户，部分机构一般还会根据用户的使用情况设立一个虚拟的内部账户与实体账户对应，主要用于承接应收和实收等交易操作。

## 5.2.2　备付金账户

备付金账户是第三方支付机构众多账户中最重要的一个，第 4 章粗略讲解了备付金的概念，本节将详细讲解备付金账户的开立、管理和结算。

备付金有两个重要特征：预收代付和实际收到，如果不同时满足这两个特征，就不属于备付金。也就是说，不属于预收代付的不是备付金，属于预收代付但没有实际收到的也不是备付金。对属于预收代付但没有实际收到资金（即在途资金）的情况，通常以到达账户的时间为准，这部分资金也不属于备付金。

例如：对加油卡充值后，现金金额只转到了我们的备付金账户上，我们在加油站加油时进行支付，使用的就是备付金，充值卡账户在加油站消费系统里面就是备付金账户。

简而言之，备付金的概念是预收（先存放）进去，未来要代（支）付出去，备付金账户的关联关系如图 5-3 所示。

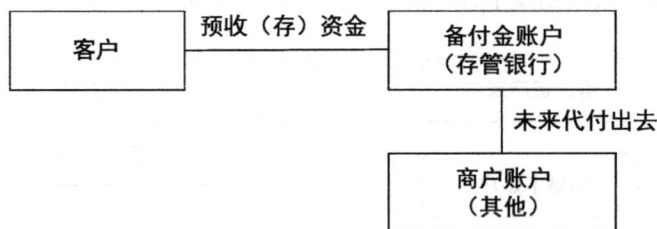

图 5-3

如图 5-3 所示的客户既可以是第三方支付机构或其他金融机构，也可以是买方；如果是第三方支付机构或其他金融机构的话，则备付金主要用于收付交易用户的资金；如果是买方的话，则备付金主要用于收付商户的资金。

### 1. 备付金管理

备付金管理主要由备付金存管银行和备付金合作银行负责。第三方支付机构在开展支付业务时，都需要在中国人民银行下属的分支机构开立备付金专用存管账户。这些为支付机构提供备付金存管服务的境内银行业金融机构被称为备付金存管银行。

备付金合作银行可以为支付机构办理客户备付金的收取业务和本银行支取业务，并负责对支付机构存放在本银行的客户备付金进行监督。

备付金存管银行和备付金合作银行之间的区别如下。

（1）支付机构在法人所在地中国人民银行分支机构开立"备付金集中存管账户"（也叫作央行 ACS 账户），并且只能开立一个备付金存管账户；可以根据业务场景的需要来选择备付金合作银行，备付金合作银行可以有多家。

（2）备付金存管银行和备付金合作银行的账户分立，是为了方便管理和明确监管责任。备付金存管银行可以为支付机构办理客户备付金的跨行收付业务，负责归集、核对与监督支付机构存放在所有备付金银行的客户备付金信息。

### 2. 账户开立

第三方支付机构需要在中国人民银行本地分支机构开立对应的备付金专用存款账户（即备付金集中存管账户）。该账户根据用途和合作银行的不同，分为以下三类。

（1）备付金存管账户。第三方支付机构在中国人民银行开立的备付金存管账户，可以以现金、商业银行转账、自有资金划拨形式接收客户备付金，并以本行转账及跨行转账形式向商户和个人支付相关资金或费用。

（2）备付金收付账户。第三方支付机构在备付金合作银行开立的账户，可以以现金、商业银行转账（本行或跨行）、中国银联或网联转账形式接受备付金，以本银行资金内部转移形式办理客户备付金支取和资金调拨业务。

（3）备付金汇缴账户。第三方支付机构的备付金汇缴账户可以同时开立在备付金存管银行和合作银行。汇缴账户可以以现金、网银转账或者本银行资金内部调拨形式接收客户备付金，但不可办理备付金支取业务。备付金存管银行应当于每日营业终了前，将备付金汇缴账户内的资金全额划转至备付金存管账户或在同一合作银行开立的备付金收付账户。支付机构也可以通过备付金汇缴账户将客户的备付金直接退回至原资金转出账户。

### 3. 账户结算

第三方支付机构只能通过备付金存管银行办理相关客户委托的跨行付款业务，以及调整不同备付金合作银行的备付金银行账户头寸[1]。支付机构在备付金合作银行存放的客户备付金，不得跨行划转至备付金存管银行之外的商业银行，即备付金合作银行账户之间不能进行资金调拨和划转，而且在其他不同支付机构的备付金银行之间不得办理客户备付金的划转。

---

1　头寸：是一个金融术语，指个人、实体企业、商户所持有的特定实物、证券、货币等的数量。

根据中国人民银行的规定，支付机构应当在收到客户备付金或客户划转客户备付金不可撤销的支付指令后，办理客户委托的支付业务，不得提前办理。

对应到以上三类账户的话，备付金存管、收付、汇缴三类账户的功能数量、使用条件不同，监管功能由强到弱。

- 备付金存管账户由中国人民银行集中、统一监督和管理，功能齐全，具备本行和跨行之间收付款、自有资金划拨、调整备付金账户金额等功能。

- 收付账户由合作银行开立和管理，仅具备合作银行本行的付款功能，不具备跨行转账功能。

- 汇缴账户在存管银行或者合作银行开立，支持本行收款和原路退还业务，其资金需要日终清零，并归集到备付金存管账户或收付账户。

## 5.2.3 账户模型

在设计账务系统时，需要对资产账户、零钱（个人消费）账户、储值卡账户、收益汇总账户及贷记（信用）账户进行账户建模、操作抽象和关系建立。

在记账过程中抽象出来的账户属性、关系链有以下几种。

（1）账户编号：是客户在商业银行或金融机构开立账户时经过系统授权并给予的唯一编号。账户编号并不是一组随机、无意义的数字编号，而是具有从属关系、明显业务分类和业务标识的一类编号。对账户进行科学、合理编号，有利于编制会计凭证、登记账簿、查阅账目等会计、审计工作，同时便于系统和人为识别、分类、核对。

（2）账户余额：指当前账户里现存且未使用的货币数量，其中包含当前可用余额和当前不可用余额。例如：在日常生活中，商家为了销售和留住顾客，给予顾客账户相应的代金券（不可提现金额），对于用户提现操作来讲，这部分代金券就是不可用余额。

（3）可用余额：指当前账户在当前场景、当前时刻可以使用的金额。

（4）冻结余额：指当前账户里不可使用的金额。其中涉及几种类型的冻结原因：因原子业务（转账操作）操作冻结资金，造成账户资金处于不可使用状态；或因政策、法律、个人账户错误操作及付款停滞等原因造成账户资金处于不可使用状态；因与商家签订对应的销售活动协议造成账户资金处于不可使用状态（例如运营商的充值按月返现活动）。

（5）货币种类：指以上余额的金融币种属性，余额 + 币种 = 真实价值。

（6）借贷属性：借贷是会计行业中的术语，它表明了会计记账的方向，也表示账户金额增加和减少的双方。

在会计 T 字账借贷[1]中："借"表示资产、费用、成本的增加，以及负债、收入、所有者权益的减少；"贷"表示负债、收入、所有者权益的增加，以及资产、费用、成本的减少。

（7）所属科目：指所从属的会计科目，会计科目指对会计要素中对象的具体分类核算项目，针对会计对象的具体内容，科目设置不同，而且不同企业对科目的设立也不尽相同。一般所属科目设置的依据是对资金的运动[2]进行第 3 层[3]划分，按经济内容对资产、负债、所有者权益、收入、费用和利润等会计要素做进一步分类后的类型名称。

（8）账套：指对存放会计核算对象的所有会计业务数据文件的一种总称，在一个账套里面包含的文件有会计科目、记账凭证、会计账簿、会计报表等。同时，它是一组相互关联的数据，每个独立核算的企业都有一套相互关联的账簿体系，把这套完整的账簿体系建立在计算机系统中就叫作一个账套，一般来讲一个企事业单位或公司只会用到一个账套，但如果在一个大型的集团公司中有几个独立核算的下属实体子公司，就可以建立多个账套。

## 5.3　记账

记账指将在一个企事业单位、个人、家庭中发生的所有经济业务，运用一定的会计记账方法在账簿上进行记录。对记账的专业解释，就是根据审核无误的原始凭证及记账凭证，按照国家统一会计制度规定的会计科目，将经济业务运用复式记账法有时序地、分类地登记到账簿中。

---

1　T 型账借贷：金额记入其左方时叫作"借记"该账户，记入其右方叫作"贷记"该账户。
2　资金运动：包含三个基本环节，即资金的投入；资金的运用、周转；资金的退出。
3　资金运动的第 1 层为会计对象，第 2 层为会计要素，第 3 层为会计科目。

## 5.3.1　记账方法

记账方法可以分成单式记账法和复式记账法，复式记账法又可分成借贷、收付、增减三种类型。

（1）单式记账法是一种比较简单的记账方法，指在会计核算中对每一项经济业务都只进行单方面的、不完整的记录记载，通常只在一个账户记一笔收支账，一般只登记现金的收支和借、贷等事项（部分也登记实物的收、付），其登记账目较多、手续单一，但在账户设置和记录上是不完整的，不能全面反映支付过程中业务行为的来龙去脉，也不便于检查账户记录的正确性。

（2）借贷复式记账是从单式记账法发展起来的一种比较完善的记账方法，比其他两种复式记账法更常用，也叫作复式记账凭证。与单式记账法相比较，其主要特点：对每项经济业务都以相等的金额在两个或两个以上相互联系的账户中进行记录（也叫作双重记录）；各账户之间客观上存在对应关系，对账户记录的结果可以进行试算平衡[1]。

与单式记账法相比，借贷复式记账法通过交易双方各自的角色进行记账，能更好、更真实地反映交易关系，也体现了交易双方资金运动的内在规律。每个交易角色各自记账的账本都是完整的，例如：针对一笔支付，第三方支付机构有自己的账，银行也有自己的账，都能各自输出自己的记账流水和账务数据。每个交易角色都能基于自己的账务数据进行独立核算，在核算阶段也可以对整条交易链路进行核算。所以，借贷复式记账法能够较为全面、系统、真实地反映交易双方资金流水的增减，并有助于检查账户、处理账务和保证账务流水记录结果的正确性。

## 5.3.2　方案选择

在什么情况下采用单式记账法，以及在什么情况下采用借贷复式记账法呢？这可能是难以抉择的事情，下面就讲解这两种方法的使用场景。

对于那些规模小、记录事务较杂、业务少的企事业单位、个体商户、小型商店、家庭或个人日常开支开说，如果只要求掌握现金流水、实物、花费等少数项目的增减情况，则采用单式

---

1　试算平衡：对所有账户的发生额和余额的汇总、计算和比较，是检查账务记录是否正确的一种方法。

记账法就可以了。

在业务规模大和流程较烦琐的企业或事业单位中则不宜采用单式记账法。

采用单式记账法无法进行资产、负债、所有者权益的账务平衡检查。依据会计平衡公式"资产 = 负债 + 所有者权益",对于一个会计主体来说,有多少资产,就有多少负债加所有者权益(所有者权益是企业资产扣除负债后,由所有者享有的剩余权益,也叫作股东的权益)。

再比如对于用户充值业务,在第三方支付机构的账务体系中采用借贷复式记账法,交易一方(用户所在的运营商话费账户)的话费余额增加,第三方支付机构在央行的备付金余额同时增加,在日终时进行总账平衡检查,第三方备付金充值存款科目余额等于用户话费余额(不考虑第三方支付机构的手续费,换来的是用户在运营商内部系统的通话使用权益)。

如果采用单式记账法,则对于一笔充值业务来说,只记录用户话费余额的增加,不记录银行存款的减少。采用单式记账法时,无法针对双方账务进行平衡、核对和核算,无法针对用户(运营商账户)、第三方支付机构、用户银行账户提供对应的账单。

在日常财务处理工作中,财务人员也用银行存款科目余额与银行对账单进行核对,出具余额调节表(余额调节表由银行在会计期末寄给企业,可作为银行存款科目的附列资料[1]),来核对与银行对账单的差异。

所以,根据真实的交易业务场景模型,第三方支付机构的账务系统也应该采用复式记账法来记账。

## 5.3.3　触发记账

记账支持的业务类型和触发场景如下。

- 支付:用户发起一笔支付,第三方支付机构、中国网联、发卡行、收单行依次受理成功,账务系统记录入账流水并负责后续的资金和银行存根核对。

- 退款:用户发起一笔退款,第三方支付机构、中国网联、收单行、发卡行依次受理成功或接收到退款清算文件,账务系统记录入账流水并负责后续的资金和银行存根核对。

---

1　附列资料:账务会计使用的专业名词,一般指从属于财会正表、正文的附加或补充材料。

- 提现：商户将第三方支付机构备付金账户中的钱提现到银行卡，第三方支付机构、中国网联、发卡行依次受理成功，账务系统记录入账并负责后续的资金和银行存根核对。

- 调拨：客户在两个银行间调拨资金，前提是两个银行都在同一套账务系统的管理下，账务系统主要负责核对两个银行的出入款和余额。如果调拨的目标账户不在账务系统管理范围内，则其调拨模式与提现操作一致。

- 拒付：在一笔信用卡支付完成之后，买家可以在发卡行提起拒付，在拒付场景下没有入账流水，第三方支付机构也会收到对应的中国网联拒付账务清算文件，生成机构账务流水，进行对账和记账操作。

以上触发场景都有一个共同的特点：均在资金流应收、应付发生变化时触发记账流程。涉及触发记账时，在会计行业有两种准则制度：权责发生制和收付实现制，接下来会进行详细讲解。

### 5.3.4 权责发生制

权责发生制，也叫作应收应付制，指以取得收取款项的权利或支付款项的义务为标志来确定本期收入和费用的会计核算基础。

这里通过现实场景说明权责发生制：若企业或公司与客户之间签订了相关销售订单，可能在履行承诺或者收到货款几个月后，在约定（签单）时发生了权责变更，这就会触发记账，即权责发生制。

针对上面的场景，按会计行业的术语来讲，按收入和支出权责的实际发生时间来记账，并不考虑是否已收到或已支付款项，只解决对未来收入和费用何时予以确认，以及确认多少数额的问题。

在什么现实场景下会用到权责发生制呢？在会计行业内（大到国家财政部，小到会计师事务所），一般规定企事业单位、政府财务需要采用权责发生制，详细记录企事业单位、政府内部往来、收支对象等相关信息并及时组织核对账务。

### 5.3.5　收付实现制

收付实现制，也叫作现金制或者实收实付制，以现金实际收到或实际付出（强调实到实付）为标准来记录收入的实现和费用的发生，以款项的实际收付为标准来处理经济业务，确定本期收入和费用，是计算本期盈亏的会计处理基础。

这里通过一个现实场景来说明收付实现制：男女朋友之间恋爱结束并结婚成家之后涉及日常生活中的柴米油盐，经过婚前约定，男方的每月工资必须上交，女方什么时候收到工资，什么时候有收入发生，什么时候花钱，花在什么上面，每一项都清清楚楚、明明白白，之前权责发生制下的"空头支票"恋爱方式将不再好用，这就是收付实现制。

收付实现制中记账方法的好处在于计算比较简单，也符合人们的生活习惯，但按照这种方法计算的盈亏不合理、不准确，所以《企业会计准则》规定企业不予采用这种方法。但收付实现制也有对应的应用场景，主要应用于小型企事业单位、商店、超市和个体户等。

在现金收付基础上，会计在处理经济业务时不考虑预收收入、预付费用，以及应计收入和应计费用的问题，会计期末也不需要进行账项调整，因为实际收到的款项和付出的款项均已登记入账，所以可以根据会计账簿记录直接确定本期（会计期末）的收入和费用，并加以对比以确定本期盈亏。

### 5.3.6　实时记账机制

实时记账机制和缓冲记账机制都是记账的一种策略，在设计账务系统时，应该考虑到账务系统有业务操作繁忙、账户操作原子性和数据吞吐量大等业务特征，所以需要针对不同的账户操作及日间业务高峰情况选择不同的记账策略。

实时记账也叫作实时同步记账，主要应用于个人消费账户或服务账户，在日间非业务繁忙时段，因为记账的原子性，其操作动作涉及数据库表的锁定和释放，操作非常耗时。如果将实时记账机制使用在企业的备付金收付账户上面，锁定并更新操作，则将造成业务大量延迟，严重影响企业的正常金融业务运行、用户体验及支付系统的性能。

如图 5-4 所示是同一个银行两个账户之间"转账"的原子操作示例。

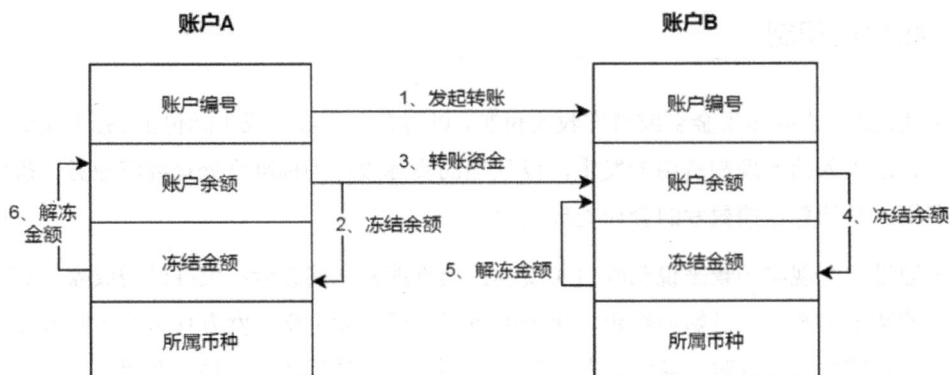

图 5-4

对转账原子操作的流程说明如下：

（1）账户 A 向账户 B 发起实时转账操作，开始幂等性控制；

（2）锁定账户 A 的账户余额，冻结金额字段临时存储转账金额，该转账额度不能再被其他任何操作使用；

（3）计算转账金额之后的账户余额并更新账户 A；

（4）锁定账户 B 的账户余额，并将转账金额冻结在冻结金额字段中；

（5）更新账户余额并更新账户 B，解冻账户；

（6）产生记账流水数据，这样转账动作就完成了。

（7）计算幂等性，如果在该过程中出现任何一处错误，则将进行回滚操作，具体就是对冻结金额进行反向操作。

从上面的操作流程图可以看出，如果在实时记账操作中有大量的冻结和解冻操作，则在当前的单台工业计算机系统里面（工行业务处理量约 30 笔/秒）会造成大量的时延，尤其是对于内部资金账户或备付金收付账户来说，高频次账户冻结、解冻及数据读写都会造成系统瓶颈，实时更新账户余额时会出现锁表（数据库操作的一种独占式封锁机制）的情况，导致系统无法处理或处于等待状态，严重影响系统的性能。

所以必须采用其他特殊处理机制来保证系统的流畅运行，目前大部分账务系统采用的都是缓冲记账处理机制。

### 5.3.7　缓冲记账机制

缓冲记账指针对大量多并发账务及更新请求的账户进行的一种特殊账务处理，即不实时更新账户余额，而是暂时将记账信息登记在内存缓存区或消息队列中，再采用一定的机制（例如定时、日终）对一段时间内的缓冲账务请求进行汇总、记账、核算并统一更新账户余额。

缓冲记账一般适用于第三方支付企业或平台的收付账户或内部资金账户。

## 5.4　对账

对账的本质就是处理账务上面的平衡资产负债关系，包含两个重要的过程：核对与核算。这两个过程保证了账务数据的清晰度、准确度和完整度等。

其中，清晰度可以通过会计分录实现，通过分录流水可以知道是什么业务场景，以及资金是怎么流转的。而准确度和完整度是通过对账保证的。

对账核对的是账务数据的完整性与准确性，对账核算是对账务数据的应收应付的最终数据结果输出。

### 5.4.1　账务核对

账务核对是账务处理的重要环节，主要目标是防止账务差错，是保证核算正确和资金安全的重要措施，并且保证账务数据的清晰度、准确度和完整度。

其中，清晰度可以通过会计分录来实现，通过分录流水可以知道是什么业务场景，以及资金是怎么流转的。而准确度和完整度是通过对账保证的。对账核对的是账务数据的完整度与准确度，是账务系统的一部分。

在现实生活中，在账户系统中包含账实核对、账证核对、账账核对这三个过程，前一个过程由"人工+系统"自动完成，后两个过程都由账务系统自动完成。

（1）账实核对，也叫作账物核对，指在经营过程中对各种财产、物资的账面余额与实存数额进行数据核对。账实核对操作在第三方支付机构的账务系统中涉及应收账户和实收账户，如图 5-5 所示。

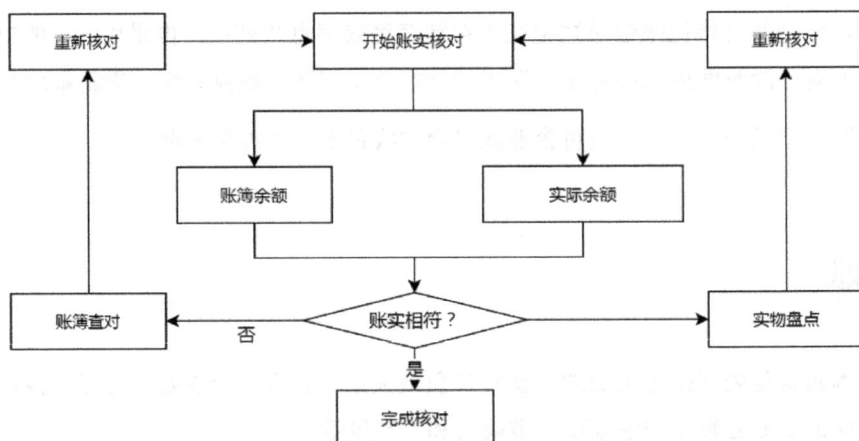

图 5-5

（2）账证核对，指核对会计账簿（包括总账、明细账，以及现金、银行存款日记账）的记录与原始凭证、记账凭证的时间、凭证编号的内容、交易金额是否一致、借贷记账方向是否相符。账证核对操作在第三方支付机构的账务系统中涉及个人账户、佣金账户、担保账户、赔付账户、收益账户等，如图 5-6 所示。

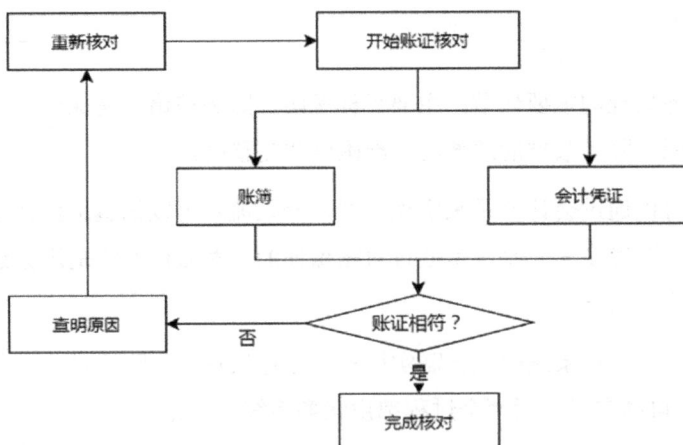

图 5-6

（3）账账核对，指在各种账簿间（账证核对、账实核对）根据相互关系进行核对，一般分为以下三种情况。

● 所有账户的本期发生额、借方与贷方之间的合计数是否相等。

● 账户的总分类账户余额与该账户下各明细账户余额的合计是否相等。

● 账目与实物账目、相关固定资产的记录簿是否相等。

账账核对流程如图 5-7 所示。

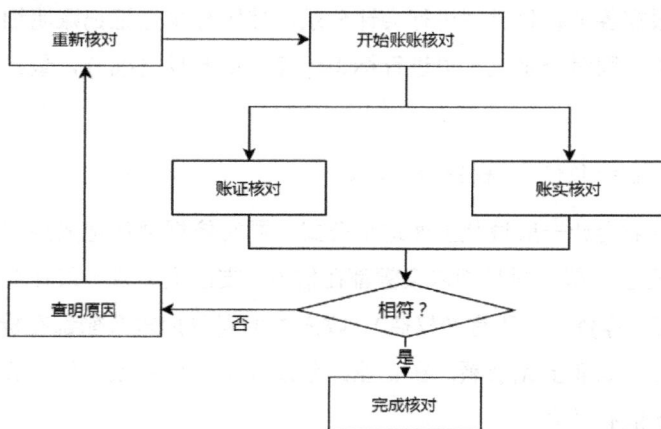

图 5-7

## 5.4.2　平账

在任何时候，账务系统中的账目都是平衡的，这体现在资产的恒等式上面，即"资产=负债+所有者权益"；在经营期间也需要遵循动态恒等式，即"资产+支出=负债+权益+收入"。平账的基础也是基于这两个等式进行的。

（1）资产 = 所有者权益 + 负债

一个企业的资产一定由企业净资产和企业负债组成，讨论企业净资产时，指的是企业的资产减去企业负债以后的净额度，其数量上等于企业全部资产减去全部负债后的余额，其中包括实收现金资本、股权本金、资本公积[1]、盈余公积[2]和未分配事实利润等项目。

其账目恒等式一直都是平衡的，打个比方，如果一家企业在开办之初投入资本 800 万元，同时向商业银行贷款 500 万元购买了一条生产线用于扩大企业生产，这时其总资产额为 1300 万元，其中所有者权益为 800 万元，企业负债 500 万元。经过 1 年的企业经营，产品由于质量问题导致企业的总资产缩水到了 1000 万元，其企业负债仍然维持为 500 万元，但根据恒等式，企业的净资产缩水了 300 万元，为 500 万元。

在账务系统中总账及分录账目的计算也需要依据这个恒等式来计算，在流程中应先登记交易支付流水，然后根据各个科目类型进行会计分录，按照分录登记记账明细，同时检查借贷是否平衡，如果不平衡，则对分录流水再进行标识计算，如此反复细分，最终总会找到账目不平衡的原因。

（2）资产 + 支出 = 负债 + 权益 + 收入

经营过程中的企业会计一般遵从上面这个公式，同时依据会计记账规则"有借必有贷，两者必相等"，资产、支出类型的科目期末余额都在借方，支出类科目一般在会计期末并结转后账面上无余额。其负债、净资产（所有者权益）、收入类的科目期末余额都在贷方，收入类科目一般在会计期末并结转后账面上无余额。在企业经营过程中，如果收入额不够，就会出现亏损，收入额大于支出额才能有盈余。

通常在账务系统中会设置损益账户（Income Acount），主要用来计算计账和对账期间的资金盈亏情况，包括两类账号（收入账户和费用账户），如果实在遇到不平衡的账目，则通过调账（调整账目）来使本期的账目处于平衡状态。

### 5.4.3 账务核算

在核对完成之后会产生款项、现金和有价证券的收付，其中的款项包括现金、银行存款及其他视同现金、银行存款的外埠存款、银行汇票存款、银行本票存款、在途货币资金、信用证存款、保函押金和各种备用金。有价证券包括国库券、股票、企业债券和其他债券等。款项和

---

1　资本公积：指企业在其经营过程中由于股本溢价及固定财产重估增值等原因所累积的公积金。
2　盈余公积：指企业从税后利润中提取形成的、存留于企业内部的收益积累金。

有价证券的收付直接影响单位资金的变化，因此必须及时进行核算。

在核算流程之后会产生应收应付分工与时间表，以及结账任务清单。

## 5.4.4　日间和日终

账务系统核算时机有两个：日间和日终。

（1）日间：指日间交易时间，一般由数据驱动账务系统完成记账，账务系统会根据不同的支付业务数据场景划分不同的交易码，设置分录规则，拆分目录，修改余额。

（2）日终：指银行或金融机构内业务办理下班前。每个机构的日终时间都是不一样的，在线上支付机构中一般为自然日的最后时刻，在该时刻一般对账务进行平衡检查，保证账务系统数据的一致性与准确性，生成总账。

日终是账务系统中一个最关键的时刻，主要进行如下处理。

（1）自动入账：对于已拆分目录而未改余额的订单，包含改账户余额、记科目明细；对于已改余额而未拆分录的支付订单，记作会计分录流水。

（2）生成总账：根据分录流水生成科目总账，将科目发生额和余额从末级科目逐级汇总到一级科目，形成账务总账。

（3）总账平衡检查。

● 发生额平衡检查：一级科目借方发生额等于一级科目贷方发生额。

● 余额平衡检查：一级借方科目余额等于一级贷方科目余额。

（4）总分核对：总账科目余额为分户账科目余额的汇总。因为业务 24 小时不间断地运行，所以分户账余额不断变化，无法准确获取期末的账户余额进行核对。可以考虑用余额快照与总账科目余额进行核对。

（5）稽核明细：检查明细账与分录流水是否一致。对于当日发生过余额变动的账户，将昨日余额与分录流水中的发生额进行轧差，检查计算出的余额与余额快照是否一致。

# 5.5  技术实现

## 5.5.1  数据定义

从数据的角度来看，账务系统与其他系统没什么区别，存储的也是数据，只不过存储的是账务相关的数据，将按会计科目分类存储。

账务核心主要有4张表：分录流水、分户账、明细账、总账。

（1）分录流水是记账的凭证，记录每笔资金活动的来龙去脉，具体字段如表5-1所示。

表 5-1

| 字段名称 | 说　　明 | 备　　注 |
|---|---|---|
| TrxText | 机构码 | 依据 GB-11714 全国组织机构代码编制规则 |
| TrxCUR | 币种 | 依据 GB/T 12406 货币和资金代码 |
| TrxCode | 交易码 | 交易编码 |
| TrxDate | 交易日期 | 交易日期 |
| TrxID | 账务流水号 | 通常是交易流水号，由交易引擎产生 |
| TrxSeq | 分录序号 | 会计分录是记账凭证的内容 |
| Account | 账号 | 账号标识 |
| TrxFlg | 借贷标志 | 借贷标志（借为1，贷为2） |
| TrxMenu | 科目号 | 科目号 |
| TrxAmount | 发生额 | 发生额 |

交易编码包含以下类型，如表5-2所示。

表 5-2

| 交易分类 | 交易类别 | 交易类别编码 |
|---|---|---|
| 支付类 | 协议支付 | 0110 |
| | 验证支付 | 0111 |
| | 网关支付 | 0112 |
| | 认证支付 | 0113 |
| | 委托支付 | 0114 |
| | 签约支付 | 0115 |

| 交易分类 | 交易类别 | | 交易类别编码 |
|---|---|---|---|
| | 付款 | | 0120 |
| | 退款 | 协议支付 | 0121 |
| | | 验证支付 | 0122 |
| | | 网关支付 | 0123 |
| | | 认证支付 | 0124 |
| | | 委托支付 | 0125 |
| | | 签约支付 | 0126 |
| 账务差错类 | 差错提交 | | 0320 |
| | 贷记调整 | | 0331 |
| | 借记调整 | | 0332 |
| | 例外长款 | | 0351 |
| | 收付调整 | | 0360 |

（2）分户账记录账户的余额，有用户分户账、商户分户账、贷款分户账、内部分户账等，具体字段如表 5-3 所示。

表 5-3

| 字段名称 | 说　明 | 备　注 |
|---|---|---|
| TrxText | 机构码 | 依据 GB 11714 全国组织机构代码编制规则 |
| TrxCUR | 币种 | 依据 GB/T 12406 货币和资金代码 |
| TrxAccount | 客户号 | 客户编号 |
| TrxActCode | 账号 | 账号 |
| TrxActType | 账户类型 | 账户类型 |
| TrxLastAmt | 上日余额 | 昨日余额 |
| Amount | 余额 | 账户余额 |
| TrxMenuCode | 科目号 | 科目号 |

（3）总账分为日总账和周期总账，日总账每日生成，周期总账由月末、季末、半年末、年末生成，记录每个科目的期末余额和本期借、贷发生额。具体业务要素如表 5-4 所示。

表 5-4

| 字段名称 | 说　明 | 备　注 |
|---|---|---|
| TrxDate | 账期 | 指从订单生成、供货到收款支付的时间周期 |
| TrxText | 机构码 | 依据 GB 11714 全国组织机构代码编制规则 |
| TrxCUR | 币种 | 依据 GB/T 12406 货币和资金代码 |
| TrxMenuCode | 科目号 | 科目号 |

续表

| 字段名称 | 说　明 | 备　注 |
|---|---|---|
| TrxAmt | 上期借方余额 | 上期借方余额 |
| Trx\Amt_2 | 上期贷方余额 | 上期贷方余额 |
| Amount | 本期借方发生额 | 本期借方发生额 |
| Amount_2 | 本期贷方发生额 | 本期贷方发生额 |
| TrxLastAmt | 期末借方余额 | 期末借方余额 |
| TrxLastAmt_2 | 期末贷方余额 | 期末贷方余额 |

（4）明细账记录每个账户对应余额的变化，具体的业务要素如表5-5所示。

表 5-5

| 字段名称 | 说　明 | 备　注 |
|---|---|---|
| TrxBatch | 交易批次号 | 交易批次号 |
| TrxActType | 付款方银行账户类型 | 依据 GB 11714 全国组织机构代码编制规则 |
| TrxActType_2 | 收款方银行账户类型 | 依据 GB/T 12406 货币和资金代码 |
| TrxId | 交易流水号 | 交易流水号 |
| TrxAmt | 交易金额 | 交易金额 |
| TrxCode | 交易类别 | 交易类别 |
| TrxState | 交易状态 | 交易状态 |
| TrxTxtCode | 支付账户所属机构标识 | 支付账户所属机构标识 |
| TrxTxtCode_2 | 付款行账户所属机构标识 | 付款行账户所属机构标识 |
| TrxPId | 付款行银行流水号 | 付款行银行流水号 |
| TrxPBId | 付款清算行行号 | 付款清算行行号 |
| TrxDId | 收款行所属机构标识 | 收款行所属机构标识 |
| TrxDPId | 收款行银行流水号 | 收款行银行流水号 |
| TrxDBId | 收款行清算行号 | 收款行清算行号 |
| TrxRemark | 交易描述信息 | 交易描述信息 |

其中，支付状态如表5-6所示。

表 5-6

| 字段名称 | 代　码 |
|---|---|
| 交易成功 | 00 |
| 交易失败 | 01 |
| 交易处理中 | 02 |
| 交易推定成功 | 03 |
| 交易推定失败 | 04 |

账户类型如表 5-7 所示。

表 5-7

| 字段名称 | 代　　码 |
|---|---|
| 个人银行借记账户 | 00 |
| 个人银行贷记账户 | 01 |
| 个人银行准贷记账户 | 02 |
| 个人支付账户 | 03 |
| 单位支付账户 | 04 |
| 对公银行账户 | 05 |
| 备付金账户 | 06 |
| 存折 | 07 |
| 其他 | 08 |

当一笔支付业务发生时，首先会生成分录流水，然后驱动对应账户余额改变，在账户余额改变后，再生成明细账。

日终时账务系统根据分录流水生成总账，根据业务需要，也可以先修改账户余额，然后异步生成分录流水，但无论是先生成会计分录，还是异步生成会计分录，都要保证分录流水与分户账余额的一致性，通过对日终账务系统的检查来保证账目的准确性。

## 5.5.2　技术实现之规则引擎

在第三方支付机构系统中，账务系统是一个非常繁忙并且数据流量巨大的子系统。随着支付机构业务和系统的发展，账务系统面临不同业务场景下繁杂的会计账务规则，在早期的账务系统中仍然需要人工干预并推进记账、核对、核算及报账流程。目前，在第三方支付机构的账务系统中会使用大量的会计规则引擎来适应业务多变和业务量快速发展的场景。

根据账务系统对账场景下的多规则、多计算方案的特点，设计和建立基于规则引擎的能灵活变更对账规则的模型及对账解决方案，将业务逻辑同代码实现解耦及使用标准规则描述语言，可以使系统对账效率高、适应性强。

经过规则引擎的大量业务都是按既定的流程和规则运行、决策的，主要用于控制业务流和数据流的导向，以及账务业务风险。

规则引擎起源于基于规则的专家系统，属于人工智能的范畴，它模仿人的推理方式，使用试探性的方法进行推理，并使用人能理解的术语解释和证明它的推理结论并进行流程引导。

开源的规则引擎选型有 Drools、Easy Rules、Mandarax、IBM ILOG。目前使用最广泛并且与 Spring 开发框架结合最紧密的是 Drools 规则引擎。下面以 Drools 规则引擎为例来构建账务系统对账模块。

### 1. Drools 介绍

Drools 是基于 Charles Forgy 的 RETE 算法，是易于访问企业级策略、调整及管理的开源业务规则引擎，并且符合规则引擎的业内标准，有速度快、效率高等特征。

Drools 在开源规则引擎中使用率最广泛，在保险及金融支付行业、政府政务系统、学校考试及气象模拟系统中使用较多。除了技术人员可以使用，非技术类的账务分析师或账务审核人员也可以使用它轻松查看业务规则，从而检验相关流程是否执行了已编码所需的对账核对、核算业务规则。

Drools 的优点如下。

（1）有非常活跃的社区支持。

（2）基于 Java 和 XML 语言，简单、易用。

（3）高效的执行速度。

（4）在 Java 领域流行，并且与 Java Rule Engine API（JSR 94）兼容。

Drools 的相关技术概念如下。

（1）事实（Fact）：表示对象之间及对象属性之间的关系。

（2）规则（rule）：是由条件和结论构成的推理语句，一般被表示为"if…Then"。一个规则的 if 部分被称为 LHS，then 部分被称为 RHS。

（3）模式（module）：指条件（IF）语句表达式。这里的条件可能是由几个更小的条件组成的大条件。

Drools 将事实、规则和模式等概念相互组合并形成规则表达式来完成工作。

## 2. Drools 与 Spring Boot 集成

Drools 能与 Spring Boot 很好地集成，如图 5-8 所示是 Spring Boot 与 Drools 规则引擎整合之后的业务数据流程图。

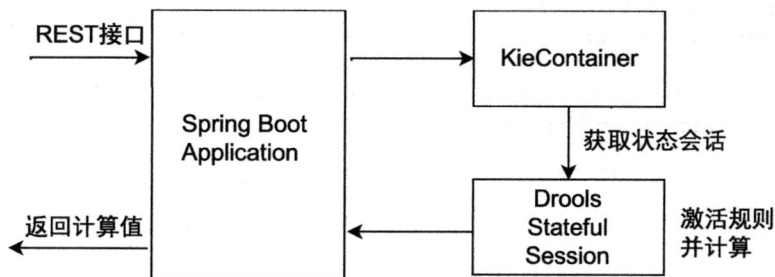

图 5-8

下面以一个简单的例子来说明如何接入规则引擎。

（1）在依赖配置文件 pom.xml 中增加以下依赖：

```xml
<dependency>
        <groupId>org.drools</groupId>
        <artifactId>drools-core</artifactId>
        <version>7.0.0.Final</version>
    </dependency>
    <dependency>
        <groupId>org.kie</groupId>
        <artifactId>kie-spring</artifactId>
        <version>7.0.0.Final</version>
</dependency>
```

（2）先定义一个账务记录类：

```java
public class TrxFee {

    //科目
    private String type;
    //费用
private float discount;
    //借贷标志
    private int TrxFlg;
    //货币种类
    private String TrxCUR;
    //交易日期
    private Date TrxDate;
```

```
    public String getType() {
        return type;
    }
public void setType(String type) {
    this.type = type;
}
public float getDiscount() {
    return discount;
}
public void setDiscount(float discount) {
    this.discount = discount;
}

......
}
```

（3）创建一个规则引擎脚本 rule.rle：

```
Package rules

import com.fastpay.model.TrxFee

rule "计算地方税务账目"
when
  feeObject: Product(type=="area")
  then
  feeObject.setDiscount(0.7);
end

rule "计算国家税务账目"
when
  feeObject: Product(type=="country")
  then
  feeObject.setDiscount(0.85);
end
```

（4）声明规则引擎配置文件：

```
<?xml version="1.0" encoding="UTF-8"?>
<kmodule xmlns="http://jboss.org/kie/6.0.0/kmodule">
    <kbase name="rules" packages="rules">
    <ksession name="rulesSession"/>
    </kbase>
</kmodule>
```

（5）创建一个产品服务类：

```
import org.kie.api.runtime.KieContainer;
import org.kie.api.runtime.KieSession;
```

```
import org.springframework.beans.factory.annotation.Autowired;
import org.springframework.stereotype.Service;

import com.fastpay.model.TrxFee;

@Service
public class BillingCaulateService {

private final KieContainer kieContainer;

@Autowired
public BillingCaulateService(KieContainer kieContainer) {
    this.kieContainer = kieContainer;
}

public float getProductDiscount(TrxFee fee) {
    //获取规则引擎对象
    KieSession kieSession = kieContainer.newKieSession("rulesSession");
    kieSession.insert(product);
    kieSession.fireAllRules();
    kieSession.dispose();
    //返回不同规则下的计税总额
    return product.totalFee();
}
}
```

（6）获取 KieContainer 容器实例：

```
@Bean
public KieContainer kieContainer() {
    return KieServices.Factory.get().getKieClasspathContainer();
}
```

通过以上步骤就可以构建一个基于地税和国税计算账务收付费用的简单示例程序。当然，真实的税务计算有非常多的规则，例如：营业额超过一定金额时，就需要进行不同的税费扣率计算等，这样的多条件判断和计算就非常适合账务系统的规则引擎运算。

## 5.5.3　技术实现之并行网关

在支付和账务流程中经常会遇到需要并行处理和并行审批的情况，为了提升账务的流量处理效率，我们可以使用并行网关。

并行网关（Parallel Gateway）能在一个流程里对并发建模。在一个流程模型里引入并发计算的直接方式就是使用并行网关，它允许创建分支（Fork）执行多个路径，或者合并（Join）多个执行的到达路径。

- 分支（Fork）：对并行后的每个外出顺序流都创建一个并发分支。

- 合并（Join）：所有数据流到达并行网关后，都在此等待并进入分支，在所有进入顺序流的分支都到达以后，流程就会汇聚并通过网关。

如图 5-9 所示模拟了一个网络购物支付流程，其中有 4 个用户任务，分别是付款、发货、收款、收货，付款和收货的处理人是买家，发货和收款的处理人是卖家。其中就涉及了流程的 Fork 和 Join 操作。

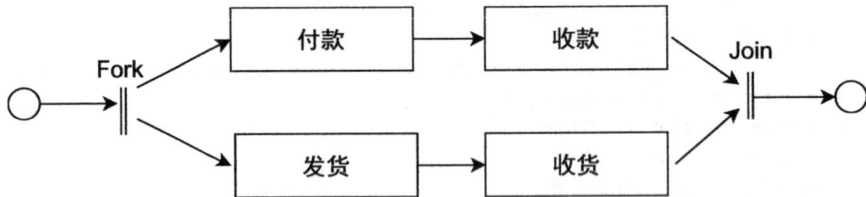

图 5-9

### 1. BPMN 的概念

谈及并行网关，必定需要先了解 BPMN（Business Process Modeling Notation，业务流程建模与标注），包括这些图元如何组合成一个业务流程图（Business Process Diagram）。BPMN 是由图形对象（Graphical Objects）组成的网状图，其中的图形对象包括活动（Activities）和用于定义这些活动执行顺序的流程控制器（Flow Controls）。BPMN 也是 BPM（Business Process Model，业务流程模型）及 Workflow 的建模语言标准之一，支持提供一个内部的模型以生成可执行的 BPEL4WS。

BPMN 定义了一个业务流程图（Business Process Diagram），该业务流程图是一个图形化的流程图（Flow Charting），用于创建业务流程操作的图形化模型，便于其他非专业人士使用。

BPMN 的出现，弥补了从业务流程设计到流程开发的间隙，也支持提供一个内部的模型以生成可执行的 BPEL4WS。

## 2. Activiti 项目

Activiti 项目是基于 Apache 许可的开源 BPMN 平台，支持新的 BPMN 2.0 标准，也支持对象管理组（Object Management Group，OMG），可以从头开始构建工作流引擎，也可以发布设计好的流程定义，并允许通过 API 进行流程调度。

## 3. Activiti 与 Spring Boot 集成

Activiti 与 Spring Boot 可以集成来实现并行网关。下面以一个简单的例子说明如何接入并行网关引擎。

（1）在依赖配置文件 pom.xml 中增加以下依赖：

```
<dependency>
<groupId>org.activiti</groupId>
<artifactId>activiti-dependencies</artifactId>
<version>7.0.0.Beta1</version>
<type>pom</type>
</dependency>
```

（2）创建业务流程图，可以直接在 Eclipse 里面使用 Activiti 插件完成 BPMN 的业务流程图的绘制，并实现配置类：

```
@Configuration
//继承 Activiti 抽象配置类
public class ActivitiConfig extends AbstractProcessEngineAutoConfiguration {

    @Bean
    @Primary
    @ConfigurationProperties(prefix = "spring.datasource")
    public DataSource activitiDataSource() {
        return DataSourceBuilder.create().build();
    }

    @Bean
public SpringProcessEngineConfiguration springProcessEngineConfiguration(
        PlatformTransactionManager transactionManager,
        SpringAsyncExecutor springAsyncExecutor) throws IOException {

    return baseSpringProcessEngineConfiguration(
            activitiDataSource(),
            transactionManager,
            springAsyncExecutor);
}
```

```
    }
```

（3）启动流程：

```
ProcessInstance pi = runtimeService.startProcessInstanceByKey("Pay", "1");
System.out.println("流程启动成功，流程 id:"+pi.getId());
```

（4）获取工作任务的运行结果：

```
List<Task> resultTask =
taskService.createTaskQuery().processDefinitionKey("myProcess").taskCandidateOrA
ssigned(userId).list();
System.out.println("任务列表: "+resultTask);
```

# 第 6 章
# 安全与风控

安全交易是互联网产品电子商务发展的核心内容之一，支付系统的安全则是安全交易的关键所在。并且，支付平台相关子系统与其他软件系统对安全级别的需求有所不同，因为它们管理着用户涉及资金安全的信息流，需要时刻警惕并预防着用户的资金损失。另外，支付机构肩负着人民财产安全和社会稳定的重大责任，所以需要其支付系统具有较强的稳定性、安全性及可防可控性，要求其系统模块结构紧凑、保密性高。这里除了对软件技术进行安全设计和实施，从流程上也需要给予保障。中国人民银行和中国银行业监督委员会（简称银监会）会对从事支付行业的第三方支付机构准入门槛设定、从业范围和地域限制、数据和流程审计提出要求，并进行相关监督及政策监管。

支付系统还会采取许多安全技术措施，包括数据加密、隐私保护、安全传输、核心系统和数据授权与验证、审计跟踪、带保护的子系统、物理硬件隔离、对读写进行分级权限控制等，提供必要的安全保障；同时提供风控子系统对交易过程中的信息流和资金流进行合规检查、风险识别、分析、业务决策与流向控制，降低用户和商户的交易风险，保障交易的正常运行。

本章主要从整个机构的准入政策、法律法规、交易安全等方面出发，从业务和技术的角度来讲解各个子系统中采取的安全监管措施、安全防控技术及风控系统。

# 6.1　准入

目前互联网支付和移动支付行业发展迅速，很多企业或机构都想进入 C 端用户支付行业，成为第三方支付机构（也叫非金融支付机构）为 C 端用户提供相关支付服务。但成为中国人民银行认可的第三支付机构需要满足准入和监管条件，必须拥有安全、规范、能独立完成支付业务处理的支付业务系统和灾备能力，具体涉及：注册资金规模、支付业务从业资格证、经营从业范围、从事金融业股东占比、反洗钱能力、技术研发和运维实力、安全保障、备付金存管条件等。

下面重点讲解第三方支付机构的从业范围限定与支付业务许可证（支付牌照），其他内容例如注册资金规模等准入条件可以从网络中查询到，并且与支付业务本身并无直接关系，所以这里不再赘述。

## 6.1.1　从业范围限定

第三方支付机构的从业范围严格受限于中国人民银行规定的从业范围和经营区域，主要业务范围涉及收单业务（银行卡收单和网络收单）、网络支付、预付卡发行和业务受理。

目前主流的支付业务是网络支付，又可细分为移动互联网支付、互联网支付、固定电话支付、条形码支付、货币兑换、聚合支付业务，其中移动互联网支付、互联网支付、聚合支付是最常见的网络支付方式。

## 6.1.2　支付牌照申请

第三方支付机构指拥有支付牌照（全称为"支付业务许可证"）的有限责任公司、民营银行或经营金融行业的企事业单位。由中国人民银行将支付牌照签发给具有一定实力、影响力和信誉保障的独立的第三方非银行业机构，签发支付牌照的目的也是加强对从事支付业务的非金融机构的管理和约束。所以，在我国从事支付业务之前首先需要拥有支付牌照，并且要在支付牌照指定的从业地区、经营区域、有效期和支付业务范围之内从事支付相关经营活动才算合法合规。

目前，我国拥有第三方支付牌照的公司约 200 多家，大部分拥有自己经营范围内的支付收单或支付结算生态系统。

下面以支付宝（中国）网络技术有限公司的支付牌照为例来讲解业务范围与内容。

在支付宝（中国）网络技术有限公司的支付业务许可证上面划分的经营许可范围有货币汇兑、互联网支付、移动电话支付、银行卡收单及预付卡发行与受理（仅限于线上实名支付、账户充值）。

- 货币汇兑业务：汇兑就是汇款，实际上是商业银行的电子汇款业务。在《非金融机构支付服务管理办法》出台之后，这项业务已取消。

- 互联网支付业务：指用户通过互联网终端设备（PC、浏览器或网络应用程序），依托互联网远程发起支付指令，且付款人的电子设备不与收款人的专属设备直接交互，由第三方支付机构收款人和付款人提供货币资金转移服务。Web 收银台业务和支付网关业务就属于该业务。

- 移动电话支付业务：指用户通过移动电话（手机、手持设备）终端，依托移动通信网络远程发起支付指令，由第三方支付机构为收款人和付款人提供货币资金转移服务。移动收银台支付就属于该业务。

- 银行卡收单业务：指签约银行向商户提供的本外币资金结算服务，即最终持卡人在银行签约商户处刷卡或线上消费，由发卡行和收款行进行资金结算。该业务可分为 ATM 收单、POS 机收银台收单、银行卡线上收单及线下收单。

- 预付卡业务及受理：指第三方支付机构以赢利为目的的发行的在发行机构之外购买的商品或服务的预付价值，包括采用磁条、芯片等卡基技术以卡片、密码等形式发行的预付卡（充值卡）。常见的游戏充值卡或话费充值卡就属于该业务。

- 跨境人民币支付业务：指第三方支付机构以代理的身份帮助在海外网站购物的用户完成跨境外汇和人民币跨境结算业务。

支付宝基于以上业务范围构建了自己的支付、交易、结算和周边生态等相关金融产品，也配备了专用支付 SDK、API、Web 及 WAP 等对外支付服务工具和能力。

## 6.2 终端安全

第三方支付机构对外部用户提供的终端形式，主要有自家的移动钱包应用和外部应用接入的支付 SDK。

（1）移动钱包应用是一款基于手机的应用，常见的 Google Wallet（谷歌钱包）、支付宝钱包、华为钱包的主要功能是让移动设备（手机、平板电脑等）变成移动钱包，将之前现金钱包、硬币、银行卡存储为手机或云端上的资金数据。该移动钱包应用不仅包含数字货币，还变身为卡券中心和私人小助手，例如各种优惠打折券、购物卡和礼品卡，以及电子驾照、社会保险卡、医疗保险卡、身份证等个人证件类的电子助手。

（2）支付 SDK 主要是把第三方支付机构的支付功能、产品和能力打包成 SDK 形式提供给其他应用和商业产品接入。

处于交易终端的移动钱包应用和支付 SDK 是用户使用支付系统交易的过程中的第一道关卡，也是最为重要和复杂的一道关卡，其安全性至关重要。

终端在交易过程中涉及支付系统的数据有用户的个人信息数据、账户数据、订单数据、系统配置数据、日志数据、交易记录数据等，其中涉及个人隐私、商户利益及商业机密，如果无法安全地保存和传输好这些数据，则会涉及用户的资金安全和个人隐私泄露问题，这样一来，第三方支付机构的企业信誉也无法得到有效保证，随时可能将企业陷入信任危机中。

对于从事支付行业的第三方支付机构来说，终端数据的安全防护无疑是支付业务发展的重要保证之一，是安全防护长城的第一关。

支付系统一般会采用以下方法来保障终端数据的安全。

### 6.2.1 安全加密

在存储、使用数据的过程中一般要对数据进行安全加密，该过程可分为加密（见图 6-1）和解密（见图 6-2）。

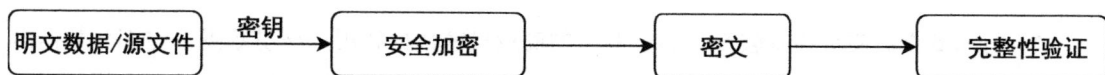

图 6-1

图 6-2

在图 6-2 中，加密和解密都使用了同一把密钥，这种加密方法叫作对称加密（也叫作单密钥加解密）。同时，可以采用非对称加解密，例如：使用 RSA 算法来加解密时，一般都需要先产生公钥和私钥，可以使用 OpenSSL 工具进行公私钥生成，也可以使用代码生成。当明文数据采用公钥加密时，需要使用私钥对密文进行解密；当明文数据使用私钥加密时，需要使用公钥对密文进行解密。

采用安全加密方式和算法时一般依据自身数据的安全要求级别进行界定，比如：在使用场景中是否需要高安全级别、非常快的加解密速度和进行高性能处理。

（1）个人信息数据。安全级别较高，属于用户的个人隐私数据。随着互联网的高速发展，我们已经进入全新的数据化时期，随着几次个人隐私泄露安全大事件的爆发（例如国外某大型社交网站上的联系人数据泄露事件、某大型技术论坛的明文密码泄露事件等），用户对个人信息数据的安全意识也开始觉醒，对个人隐私数据的保护需求也越来越强，毕竟，每个人都有自己的隐私权，都不愿意自己的身份信息和联系数据被泄露。

这种个人信息数据支付系统一般由机构自己研发加解密引擎来支持并且采用云端存储方案，其他不具备加解密引擎研发能力的机构通常也会使用国际流行的高强度加密算法（例如 AES 加解密算法），或者对存储数据文件进行驱动层级别的加解密操作。

（2）账户数据。安全级别较高，属于第三方支付机构或商户的商业机密数据。这部分数据一般不被存储在终端或客户端，在客户端一般仅存储账户的唯一标识、账号编码或其他信息，在需要时再从账户服务端将数据安全传输到本地进行展示。对于用户输入的登录账户信息，则在本地将其处理成对应的验签数据，再通过安全传输通道（TLS 或 SSL）上传到服务端，然后对原来在数据库里面预设的账户信息进行比对，如果数据相等，则表示账号登录成功，否则业务系统将提示账号登录失败。

（3）订单数据。安全级别较高，属于商户的商业机密数据和用户交易数据。这部分数据由客户端生成并传递给商户服务端，再传递给第三方支付机构的支付服务器，如果在该过程中被窥探、泄露或篡改，则将对商户产生影响，严重时会造成商户资产的流失。之前有一起安全事件，某企业的电子商务应用出现了一个实际价值为999元的商品，被攻击者伪装的用户以0.1元买走。经技术分析，其原因是架构师和工程师在设计之初出于对网络整体性能的考虑，支付链路采用了HTTP，而攻击者探测、劫持、篡改了订单数据的支付金额数据包，在付款时也没有验证订单字段的环节，所以导致了以上安全事件的发生。应对方法是让商户对原订单进行 RSA 数据签名，支付系统对商户传入的订单数据进行验签，保证数据在传输过程中不被篡改，同时对全站启用 HTTPS 访问。

（4）系统配置文件。安全级别低，属于支付系统正常运行的配置参数数据，被定义为系统加载所需环境的设置和文件的集合，如果对其进行修改，则会造成支付业务运行不正常。例如：在现有大部分软件中配置文件的参数大多可以被随意修改，但支付软件会较其他软件级别高，所以对配置文件的参数进行修改时，会造成软件不能正常运行，不能正常付款。在对配置文件进行安全改造时通常会采用安全性较高、性能较好、速度较快的对称加密算法来加密，例如 AES 算法[1]，防止配置文件被窥探和篡改。

（5）日志数据。安全级别中等，属于支付系统运行过程中的日志数据，这部分数据对于第三方支付机构的技术人员分析和定位支付业务中的问题至关重要。并且，不同于其他普通软件系统，支付系统是安全性要求较高的系统。例如：黑客可以通过分析支付系统的日志数据来掌握支付业务流程和关键数据，通过这些信息可以确定发起攻击的位置，所以日志数据或文件的安全性也是重中之重。日志数据还有一个特点：数据量较交易数据量多，通常是交易数据量的数十倍。所以针对日志数据，我们首先要对数据中的敏感字段与关键信息做清洗、脱敏和加密处理，其加密算法可以采用 AES 算法或 Log4J 日志组件自带的 SM4 算法[2]。

（6）交易记录数据。安全级别较高，属于商户的商业机密数据、交易记录和用户交易数据，通常被存储在本地数据库中用于用户查看自己的支付交易记录。一般会采用本地数据库自带的加密算法来加密，例如：Android 系统里面 SQLite 数据库自带的加密算法 SQLCipher。同时可以针对数据库中的数据进行加密，或者针对终端的本地数据库文件进行一次整体文件加密。

---

1 AES 算法：是一个分组密码，属于对称加密算法，在对称密码领域特别是分组密码领域中常常使用。
2 SM4 算法：是一种分组密码算法，分组长度为128bit，密钥长度也为128bit。

## 6.2.2　访问授权

支付系统中的各个子系统都有不同等级的数据安全级别的访问控制，如果没有合法的子系统使用身份、网络、本地访问授权及正确的安全访问通道，则所有数据都将以密文状态保存、传输，通过其他非法手段无法访问、窃取或篡改。

访问授权其实就是一个获得授权、申请访问（操作）资源、审查授权、授权及备案的过程，如图 6-3 所示。

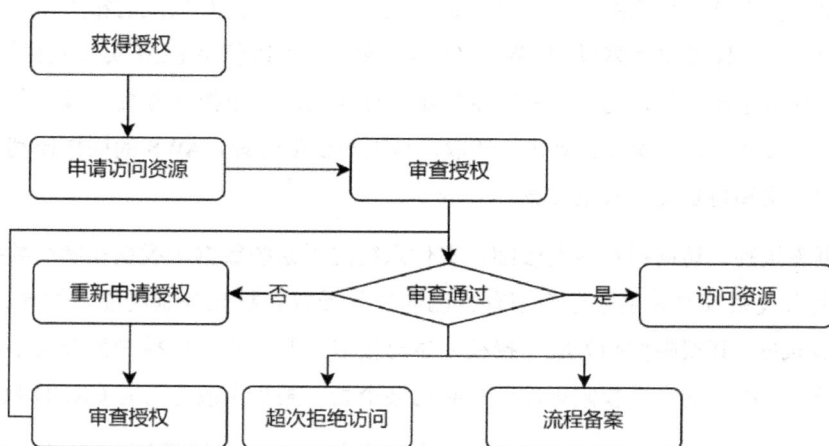

图 6-3

访问授权可以分为以下几个级别。

（1）操作系统级别。访问授权粒度较粗，操作系统级别的访问授权主要基于操作系统的用户角色和账号来划分，主要限制访问驱动器、文件系统、硬件资源等。例如：文件访问限制的开放可能会导致数据和系统文件被破坏或未经核准的用户修改文件，操作系统必须控制用户对文件的存储、读取等权限，即对目标文件的读、写、执行的许可问题。黑客通常会通过操作系统的漏洞获取操作系统的最高权限（例如 Windows 0 day 漏洞），然后对目标计算机上的任意文件进行访问和篡改。该级别的防护主要关注漏洞发布网站，例如乌云、FreeBuf 及操作系统官方网站，通过打补丁来及时升级和修复操作系统漏洞。

（2）网络访问级别。访问授权粒度较粗，可以在计算机之间构建基于信任关系的网络访问域，域外计算机不能访问域内机器。这种域内访问控制方案最早来自Windows NT，网络域可以采用软件级隔离和物理级隔离。其中，央行的某些处理机密信息的终端规定采用物理级隔离，除电线外不能接入任何电缆或互联网络。这里讨论的主要是软件级别的隔离和访问控制，物理级别隔离主要体现在硬件终端和网络通信设备上面，例如：从加固网络节点控制器（也叫域控制器）的角度出发，形成一个内部网络，提供独立于应用和用户的安全解决方案，构造安全可控的网络环境。最成熟的方案就是 Windows 的域控制器解决方案。

（3）文件系统访问级别。访问授权粒度较细，在互联网时期所有数据都被存储在分布式文件系统中，最为经典的是 Hadoop 的分布式文件系统（HDFS）或者亚马逊 AWS 的 S3 对象存储系统。基于这些分布式文件系统，就可以在这个文件访问层面进行权限的相关控制，例如使用 HDFS 的文件、目录权限控制模型。如果是 AWS 系统，则可以使用 IAM 实体（用户、操作组、角色）的权限粒度进行控制，这是一种粒度更小、更灵活的权限控制方案。每一个 AWS 服务的操作都可以分成 4 个访问级别：列表、读取、写入和权限管理，AWS 的操作便利性在于提取预设置的权限方案和自定义的权限方案。

（4）数据库级别。访问授权粒度较细，支付系统的子系统数据一般被存储在数据库中，几乎市面上的所有关系或非关系数据库都有自己的访问授权和权限控制功能，例如：MySQL、MongoDB、Oracle，其权限控制方案（授权）也有很多，基本是可以控制列表（字段级别）级别的权限，通过数据库的自身权限可以细分到对某个表、某个字段是否有 CRUD 权限。

（5）应用级别。访问授权粒度细，在支付系统中有很多应用级别的访问授权和权限控制。这里的应用级别指在数据库层面之上构建的软件应用系统，例如支付系统的经营分析子系统中的分析报表模块，我们在应用级别可以通过技术研发来控制数据访问，更精细化地进行权限控制，例如：对不同的角色加工和显示不同的数据内容，这其中从字段的源数据到显示数据已经有非常大的变化了。还有对数据查询范围字段的控制，一般都可以采用基于角色的访问控制模型（RBAC 模型）来完成应用级别细粒度的权限控制和访问授权控制，如图 6-4 所示。

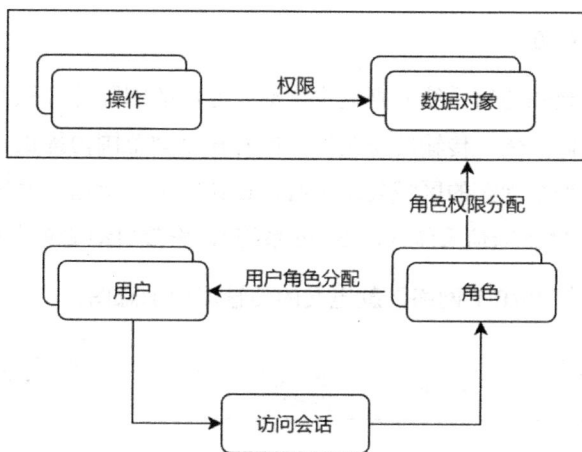

图 6-4

## 6.2.3 传输安全

数据在支付系统中并不是孤岛，需要在一定范围内的计算机节点之间进行传输和使用，在传输过程中就会涉及信息是否被劫持、篡改及伪造等风险。同样，依据不同的信息安全保护级别，传输安全可以分成以下几个层次。

（1）专用网络。这种网络与 Internet 互联网、办公网等是互相隔离的，通常基于专用的传输协议和网络通信交换机设备，为各个金融机构提供数据报文制定、数据传输、交换等基础功能，在此基础之上还可以运作相关的金融信息服务和增值服务。在我国，中国国家金融数据通信网（CNFN）就是这么一个专用网络，由中国人民银行负责建设，网络层则基于 X.25 分组交换技术及帧中继技术。与传统的计算机网络不一样，在该网络的基础之上中国人民银行建设了小额支付系统（BEPS）、大额支付系统（HVPS）、清算账户处理系统（SAPS）、银行卡电子授权系统、银行卡授权系统及通用信息服务系统等，为全国各商业银行和第三方支付机构提供跨行支付的清算和结算服务。目前 CNFN 网络节点设立在全国各地 400 个城市的中国人民银行分行处理中心（CCPC[1]）内部，每个 CCPC 不仅为本区域各商业银行分行的处理中心，还提供跨行、

---

1 CCPC：中国人民银行的城市处理中心（City Clearing Processing Center），主要负责支付指令的转发和接收、账务核算数据传输等。

跨区域支付的交易处理业务。

SWIFT（全球同业金融通信系统）则提供全双工专用的国际化金融通信服务，负责制定通信节点之间电文格式的标准化、传输的安全性，同时在全球范围内提供三个中心操作节点（美国、比利时、荷兰）及每个国家的区域处理中心，在该网络之上运行着纽约清算所银行同业支付系统（CHIPS）、联邦储备通信系统（Fedwire 系统）、伦敦自动清算支付系统（CHAPS）等。

如图 6-5 所示是一个 SWIFT 网络汇款电文的传输流程示意图。

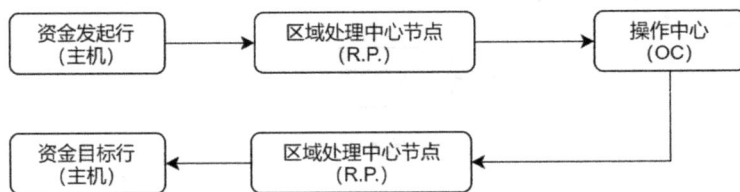

图 6-5

（2）安全协议。在一个开放的网络访问环境中（例如互联网、办公网或城域网），拥有安全协议是传输安全至关重要的一个节点，这些协议涉及 HTTPS（超文本安全传输协议）、SSL/TLS（安全套接层协议）、3-DSecure 和安全电子邮件（PEM[1]、S/MIME 协议）等协议。在互联网中，支付系统（例如移动收银台、支付网关等）传输数据的常见做法是采用 HTTPS。HTTPS 是一种以安全为目标的 HTTP 通道，基于 HTTP 进行身份认证和传输加密保证了传输过程中的安全性。

如图 6-6 所示，最里层为 TCP（同样都基于 IP 协议）。TCP 通过三次握手建立了客户端和服务器之间的连接，HTTPS 除了实现了基于 TCP 的 HTTP（超文本传输协议），还需要加上安全传输和加密的 SSL[2]或 TLS[3]协议。

---

1　PEM：隐私增强邮件（Privacy Enhancement for Internet Electronic Mail），由 IETF 工作组定义，用于发送和存储安全邮件。
2　SSL：安全套接字层（Secure Sockets Layer），用于保证数据传输过程中的安全性。
3　TLS：传输层安全协议（Transport Layer Security），是 SSL 的升级版本。

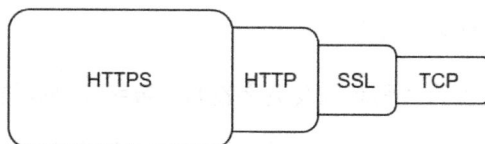

图 6-6

HTTPS 较 HTTP"重",具体表现在服务端与客户端之间通信次数较多:HTTPS 不仅包括 TCP 的 3 次握手,还包括 SSL 的 4 次握手。HTTP 和 HTTPS,在具体业务中选择其中哪种协议通信呢?可以参考如图 6-7 所示的流程进行选型。

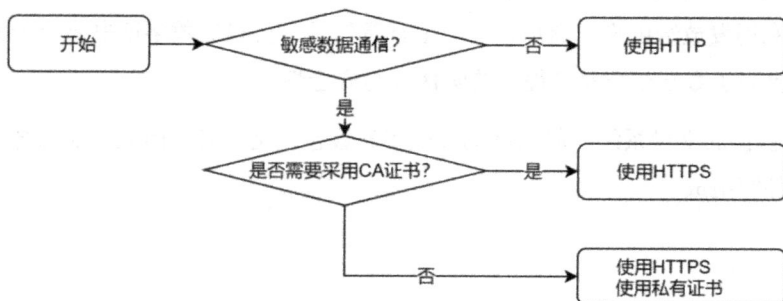

图 6-7

当接收和发送的数据为敏感数据时,我们需要采用 HTTPS 通信,因为通道中的数据采用了 SSL/TLS 进行加密传输。对于数据不敏感并且性能要求较高的数据,则可以采用 HTTP 进行传输,例如:用户的登录信息、会话数据等都采用了 HTTPS,而官方网站的信息数据和公共下载文件可以采用 HTTP 进行传输。

(3)专用协议。部分支付系统采用专用的电子支付协议来保障数据的安全,这种协议是一种专门针对支付业务定制的协议。SET(Secure Electronic Transaction,安全电子交易)就是这么一种专用的支持即时电子支付的安全协议,是由 Master card、Visa、Microsoft、Netscape 等公司共同设计并在 1997 年推出的。

SET 协议的核心技术有公开密钥加密、数据签名及验证、数据信封及电子安全证书等,早期是基于信用卡的支付模式而设计的,保证了开放网络上交易的安全性。SET 主要是为了支持用户、商家、银行之间通过信用卡交易而设计的,具有保证交易过程和数据的完整性、一致性和安全性、商户及持卡人的合法身份验证,以及交易的不可抵赖性等优点,因此成为目前公认的网上交易的国际标准的信用卡协议。

SET 采用以下方案来保证安全性。

（1）SET 协议采用了先进的密码系统及数字签名、数字证书等技术。

（2）持卡人能够确认收款商家是否有权采用 SET 协议的安全方式接收信用卡。

（3）采用 SET 协议的商家能够确认交易中正在使用的信用卡。

（4）SET 协议保证支付信息只能被指定的接收方获取和读取，只能被采用 SET 协议的商家与金融机构破译，同时，商家只能看到订单数据信息而看不到持卡人账号。

根据 SET 协议设计的网上安全支付应用软件,必须经过 SET 协议和机构验证才能被批准使用，SET 协议利用发放给用户、商户、商业银行及信用卡公司的数字证书进行一系列的认证与安全性检验，提高了数据在交易过程中的防伪性与安全性。

基于 SET 协议的支付系统一般由移动（电子）钱包应用、商户商业产品服务端、支付网关及认证机构软件等组成。

## 6.3　技术实现之终端安全

首先讲解在本地加密存储的方法，加密方法有两种：对称加解密和非对称加解密。

实用场景：支付系统中有部分配置文件的内容需要加密存储在本地，例如：跳转服务器的地址或支付 SDK 的运行参数在使用过程中需要先解密再使用。对于这种场景，比较适合采用对称加密算法，如图 6-8 所示。

图 6-8

当然，也可以使用非对称加密，如图 6-9 所示。但由于非对称加密适用于安全级别较高、运算速度较慢及私钥一般不在终端存储等场景中，所以在技术选型上面不宜使用。

图 6-9

说到对称加密算法，可以选择使用以下几种方案。

这里的终端安全示例代码以 Android 操作系统为例，并且使用 Java 来实现安全加密、访问授权和传输安全。

## 6.3.1　中低安全级别的数据（DES）

（1）数据加密标准 DES（Data Encryption Standard）是使用对称密钥加密的一种块加密算法，处理数据的速度较快，性能较好，通常适用于对大块数据加解密的场景中。该算法的明显缺点是密钥较短，这意味着可以通过暴力破解来解密，降低了加密的安全性，但仍然适用于对支付系统配置文件的安全加密等场景中。

以下是基于 Android 系统的 DES 加密的代码实现：

```
/**
    * 采用 DES 加密字符串数据，使用 UTF-8 编码
    * @param plain 原字符串
    * @param encryKey 密钥
    * @return 密文
    * @throws Exception
    */
public static String encryptByDES(String plain, String encryKey)
        throws Exception {
    //获取密码实例对象，参数格式为"算法/模式/填充"
    Cipher cipher = Cipher.getInstance("DES/CBC/PKCS5Padding");
    //使用Key作为DES密钥的密钥内容，创建一个 DESKeySpec 对象
    DESKeySpec desKeySpec = new DESKeySpec(encryKey.getBytes("UTF-8"));
    //返回 DES 算法的 SecretKeyFactory 对象
    SecretKeyFactory keyFactory = SecretKeyFactory.getInstance("DES");
    //生成 SecretKey 对象
    SecretKey secretKey = keyFactory.generateSecret(desKeySpec);
    //使用密钥构造一个 IvParameterSpec 对象。
    IvParameterSpec iv = new IvParameterSpec(encryKey.getBytes());
    //用密钥和一组算法参数初始化密码实例对象
```

```
        cipher.init(Cipher.ENCRYPT_MODE, secretKey, iv);
        //加密，使用 Base64 密码
        return new String(Base64.encode(cipher.doFinal(plain
                .getBytes("UTF-8"))));
    }
```

对应的解密函数如下：

```
    /**
     * 使用密码和密钥解密数据
     * @param encryString 密文
     * @param decodeKey 密钥
     * @return 明文
     * @throws Exception
     */
    public static String decryptByDES(String encryString, String decodeKey)
throws Exception {
        //使用密钥构造 IV 对象
        IvParameterSpec iv = new IvParameterSpec(decodeKey.getBytes());
        //根据密钥和 DES 算法构造一个 SecretKeySpec
        SecretKeySpec skeySpec = new SecretKeySpec(decodeKey.getBytes(), "DES");
        //返回实现了指定转换的 Cipher 对象
        Cipher cipher = Cipher.getInstance("DES/CBC/PKCS5Padding");
        //解密初始化
        cipher.init(Cipher.DECRYPT_MODE, skeySpec, iv);
        //解码返回
        byte[] byteMi = Base64.decode(decodeString.toCharArray());
        byte decryptedData[] = cipher.doFinal(byteMi);
        return new String(decryptedData);
    }
```

这样就实现了加解密函数，只需在加密时调用 encryptByDES 函数，将明文数据和 8 位 Key 传入就可以得到密文数据，然后在使用时以相同的 Key 值和密文调用 decryptByDES 函数完成密文解密得到明文信息。

在以上代码中还使用了 Base64 编码方式，可以将二进制数据编码成可见的 ASCII 码字符串数据。在 Android 系统中 Base64（完整类名为 android.util.Base64）已经是一种内置的工具类的编码转换算法，很多人都把 Base64 当成一个加解密算法，但从严格意义上来说，它不能算是一种加解密算法，只能算是一种编码格式的转换算法。

## 6.3.2　DES 算法演进之 3DES

在 DES 基础之上进化了三重数据加密算法（3DES），该算法使用了 K1、K2、K3 对同一组明文进行多重加密，其基本原理是对每个数据块都使用三次 DES 加密，如果密钥小于 64 位，则其加密强度与 DES 一致，一般建议采用的密钥超过 64 位。

3DES 的加密函数示例如下：

```java
/**
 * 采用 3DES 加密字符串
 *
 * @param plain
 * 普通文本
 * @return
 * @throws Exception
 */
public static String encryptBy3DES(String plain, String secretKey) throws Exception {
    Key deskey = null ;
    DESedeKeySpec spec = new DESedeKeySpec(secretKey.getBytes());
    //根据 3DES 构造一个 SecretKeyFactory
    SecretKeyFactory keyfactory =
SecretKeyFactory.getInstance( "desede");
    deskey = keyfactory.generateSecret(spec);

    //获取密码实例对象，参数格式为"算法/模式/填充"
    Cipher cipher = Cipher.getInstance("desede/CBC/PKCS5Padding");
    IvParameterSpec ips = new IvParameterSpec(iv.getBytes());
    cipher.init(Cipher. ENCRYPT_MODE , deskey, ips);
    byte [] encryptData = cipher.doFinal(plain.getBytes("UTF-8"));
    return Base64.encodeToString(encryptData,Base64.DEFAULT);
}
```

其中涉及的加密编码方式和填充方式包括 3DES-ECB[1]、3DES-CBC[2]、3DES-CTR、3DES-OFB 和 3DES-CFB。

解密函数示例如下：

---

1　ECB：电子密本方式，将数据按照 8 字节一段进行加密，最后一段不足 8 字节，按照需求补足 8 字节进行计算，之后按照顺序将计算所得的数据连在一起即可，各段数据之间互不影响。

2　CBC：密文分组链接方式，密文分组之间的联系具有前后关系，类似于链条一样相互连接。

```
    /**
           * 3DES 解密
           * @param encryString 密文
           * @return 明文
           * @throws Exception
           */
          public static String decryptBy3DES(String encryString, String secretKey)
throws Exception {
              Key deskey = null ;
              DESedeKeySpec spec = new DESedeKeySpec( secretKey.getBytes());
              SecretKeyFactory keyfactory =
SecretKeyFactory.getInstance( "desede" );
              deskey = keyfactory. generateSecret(spec);
              Cipher cipher = Cipher.getInstance( "desede/CBC/PKCS5Padding" );
              IvParameterSpec ips = new IvParameterSpec( iv.getBytes());
              cipher. init(Cipher. DECRYPT_MODE, deskey, ips);

              byte [] decryptData = cipher.doFinal(Base64.decode(encryString,
Base64.DEFAULT));
              return new String (decryptData, encoding);
          }
```

其中三重数据加密算法的密钥长度是 128 位。除了 3DES 算法，还有人演算出 N-DES（*N* 重数据加密算法）。

## 6.3.3　高安全级别的数据（AES）

由于密钥长度过短、弱密钥等缺点的存在，DES 容易被暴力破解。随着计算机性能不断提升，DES 被暴力破解的频率越来越高。所以，美国国家标准与技术研究院（NIST）在 1997 年放弃了对 DES 的官方支持，研发出 DES 的替代者 AES（Advanced Encryption Standard，高级加密标准）。

在 Android 系统上使用 AES 与使用 DES 的实现难度、代码量和写法相差无几，比 DES 速度更快、性能更高，在实际的开发过程中建议采用 AES 算法对数据进行加解密，其加密代码如下：

```
    /**
           * AES 加密
           * @param plain 明文
           * @return 密文
           * @throws Exception
```

```
    */
    public static String encryptByAES(String plain, String secretKey){
        byte[] crypted = null;
        try{
            SecretKeySpec spec = new SecretKeySpec(secretKey.getBytes("UTF-8"),
"AES");
            Cipher cipher = Cipher.getInstance("AES/ECB/PKCS5Padding");
            cipher.init(Cipher.ENCRYPT_MODE, spec);
            crypted = cipher.doFinal(plain.getBytes());
        }catch(Exception e){
            return "";
        }
        return new String(Base64.encode(crypted, Base64.NO_WRAP));
    }
```

解密代码如下：

```
/**
    * AES 解密
    * @param encryString 密文
    * @return 明文
    * @throws Exception
    */
    public static String decryptByAES(String encryString, String secretKey){
        byte[] output = null;
        try{
            SecretKeySpec spec = new SecretKeySpec(secretKey.getBytes("UTF-8"),
"AES");
            Cipher cipher = Cipher.getInstance("AES/ECB/PKCS5Padding");
            cipher.init(Cipher.DECRYPT_MODE, spec);
            output = cipher.doFinal(Base64.decode(encryString, Base64.NO_WRAP));
        } catch(Exception e){
            return "";
        }
        return new String(output);
    }
```

针对对称加解密算法都有一个密钥需要存储的问题，目前有三种实现方案。

（1）生成密钥之后，可以将其保存在存储设备中，例如密钥文件或 Android 系统的 SharedPreferences 中，在使用时将其读取到内存中。

（2）生成密钥之后，依据固定的设备特性（例如 DeviceId、OSID 等）将密钥信息上送到服务器端，在应用启动时将密钥信息获取到本地使用，由于移动网络通信存在不确定性，所以不推荐采用这种方案。

（3）将密钥放在 NDK 代码中，然后采用数据位移或拆分等方案，再拼装为真正的密钥数据。这种算法的破解难度较高，也较安全，推荐采用这种存储方案。

## 6.3.4 非对称加密（RSA）

RSA 是一种非对称加密算法，由三位数学家 Rivest、Shamir 和 Adleman 设计，其核心思想为将密钥分成以下两把密钥，简称密钥对。

在密钥对中有一个公钥，还有一个私钥。

- 公钥（Public Key）：是密钥对中完全公开的部分，任何人都可以得到它，适用于客户端-服务端模型。

- 私钥（Private Key）：是密钥对中保密的一部分，一般在服务端安全存储，不允许在客户端存储。

可以使用 OpenSSL 工具的命令生成公私钥，也可以使用开发语言生成公私钥。

（1）生成 RSA 算法的私钥时，使用以下命令：

```
openssl genrsa -out rsa_private_key.pem 2048
```

（2）使用以下命令将 X509 编码文件转换成 PKCS8 编码格式：

```
openssl pkcs8 -in rsa_private_key.pem -out rsa_private_key_pkcs8.pem -nocrypt -topk8
```

（3）导出私钥对应的 X509 编码公钥文件：

```
openssl rsa -in rsa_private_key.pem -out rsa_public_key.pem -pubout
```

注意：可以使用 Java 代码从 rsa_private_key_pkcs8.pem 文件中读取私钥信息并生成数字签名，再使用 rsa_public_key.pem 公钥文件验证数字签名的正确性。

Java 虚拟机也提供了内置的方法来生成公私钥，代码如下：

```
/**
     * 生成非对称密钥对
     * @throws NoSuchAlgorithmException
     */
public static void genKeyPair() throws NoSuchAlgorithmException {
        //KeyPairGenerator 类，基于 RSA 算法生成对象
```

```
        KeyPairGenerator keyPairGen = KeyPairGenerator.getInstance("RSA");
        //初始化密钥对生成器
        keyPairGen.initialize(1024,new SecureRandom());
        //生成一个密钥对，保存在 keyPair 对象中
        KeyPair keyPair = keyPairGen.generateKeyPair();
        //得到私钥对象
        RSAPrivateKey privateKey = (RSAPrivateKey) keyPair.getPrivate();
        //得到公钥对象
        RSAPublicKey publicKey = (RSAPublicKey) keyPair.getPublic();

        //公钥字符串
        String publicKeyString = new
String(Base64.encodeBase64(publicKey.getEncoded()));
        //私钥字符串
        String privateKeyString = new
String(Base64.encodeBase64((privateKey.getEncoded())));
    }
```

有了公私钥数据之后，就可以对数据进行加解密处理和数据加签、验签了，加解密过程如图 6-10 所示。

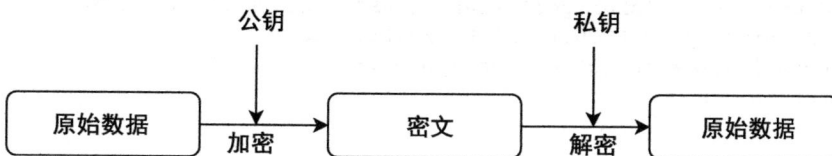

图 6-10

其中，加密数据的一方使用公开获得的公钥（一般推荐使用 1024 位密钥，密钥越长越安全，也意味着加密性能越差），对明文数据进行加密得到密文：

```
/**
 * 使用公钥进行加密
 * @param plain 明文数据
 * @param publicKey 公钥数据
 * @return 密文
 * @throws Exception
 */
public static byte[] encryptByPubKey(byte[] plain, byte[] publicKey) throws
Exception {
    //从公钥数据中得到 KeySpec 对象
    X509EncodedKeySpec keySpec = new X509EncodedKeySpec(publicKey);
    //根据 RSA 算法构造一个 KeyFactory
    KeyFactory keyFactory = KeyFactory.getInstance("RSA");
    PublicKey pubKey = keyFactory.generatePublic(keySpec);
```

```
    //获取密码实例对象 参数格式为"算法/模式/填充"
    Cipher cp = Cipher.getInstance("RSA/None/PKCS1Padding");
    cp.init(Cipher.ENCRYPT_MODE, pubKey);
    return cp.doFinal(plain);
}
```

（2）解密的一方具有私钥，拿到密文时，使用对应的私钥进行解密：

```
/**
 * 使用私钥解密
 * @param encrypted
 * @param privateKey
 * @return
 * @throws Exception
 */
public static byte[] decryptByPrivKey(byte[] encrypted, byte[] privateKey)
throws Exception {
    //从私钥数据中得到 KeySpec 对象
    PKCS8EncodedKeySpec keySpec = new PKCS8EncodedKeySpec(privateKey);
    KeyFactory kf = KeyFactory.getInstance("RSA");
    PrivateKey keyPrivate = kf.generatePrivate(keySpec);
    //获取密码实例对象，参数格式为"算法/模式/填充"
    Cipher cp = Cipher.getInstance("RSA/None/PKCS1Padding");
    cp.init(Cipher.DECRYPT_MODE, keyPrivate);
    byte[] arr = cp.doFinal(encrypted);
    return arr;
}
```

（3）如果解密失败，则代表公钥或私钥不匹配（不是一个密钥对），这也说明如果没有对应的私钥，则解不出密文中的内容。

RSA 一般只适用于小数据块的加解密场景中（例如加密动态密钥、短的关键数据），加解密速度较 AES 和 DES 慢。

## 6.3.5　传输安全

数据的传输安全需要满足以下条件。

● 防窥探：数据明文受到保护，不应该被黑客和恶意用户识别、利用。保护数据不被窥探是一项重要的指标，发送者和接收者双方都需要实现加密技术，保证数据无法被第三方破解和解密。

- 防篡改：保护数据在传输过程中的完整性，必须确认不会在数据传输过程中被截获和篡改。

- 防伪造：能识别数据发送方是否具有合法性，并且能确认发送方的真实性。

下面讲解相应的技术实现方案。

### 1. 防窥探

数据一般通过计算机网络进行传输，除了有从一个发送方（发送节点）发送到接收方（接收节点）的简单场景，还有复杂的场景（经过 $N$ 个网络节点传输才能到达最终目的地）。随着节点的增多，在这个传输过程中被截获、监听的风险越来越高（例如：现在常用的网络数据抓包软件就有 Fiddler、Wireshark 等，可以监听到网络层都采用了什么协议、调用了哪些 API，以及发送参数、返回的响应数据分别是什么）。

在客户端一般采用公开的通道加密方案保证通道数据无法被窥探。

TLS（Transport Layer Security）又叫作安全传输层协议，主要用于在两个通信应用程序之间提供保密性和数据完整性。

Android 系统对应的实现如下。

首先，读取自己的证书并初始化 TLS 的工厂类：

```
//用 keytool 将.keystore 中的证书写入文件中，然后从该文件中读取证书信息
CertificateFactory cf = CertificateFactory.getInstance("X.509");
InputStream caInput = new BufferedInputStream(new
ByteArrayInputStream(caPath.getBytes()));
Certificate ca;
try {
  ca = cf.generateCertificate(caInput);
} finally {
  caInput.close();
}

//创建一个包含认证证书的 KeyStore
String keyStoreType = KeyStore.getDefaultType();
KeyStore keyStore = KeyStore.getInstance(keyStoreType);
keyStore.load(null, null);
keyStore.setCertificateEntry("ca", ca);

//创建一个基于 KeyStore 算法的 TrustManager 对象
```

```
String tmfAlgorithm = TrustManagerFactory.getDefaultAlgorithm();
TrustManagerFactory tmf = TrustManagerFactory.getInstance(tmfAlgorithm);
tmf.init(keyStore);

//初始化 TLS
SSLContext context = SSLContext.getInstance("TLS");
context.init(null, tmf.getTrustManagers(), null);
```

然后，获取 Socket 工厂类，创建 Socket 连接，开始 TLS 握手：

```
//远程服务器的地址
SocketAddress sockaddr = new InetSocketAddress("localhost", 80);
//创建 Socket 对象实例
Socket socket = context.getSocketFactory().createSocket();
//开始连接
socket.connect(sockaddr, 60 * 1000);
//开始 TLS 握手
socket.startHandshake();
```

### 2. 防篡改

在某支付场景中，客户端与服务端的请求被黑客截获并将支付订单的金额修改为 0.1 元（原订单金额 10 元），由于未在这个过程中对订单数据进行防篡改校验，导致了商户的商品被便宜卖掉，造成了商户的经济损失。

数据防篡改的主要手段是针对数据进行客户端加签，在服务端接收数据时验证加签数据是否与签名一致。加签的过程实质上是发送端针对待发送的原始数据进行一定的处理（例如字符串去空格、字段排序、数据加密）后针对数据加签生成签名摘要数据，这部分摘要数据一般不会参与加密。接收端在收到数据之后，先将签名摘要数据和加密数据取出来，然后解密已加密的数据块得到原始数据，最后像发送端一样进行处理，生成签名摘要数据。如果生成的摘要数据与发送端传送过来的一致，则表示数据没被篡改过，否则表示数据在传输过程中被篡改。

下面讲解对防篡改的数据进行签名和验签的过程。

（1）对原始数据去空格，进行参数字段排序（升序或降序）和拼接。

（2）将原始数据（待签名内容）根据参数字段名称进行排序，可以保证加签、验签的双方待验证参数内容的一致性。例如：排序升序规则按照第一个字符的 ASCII 码值递增排序，如果遇到相同的字符，则依据第 2 个字符递增排序，以此类推。将排序后的参数拼接成"参数=参数值"的格式，并且把这些参数使用"&"字符连接起来。

```java
    /**
     * 对参数字段进行排序
     * @param params 参数数据
     * @return
     */
    public String orderByParameters(Map<String, String> params) {
        StringBuilder sb = new StringBuilder();
        //以参数名称的字典进行升序排列
        Map<String, String> sortParams = new TreeMap<String, String>(params);
        //拼接成"key=value"格式
        for (Map.Entry<String, String> entry : sortParams.entrySet()) {
            String key = entry.getKey();
            //字符串去空格
            String value = entry.getValue().trim();
            key = key.trim();
            if (TextUtils.isEmpty(value))
                sb.append("&").append(key).append("=").append(value);
        }
        return sb.toString();
    }
```

（3）生成摘要数据，常用的摘要算法有 MD5、SHA-1 等。下面使用 MD5 生成摘要数据：

```java
//替换第 1 个间隔符号
String param = param.replaceFirst("&","");
//生成摘要数据
String signValue = Md5Utils.md5(param);
//拼接摘要数据
String param = param + "&sign=" + signValue;
```

（4）使用非对称加密算法 RSA，利用客户端的公钥对摘要值进行加密，将数据通过网络发送给接收方进行验证。

接收方在接收到数据之后进行验签，与加签的过程基本一致。

（1）参数排序。将收到的参数内容（key=value 字典）根据参数名称进行排序，其排序规则与签名方保持一致，对参数字符串去空格和拼接，其拼接方式与签名方保持一致，生成待生成摘要的原参数字符串。

（2）生成摘要数据。使用相同的摘要算法（MD5）计算得到验签方的摘要值。

（3）进行非对称解密。使用 RSA 非对称加密算法，对收到的加密摘要数据使用私钥进行解密，并得到签名方的原始摘要值。

（4）摘要数据对比。如果签名方的摘要数值等于验签方计算出来的摘要值，则表示验签成功，否则验签失败。

# 6.4　接口安全

支付系统中的 API 属于典型的 B2B 的产品，对安全性的要求比较特殊，需要验证企业的合法身份，同时和客户端 App 的安全技术栈不同，面向 B2B 的 API 产品通常通过数据签名验签、数字证书和数据加密来保证其接口安全。

## 6.4.1　安全需求

在实施签名和加密安全策略时用签名还是用加密？用对称加密还是非对称加密？

这要从需求说起，安全也是需求的一种。安全需求无非是防篡改、防偷窥、身份识别、防抵赖和防泄露等。要满足这些安全需求，就需要对接口采用不同的安全策略和方法。

我们从安全学的发展历史开始说起。

（1）注册机加密时期。在 Licence 授权软件时期，并没有网络来验证各种加密算法，同时为了防止单机上的软件被盗用，通常在软件中写一段授权加密算法，如果用户输入的注册码满足注册机算法，就通过校验。这种方法有明显的缺陷：只要有足够强大的技术力量和计算能力，算法都是可以被破解的，所以好的软件一般都会有一个对应的破解版本或注册机执行器。

（2）对称加密算法时期。在对称加密算法中，明文和密文双方约定使用同一个密钥，加密方用密钥进行加密，解密方用同一个密钥进行解密，如果可以成功解密，则说明加解密方都有权限对数据进行访问。

在 API 层面，对称加密算法有两种应用场景：数据 MD5 签名和通信数据加密。

数据 MD5 签名指采用 MD5 算法对传输的数据进行签名，以防止数据被第三方劫获并篡改。MD5 也叫作 MD5 信息摘要算法（MD5 Message-Digest Algorithm），是一种常用的密码散列函数，可以将数据生成一个 128 位（16 字节）的散列值（Hash Value），从而确保信息传输的完整性和一致性。其做法是对待签名字符串（也就是待传输的数据）进行 MD5 算法签名，生成的签名数据（为 32 位小写字符）也就是通常公共参数中 sign（签名）的值。

　　通信数据加密指对传输数据进行加密保护，主要是为了防止第三方偷窥数据信息和泄露信息，一般采用 DES、3DES、N-DES、AES 等对称加密算法进行处理。由于双方都有密钥，所以一旦密钥泄露，整个传输通道传输的数据都将被破解，这样一来影响面就非常广。并且有一种情况就是可以对数据请求进行抵赖，接收方没办法确认是否为真实发送方发送的数据，所以对密钥的安全保存就十分重要了。在这个时期衍生出来另外一种方式，就是定期对密钥进行升级，但始终解决不了数据抵赖的问题。

　　（3）非对称加密算法时期。在对称加密时期解决不了数据抵赖的问题，密码学家就在想能否生成一对密钥，用于互验双方的身份，这样就可以防止数据抵赖了，所以最终由三位密码学家发明了非对称加密算法。非对称加密算法是一对密钥（由公钥和私钥组成），公钥加密的数据只能由私钥来解密，私钥加密的数据只能由公钥来解密。并且可以使用公钥和私钥进行数据完整性和一致性的验证，也就是数据通信中的加签和验签。SSL/TLS 采用的就是非对称加密算法（RSA 算法）。

　　（4）数据证书时期。在互联网时代，数字证书是用于识别和认证各方身份的一种数字认证。人们可以用它来识别对方的合法身份。在支付系统中常用的就是 CA（Certificate Authority）证书，CA 证书是由证书授权中心颁发的证书，包含：证书拥有者的身份信息，用于证明证书拥有者的身份；在 CA 机构的数字签名中有一个密钥对（公钥和私钥），用于保证身份的真实性；同时，公钥和私钥用于在传输和通信过程中加解密，从而保证通信信息的安全性。

## 6.4.2　安全策略

　　所以，在支付行业的技术实现中，针对我们之前提出的接口安全需求，现在都有对应的安全策略。

　　（1）防泄露和防偷窥。在中等安全级别时可以使用 AES、3DES 对称加密算法，对于数据安全级别高的情况，可以使用 RSA 非对称加密算法进行数据加密。在通道层面可以采用 SSL 或 TLS 安全传输通道。依据 Google 的建议，目前大部网站都启用了 HTTPS 升级策略，支付系统对外公开的部分一般强制要求使用 HTTPS 通信。

（2）防篡改。在中等安全级别时可以使用对称的 MD5 数据签名，但如果对数据安全级别要求较高，则可以使用 RSA 非对称算法进行数据签名摘要和验签，同时可以使用数据证书进行身份验证。比如商业银行发行的网银盾牌硬件产品（U 盾）已经成为很多银行的标准配置。

（3）防抵赖。必须使用 RSA 非对称加密算法进行签名和非对称加密。

（4）请求身份验证。主要用于验证某个网络请求是否由一个合法的请求者发起。HTTPS 处理这种身份授权和验证的方法主要有 OAuth、HMAC Auth 等，不过通常采用 OAuth。OAuth（Open Authorization）又叫作开放授权，目前的版本是 OAuth 2.0，为用户访问授权定义了一个安全、开放及简单的标准，第三方请求授权时，无须知道用户真实的账号及密码，只需知道访问的令牌数据（AccessToken），就可以获取用户的授权信息，然后对资源或 API 进行访问。

其实现代码与之前的终端安全实现代码基本一致，此处省略。

# 6.5　风控系统

在支付系统中管理着各种用户账号资料、资金交易数据和商贸运转数据，这些都牵扯到商户、用户、渠道商及第三方支付平台等的利益，如果出现坏账和资金损失，则会对支付系统和企业信誉造成严重的影响，所以必须严格规避各类坏账、欺诈、作弊、恶意退款、套现等风险。

风控系统，又叫作风险控制系统，是支付系统中的一个较为独立的子系统，是资金安全的守护者，也是支付交易过程中的风险识别者、监管者、业务流程的决策者。风控系统主要用于在支付交易业务中识别出用户是谁、是否合法、发生在什么时间、做了什么事、通过什么渠道、产生了什么影响等，然后结合用户往期的行为和信用数据，针对这些事件做出相应的决策和反应，及时识别风险、止损和防止用户资金损失。

从技术架构层次来看，风控系统可以大致分为如图 6-11 所示的三层。

（1）应用层。主要负责具体的登录、下单、支付等应用场景中的业务逻辑处理，例如：在账户风控应用场景中主要围绕账户本身的安全性展开：登录设备识别，即怎么区分用户是真人登录还是机器登录；反盗号，即出现账户异常登录和异常支付、下单的情况该怎么应对；防刷，即优惠券、礼包防刷及商品防刷等。需要针对这些进行风险识别、数据分析、案件定性和后续流程引导。

（2）引擎层。主要基于各个平台建设具有实时计算、离线计算及决策能力的风控执行引擎，在执行引擎之下是各个具有业务属性的数据管理中心。例如：进行用户授权和可信度评估的资质评估中心，主要涉及授权过程中的实时风控模型，当客户端请求支付后端授权时，实时风控引擎会将用户数据、请求数据和设备数据作为基础物料输入实时风控模型中，再由实时风控引擎计算和判断此过程是否有相关风险及等级数据。

（3）数据层。主要负责多维度海量数据的存储与访问，其中包含上层引擎执行所需的基础数据、用户相关的生物特征库（例如：在人脸识别设置过程中采集到的 2D 人脸、3D 人脸模型数据；在指纹支付设置过程中采集到的手指指模数据等）、商户进件的资质资料数据和应用注册数据、从风险异常事件沉淀下来的案件数据、合约（信贷、签约等）管理数据、黑白名单数据及设备资料数据等。

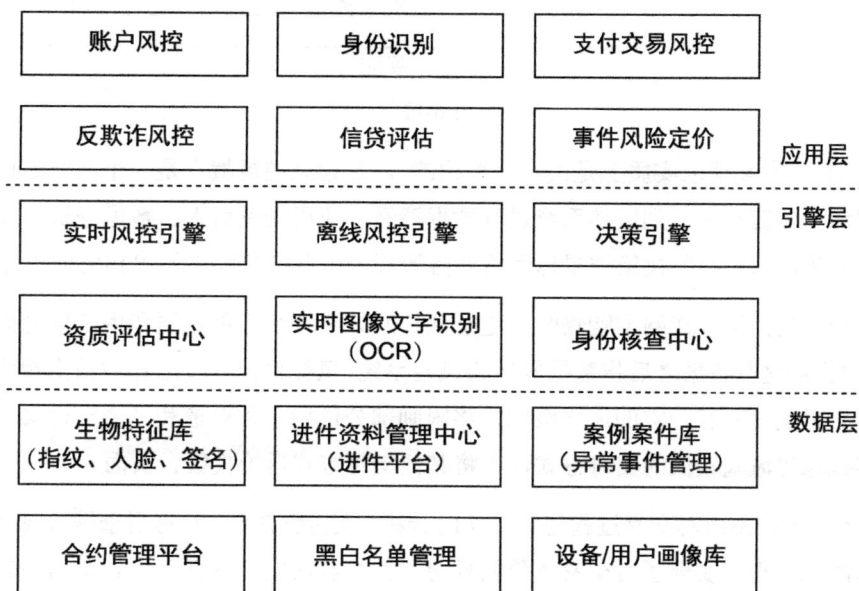

| 账户风控 | 身份识别 | 支付交易风控 | |
|---|---|---|---|
| 反欺诈风控 | 信贷评估 | 事件风险定价 | 应用层 |
| 实时风控引擎 | 离线风控引擎 | 决策引擎 | 引擎层 |
| 资质评估中心 | 实时图像文字识别（OCR） | 身份核查中心 | |
| 生物特征库（指纹、人脸、签名） | 进件资料管理中心（进件平台） | 案例案件库（异常事件管理） | 数据层 |
| 合约管理平台 | 黑白名单管理 | 设备/用户画像库 | |

图 6-11

## 6.5.1　与支付系统的关系

风控系统在支付系统的很多其他子系统中都有用到，属于一种公共的基础服务系统。

当然，风控系统与支付系统之间的联系非常紧密，如图 6-12 所示。风控系统数据层沉淀的很多数据都来源于交易过程，依附于支付终端或前端的原始数据的采集、处理和输入，在交易过程中，支付系统又需要依赖风控系统的服务来帮助进行交易的风险识别和决策。

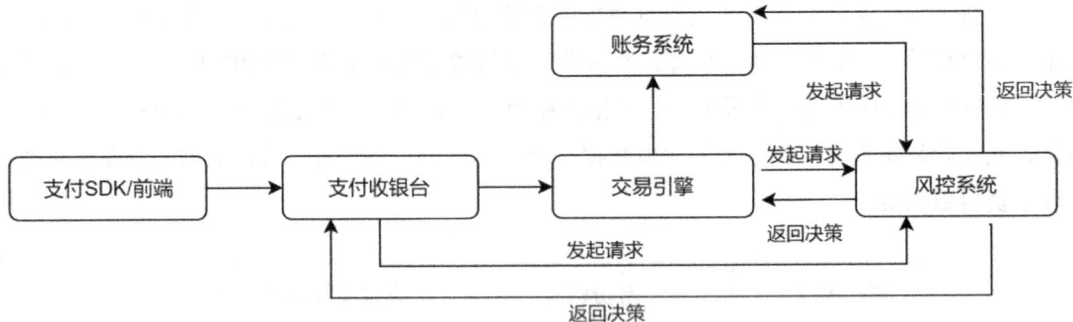

图 6-12

在图 6-11 中发起请求实质上是发起风控挑战，"发起风控挑战"是一个专业名词，意思是将当前数据和业务流程上送到风控系统进行数据清洗、应用场景引入、数据分析、规则匹配、决策信息返回等，将最终的决策结果返回给业务流程，由业务流程再做出相应的引导。

例如：一个失信用户在网上购物时，电子商户网站会将其订单数据和用户信息提交给收银台，收银台收集到这些数据之后将数据发送给风控系统，风控系统经过运算后做出相应的决策，识别出这笔支付交易具有一定的风险级别，将限制部分信用支付渠道和基金支付渠道，仅提供银行卡或零钱包等风险较低的支付方式，不将其他支付方式返给收银台页面。

可以看到，风控系统对交易过程进行了实时分析（支付收银台、交易引擎等）、离线分析（账务系统）和跟踪处理，实现了对交易风险的预警、预判和决策，这样可以识别出当前是否为高风险交易，发现欺诈交易行为的可能性，及时给出决策信息到业务系统进行风险规避和防范，减少交易过程中的资产损失。

## 6.5.2 数据采集

风控系统的数据采集和建设是在支付系统正常运营过程中实现的,在遵守法律规定及得到用户授权的前提下采集系统中各个业务流程的数据。

(1) 涵盖支付系统中的日常经营活动数据。例如用户账号登录、交易、支付推广营销、渠道路由等数据。

(2) 涵盖支付系统线下和终端数据。例如商户进件的资料和应用数据、支付终端识别的数据、用户填写的数据、交易中常用的 IP 地理位置数据等。

(3) 涵盖第三方系统采集的基础数据,比如支付交易数据、消费情况数据、社交属性数据、用户行为数据、信用授额和还款情况数据。例如用户申请线上信用卡支付时被要求填写的年龄、从事的职业、收入、学历、工作单位、借贷情况和额度、住所和房产信息、汽车、单位等数据。这些也会作为用户信用评估的一部分。

支付收银台中的信用支付方式(例如支付宝的花呗支付方式)主要利用了风控系统信用属性强大的金融基础数据,一方面利用这些基础数据对用户的还款能力、信用额度进行评分,另一方面识别向用户展示和使用信用支付方式的风险。

在数据采集完成之后,风控系统的基础数据管理中心有义务对这批数据进行管理,包含数据传输及存储安全、对外保密及数据合规输出等。

## 6.5.3 风控画像构建

风控画像,也叫作风险数据画像,它的构建主要基于支付系统中的交易引擎、收银台、账户系统、用户注册系统、商户管理、渠道管理系统及运营活动系统等参数和案例沉淀。

构建画像的过程实质上是一个原始数据经过数据沉淀和训练的数据处理的过程,最终输出用户身份画像、资产负债画像、消费画像、设备画像及其他画像,如图 6-13 所示。

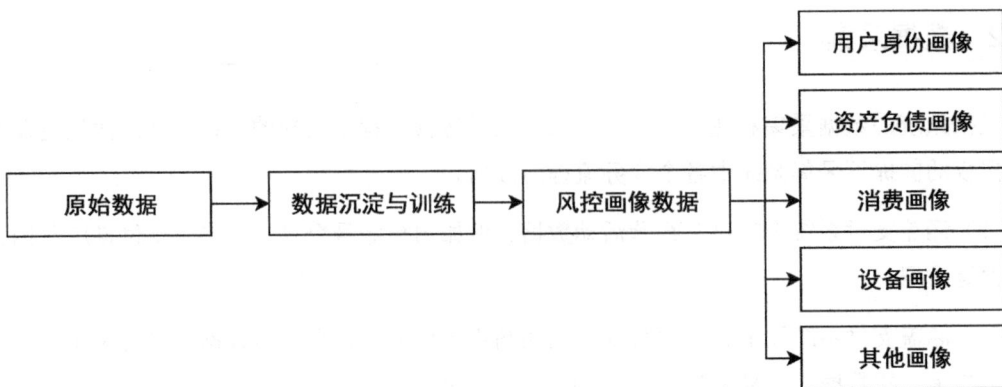

图 6-13

其中，数据沉淀与训练是一个非常关键的步骤，其中包含对原始数据的预处理、清洗、规范、分类打标、模型训练，下面针对各个过程进行讲解。

（1）数据预处理。这个过程主要是进行原始数据的格式和字段检查、特殊字符处理、字段数据类型转换和默认值补齐，其主要目的是让数据顺利进入格式化数据通道中。

（2）数据清洗。这个过程主要针对重复数据、异常数据进行处理，针对重复数据一般进行删除处理，针对异常数据一般有三种处理方法：对于不能使用的数据直接删除；对于不能填充默认数据的异常数据进行人工处理（人工判断并纠偏数据）；对于常用类型和均值的数据进行均值填充、最可能值填充等。

（3）数据规范。这个过程实质上是对数据的字段值进行重定义和规范化处理，其中包含字段数据的数据字典的定义，例如：经过数据清洗之后的订单数据中的订单状态字段（存储了付款成功、待付款、交易关闭等值）就很容易抽取出数据字典，使用数据字典里的数值替换文字符串数据类型可以大量节约数据的存储空间。

（4）数据打标。这个过程实质上是对数据的应用场景进行识别、分类，经过这个过程之后，数据会依据自己的特征进入各个画像数据仓库中。其中的标签包含用户行为标签、场景标签、属性标签、定制化标签（例如游戏、百货行业相关的标签）、习惯偏好标签等。

（5）模型训练。这个过程其实是协助风控系统针对离线和实时业务模型进行训练（从建立、成长、成熟、衰落到终结），可以针对这个过程进行自身业务模型的扩展、调优等操作。

## 6.5.4　支付风控的过程

风控系统的能力输出主要有三种方式：API、SDK 及 CLI 命令行界面。本文主要以服务器 API 方式来讲解对风控系统的调用。

如图 6-14 所示是一个风控 API 的调用流程图。

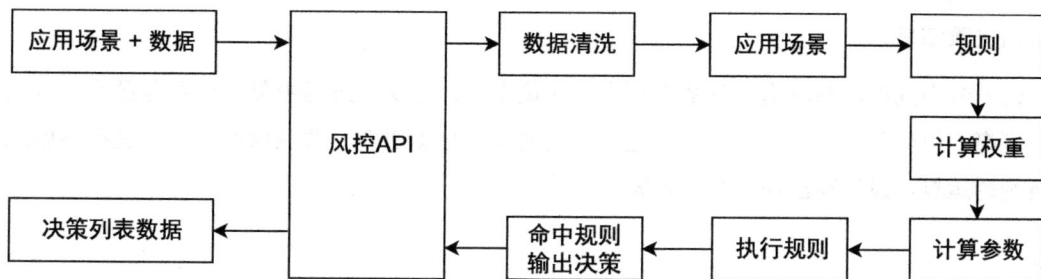

图 6-14

支付交易数据包含所有进出支付系统相关的信息，比如，交易时间、交易货币、金额、交易对象、交易场景、交易频度、退款频度等，其中交易时间、货币、金额、场景及对象会在交易过程中体现出来，其他则是数据仓库中的归集数据。

在收银台风控过程中，我们会将交易数据和其他数据在某一种支付场景中通过风控 API 提交给风控系统，这时会进入风控系统内部进行处理。

（1）数据清洗。主要对提交的数据纠偏、规范化处理，处理数据中的重复数据、异常数据。

（2）应用场景。这里包含对支付应用场景的判断，比如线上和线下支付场景、零钱包支付场景和大额转账场景。针对不同的应用场景有不同的风控规则和计算模型，例如：零钱包支付场景是一种低坏账率、低风险、快捷的应用场景，所以模型中的规则配置就会针对这种场景进行特殊定制。针对大额转账场景，风控系统中的模型规则会配置相关的人脸识别规则来判断是否为本人操作，配置对方账户的名称规则，要求转账人在转账过程中输入收款人的姓名全称。

（3）风控规则。指特定应用场景和配置中的规则集合，例如：针对大额转账场景配置交易频率、交易时间、交易金额、持卡人所在省份、黑/白名单账户、交易天数等风险规则。其中的参数可能是这样的：日交易频率低于 3 次，超过 3 次时就可能需要到柜台进行操作，或者第二天才能正常转账。交易金额规则配置一般为最高单日网络转账 5 万，如果超过 1 万，则要求转账时进行人脸识别等。

（4）计算权重。也叫作风险因子，一个风险规则是由一个或多个风险因子组成的。风险事件是由多个风险因子促成的，事件影响面的大小依赖于风险因子的相关数值。

（5）计算参数。主要是输入数据的参数数据。

（6）执行规则。属于规则引擎范畴，其中涉及将数据输入规则引擎里面，然后根据计算规则输出决策结果。

（7）命中规则，并输出决策数据列表。决策引擎针对支付过程中复杂的业务逻辑，首先抽象、剥离、组合各个业务规则，然后进行不同的决策分支组合、关联操作，接着进行各层规则及规则树运算，最后输出决策结果列表。